高雄山·海·縱貫線的里鄰雜貨店

Ko-hiông kám-á-tiàm

回家順路揹豆油

在什貨買賣之間覓風土，
閒話家常之中積攢人情

有害健康
專線0800-636363
滿18歲不得吸菸
禁止供應其菸品
止迫誘孕婦吸菸
Coca-Cola
味王
孔雀餅乾
PEACOCK BISCUIT
草莓派
巧克力薄片
WAN BEER

LAGER

Contents

012 局長序 —— 在什貨買賣之間，積攢著地方的人情與歷史

014 導讀 —— 我們誌店，而店誌高雄的風土時光

016 總地圖海報

走山線　旗山、美濃、六龜、桃源、茂林、內門、杉林、甲仙

018 店有魚塘，後院現採蕉　依山順河，拾一地精采　撰文・林芷琪

旗山

028 元復行　開在香蕉園裡兼賣冰的柑仔店　撰文・蘇福男　攝影・盧昱瑞

034 新發商行　「鐵皮會開花」的柑仔店，為村人遮擋風雨　撰文・蘇福男　攝影・盧昱瑞

039 猶閣有 —— 振商雜貨店

美濃

040 合信興商號　玉蘭花、醃醬菜，開封鎮上交錯的香氣　撰文・楊路得　攝影・盧昱瑞

046 其双商店　學客語、剖鮮魚，嫁入美濃情味的生命力　撰文・妍音　攝影・盧昱瑞

052 成功商店　裁縫車見證的戰亂時代，與荖濃溪石灘上的滇緬家鄉味　撰文・儲玉玲　攝影・鍾舜文

059 猶閣有 —— 廣德便利商店、新協裕商店、水圳雜貨店

六龜

060 新富商店　進百貨、守百年，一切「就怕客人不方便。」　撰文・儲玉玲　攝影・鍾舜文

066 永光行　照明六龜今昔的一盞光　撰文・江舟航　攝影・鍾舜文

桃源

072 雙進便利商店　拉芙蘭天空下的山居歲月　撰文・楊路得　攝影・鍾舜文

茂林

078 紫斑蝶工作室　紫蝶幽谷裡翩舞的新娘花冠　撰文・楊路得　攝影・鍾舜文

084 招英商店　到深山林裡的多納部落，買把小米束做情書　撰文・儲玉玲　攝影・蘇福男

090	內門	**芳生商行**	金山伯的腳踏車與媳婦的生鮮冰櫃	撰文·楊路得　攝影·盧昱瑞
096	內門	**天成商店**	沒利潤也要開！風土黏住的人情與淑世情懷	撰文·妍音　攝影·鍾舜文
101		猶閣有 —— 旺昌商號、觀亭購物中心、新富發商店		
102	杉林	**榮期商店**	「關店難交代。」務農為本業，顧店則是守家的使命	撰文·蘇福男　攝影·鍾舜文
108	杉林	**永新雜貨店**	依著時節飄散香氣，陪伴小份尾日常安穩地永恆如新	撰文·林芷琪　攝影·盧昱瑞
114	甲仙	**普門書局**	素樸普門，返山走踏尋找湯姆生之路	撰文·妍音　攝影·盧昱瑞
120	甲仙	**錦昌超市**	山城裡，貨品最齊全的百年籤仔店	撰文·林芷琪　攝影·鍾舜文

潛海線　鹽埕、左營、梓官、永安、茄萣、旗津、林園

126		**乾貨留住鮮味，港風吹拂年華**	依偎大海的城鎮，流轉出百百種人客，百百款商店	撰文·曾愉芬
136	鹽埕	**志裕珍食品行**	匡留住上個世代原汁原味的童年記憶	撰文·林佩穎　攝影·鍾舜文
142	鹽埕	**田利商行**	亭仔腳一組桌、櫃台邊一尊神，愛河畔的人情味	撰文·蘇福男　攝影·鍾舜文
148	鹽埕	**浤裕商行**	見證港埠時光流轉的賣貨三代人	撰文·楊路得　攝影·盧昱瑞
154	左營	**錦常商號（阿嬤柑仔店）**	迷走蓮池潭聚落找老紅瓦厝	撰文·林佩穎　攝影·盧昱瑞
160	左營	**泰盛商號**	雲遊四海春風少年兄的返鄉接班路	撰文·楊路得　攝影·鍾舜文
166	左營	**永吉玩具行**	尋味童年夢幻逸品，與生命中的鹹酸甜	撰文·蘇福男　攝影·盧昱瑞

172 梓官 錦益豐商號　承載著廟埕市場裡流轉的舊時光　撰文・余嘉榮　攝影・鍾舜文
177 猶閣有 —— 王三福懷舊童玩店
177 永安 猶閣有 —— 德美商號
178 茄萣 新德號　緊鄰台南的漁港小鎮，舊時能讓討海人賒帳的店仔　撰文・蘇福男　攝影・盧昱瑞
184 旗津 裕鴻商號　少了造船廠上工的人們，仍舊清晨準時開門　撰文・林佩穎　攝影・鍾舜文
189 猶閣有 —— 福利社、行動雜貨車、海四廠雜貨店、旗津社會開創基地
190 林園 珍良糖菓玩具行　市境之南，以阿公的豬肉攤為名的柑仔店　撰文・蘇福男　攝影・盧昱瑞
196 忠義商店　初枝小姐的嫁妝與輝煌年代　撰文・楊路得　攝影・盧昱瑞

巡縱貫　楠梓、橋頭、岡山、路竹、湖內、阿蓮、田寮、仁武、鳥松、鳳山

202 鳳山通府城的時空任意門　一家店，濃縮地方樣貌與聚落發展的記憶　撰文・曾愉芬／林芷琪
212 楠梓 震興商號　風華不減的兩層洋樓，來自日本保正阿祖的雜貨店　撰文・楊路得　攝影・盧昱瑞
218 利眾商號　百年菜市場裡，一間柑仔店飼13個人　撰文・蘇福男　攝影・鍾舜文
223 猶閣有 —— 楠梓第一公有市場無名雜貨、美化堂、全味珍餅舖、義眾行
224 橋頭 金葉商行　商品引新顧舊，賣著賣著，對面的廟也都建起牌樓　撰文・林佩穎　攝影・鍾舜文
230 岡山 梁記商行　偷偷放閃的台系豆瓣醬　撰文・林佩穎　攝影・鍾舜文
235 猶閣有 —— 啟豐碾米廠、安心種子店

236	路竹	**安發號**	三房兒媳婦的店：大戶人家的哀愁與奮起	撰文·楊路得　攝影·盧昱瑞
242		**義成雜貨行**	走出鴨母寮，供應小鎮市街地高品質鮮貨	撰文·蘇福男　攝影·盧昱瑞
248	湖內	**進榮雜貨**	頭家守祖傳的魚塭仔，媳婦守糖柑仔店	撰文·楊路得　攝影·鍾舜文
254	阿蓮	**鴻達春商號**	賣貨、送貨、代訂糕餅也兼顧小孩的「我家」超商	撰文·蘇福男　攝影·盧昱瑞
260	田寮	**榮源雜貨店**	大崎頭的店仔，孫女守住的時空渡口	撰文·林芷琪　攝影·鍾舜文
266	仁武	**名湖街雜貨店**	起家時栽下，土芒果樹下的綠意時光	撰文·楊路得　攝影·鍾舜文
272	鳥松	**來旺商號**	開在「摸你大腳腿」的「夢裡」柑仔店	撰文·蘇福男　攝影·鍾舜文
278	鳳山	**新福安雜貨店**	藏匿市場裡，菜籃族的小確幸	撰文·楊路得　攝影·盧昱瑞

Tips 走進地方雜貨店的買物指南

284 **雜貨圖鑑** —— 千萬要入手的雜貨店選品

289 **雜貨度量衡** —— 治癒單位換算困難症

292 **明辨帖** —— 破解雙生子的雜貨身世之謎

297 日頭落山 —— 閒談幾句、摸摸店狗，豆油買完就回家

298 附錄 —— 誌店的人：採訪、攝影、繪圖團隊群像

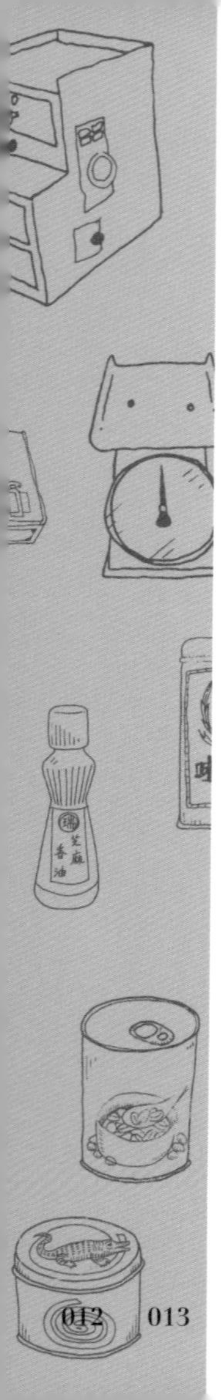

局長序

在什貨買賣之間，積攢著地方的人情與歷史

自民國 99 年高雄縣市合併後，整個大高雄有多達 38 個行政區，除「港都」之外的多元意象也隨之擴展開來。若順著濱線延展，最南有比鄰屏東的林園、最北則是與台南僅隔一條二仁溪的茄萣；向山裡去，有高雄最大的行政區桃源，以及淺山的美濃、旗山等地。而縱貫線則仍還有阿蓮、湖內、橋頭等銜接山與海、舊時「鳳山」通「府城」要道的聚落城鎮。

而有人的地方就有基本吃用需求，雜貨買賣生意相應而生；一家家柑仔店不只批發、販售日用，還意外藏著因戰爭、山區採樟或看準沿海商業發展而移民到高雄的時空背景與產業故事，見證了地方發展興衰，更甚銘刻著天災發生的記憶。

地方的歷史是豐富且多層次的，這些都是高雄人踏踏實實的日常，是活的歷史，生動且深刻的常民文化。

廣義而言，「文化」是指一群人共同活動所創造出來的所有產物，亦是代表一種生活方式。有賴此書的多位採訪者、攝影師與插畫家實地踏訪，記錄看似尋

常而容易被錯過的風景。透過他們悉心留意與採集，文化於有形或許是一家店的建築外觀、菸酒零售商鐵牌、古早味選品以及陶甕、磅秤等古董器具；無形則是之於那些家族口述故事與里鄰的人情關懷——或許店頭家們曾覺不值得一提，但卻得以從中拼湊出了更鮮活、多元的高雄。

許多雜貨店多面臨難敵連鎖超商的經營困境，但令人感動的是，多位第三、四代年輕接班人因著對老雜貨店的不捨，紛紛接棒傳承。這些頭家們再不只是為了營生而開店，更抱持著照顧地方、守護記憶的重責大任。而我們只消等待拉開鐵門、點亮燈那刻，就能來去雜貨店抓把蒜頭、買斤雞蛋；這對現在普遍多的小家庭或獨居者，都是十分方便、不浪費食材的生活風格，亦是一種留守這份人情的方式。

最後，誠摯邀請讀者，下次不妨去探探自己家附近的雜貨店，回家順路捎豆油，在什貨買賣之間，感受地方的人情與歷史。

高雄市政府文化局局長　王文翠

導讀

我們誌店，
而店誌高雄的風土時光

雜貨店是最早類型的選物店，是人因生活所需而自然交會的場所，亦是產地到餐桌之間的風土中繼站；一家鎮守於街坊的雜貨店，無論時代流轉、世代接替，皆供應著尋常人的生活況味。當地方形成聚落，巨觀是大寫的歷史、山川水文或產業變遷，卻也可從當中讀取到小寫的人的情感與日常。

“走出店外，鄭老闆望向甲仙大橋的方向，用一貫謙和誠懇的語氣說：「我們的招牌被莫拉克沒收了，一直還沒重做。」”
——甲仙 · 錦昌超市

誌店者隨故事走入高雄山間，莫拉克風災是所有居民的共同記憶，然而生活再如何辛苦人仍「要食、要用」的準則，使雜貨店亦成為誌地的場所。沿海的店家因靠港成商業重鎮並見證戰事，而能看時代變遷與家族興衰；縱貫線隨交通發展與不同聚落建設起造的需求，轉換販售品項，是最具消費者洞察的零售業先行者。

高雄雖以港都聞名，但細由山、海、縱貫線三種形貌的角度認識，仍能見到各地方因族群、時代政策、自然生態與災害等因素，催生出姿態各異的雜貨店——這是以時間為縱軸之外，另一能更細緻看見大高雄變遷的橫向視角。

“她還是個小女孩的時候，就對經營雜貨店有興趣，喜歡跟著阿公阿媽，幫客人拿東西秤東西，收錢找錢，當起小小老闆。大學畢業後，因為阿公過世，回鄉接手了看顧她長大的雜貨店。”

——田寮 · 榮源雜貨店

當雜貨店經營者也進入第三代、四代，上有 8、90 歲的老者攜帶歷史記憶傳承，下有 2、30 歲的年輕一輩珍守養大自己的空間並重新看見地方需求；第一代擺起雜貨攤多是討生活，第二代又或自然地傳承，又或曾遁走卻又因一股使命感而歸返。更難能可貴的，除了田寮榮源雜貨店，鹽埕浤裕商行與左營泰盛商號目前亦都將店務交由年輕的新世代接棒。

島嶼歷經不同政權，曾經山區採樟、實施菸酒專賣與度量衡制度，菸酒專賣也使得多數最初還「沒有名字」的雜貨店，為申請菸酒零售商以及商業立案才為自己起名。一片懸掛的「菸酒」鐵牌是島嶼共同記憶，其中有歷史與產業發展的脈絡，亦有一戶人何以不懈地為地方點亮店招的故事。

只要還有人持續踏入買物，有雜貨店的生活或許終不會遙遠，如此什貨買賣與人情積攢的日常，帶我們持續這場現在進行式的動態地誌學。

高雄

山・海・縱貫線總地圖

高雄西南臨海，往東北邊的山區長出遼闊的行政區域，順時針細數周圍緊鄰的其他縣市，有台南、嘉義、南投、花蓮、台東和屏東等六個地區。在高雄，生活靠山、靠海或其間的縱貫線，都因座落不同地形、緊鄰不同城市而擁有相異的景貌。

港都之外，高雄仍具有山海與縱貫線不同的個性，因而日常生活顯象於什貨買賣，積累為一地文化的縮影。

以高雄的山、海、縱貫線為徑，尋訪一家家里鄰雜貨店

山線

8區16店

旗山、美濃、六龜、桃源、茂林、內門、杉林、甲仙

海線

7區11店

鹽埕、左營、梓官、永安、茄萣、旗津、林園

縱貫線

10區12店

楠梓、橋頭、岡山、路竹、湖內、阿蓮、田寮、仁武、鳥松、鳳山

店誌於文是深探歷史情感、
攝影紀實柔軟光線，
細緻插畫定格下永恆時空景深。
特邀插畫家林建志繪製高雄雜貨店地圖與各店店景，
極細緻的畫筆描繪，
不只能如臨現場般一覽店家貨品擺放、陳列方式，
更能細探店招、掛飾、特色商品等細節。

於後的各店插圖畫中無人，
並非真的無人，
而是待你也跟著我們的記述，一同走入其中。

走山線

店有魚塘，後院現採蕉

元復行二代老闆郭秋郎、老闆娘黃玉美在旗山經營著這家兼賣香蕉冰的雜貨店

92歲的蘇媽媽歷經國共戰爭，現於美濃經營成功商店

杉林永新雜貨店第二代老闆黃鳳運有好手藝，包粽的粽葉也親自採收

“民國 35 年我父親郭元復把飼養的幾十頭豬賣了 5,000 元，他跑去柑仔店找人聊天，意外得知郭姓宗親有意結束掉柑仔店的生意。那時他想到家裡有八個孩子張口要吃飯，於是就用剛入袋的 5,000 元把這間柑仔店頂下來。”

——旗山元復行

內門芳生商行第二代老闆娘到旗山訂製大冰櫃存放生鮮商品，
老店一隅形成如超市般有趣景象

地方雜貨店的人情味，是隨時能從後院採收一串蜜蕉和客人分享

店鋪空間小卻得滿足全家需求，常見小孩的玩具和料理三餐用的生鮮蔬菜並置陳列

“從湯姆生到而今，151 年過去了，尤其莫拉克風災後地景、地貌、地況更是改變良多，然而因為游永福老師的鍥而不捨，為我們建構了一條「線性文化遺產」之路。”

——甲仙普門書店

甲仙普門書店老闆游永福著有《尋找湯姆生》一書，另會帶團體導覽走訪馬雅各之路

山線

旗山、美濃、六龜、桃源
茂林、內門、杉林、甲仙

依山順河，拾一地精采

在楠梓仙溪、荖濃溪、濁口溪和二仁溪流經的高雄山線區域，高低起伏的地形和四時作物，交織成豐富的自然景觀，多元族群、語言、文化匯疊出豐厚迷人的人文風貌。山河或接或阻，交通相對往來不易，比起鎮日燈火通明的便利商店和大賣場，此區順應地方作息的雜貨店數量要多得多，應客人需求供應生鮮及自製商品是一大特色。

進山裡，唯恐過了這村沒這個店

雜貨店所售蔬果除了一早批購自果菜市場，部分生產者是店家自己或是鄰舍親友，產地就在他們一伸手可以指出位置的田園裡，而新鮮的不只是菜架上的青翠欲滴，更有店家提供活魚現殺服務，客人可以從店門前的水槽挑選大小適合的鮮魚。炒菜煮魚要用的調味料，都可以從店內販售的瓶瓶罐罐中找到，有些店家還會應生產時節自行醃漬鳳梨豆醬、豆腐乳、蘿蔔乾、高麗菜乾、脆梅等。店家自製的還有過年過節的年糕、粽子，以及清涼消暑的香蕉冰，多是因為自己要吃、愛吃，於是多做一些，直到變成固定商品。山線店家的多才多藝難自棄不限於製作食物，手作的彈弓、水果撈網、定情小米串、婚禮花環頭冠等等，原以為是僅供觀賞的店面裝飾，經詢問可以買回家總引起驚喜連連。

對山線居民來說，這些雜貨店是滿足日常生活所需的購物場所，是街坊鄰居走出家門外閒話家常的另一處客廳，而對越山沿河來此的旅人，到了百花齊放極具一地特色的雜貨店，唯恐過了這村沒這個店，荷包失守是常態，但也一定能換回大包小包，心滿意得。（文 林芷琪）

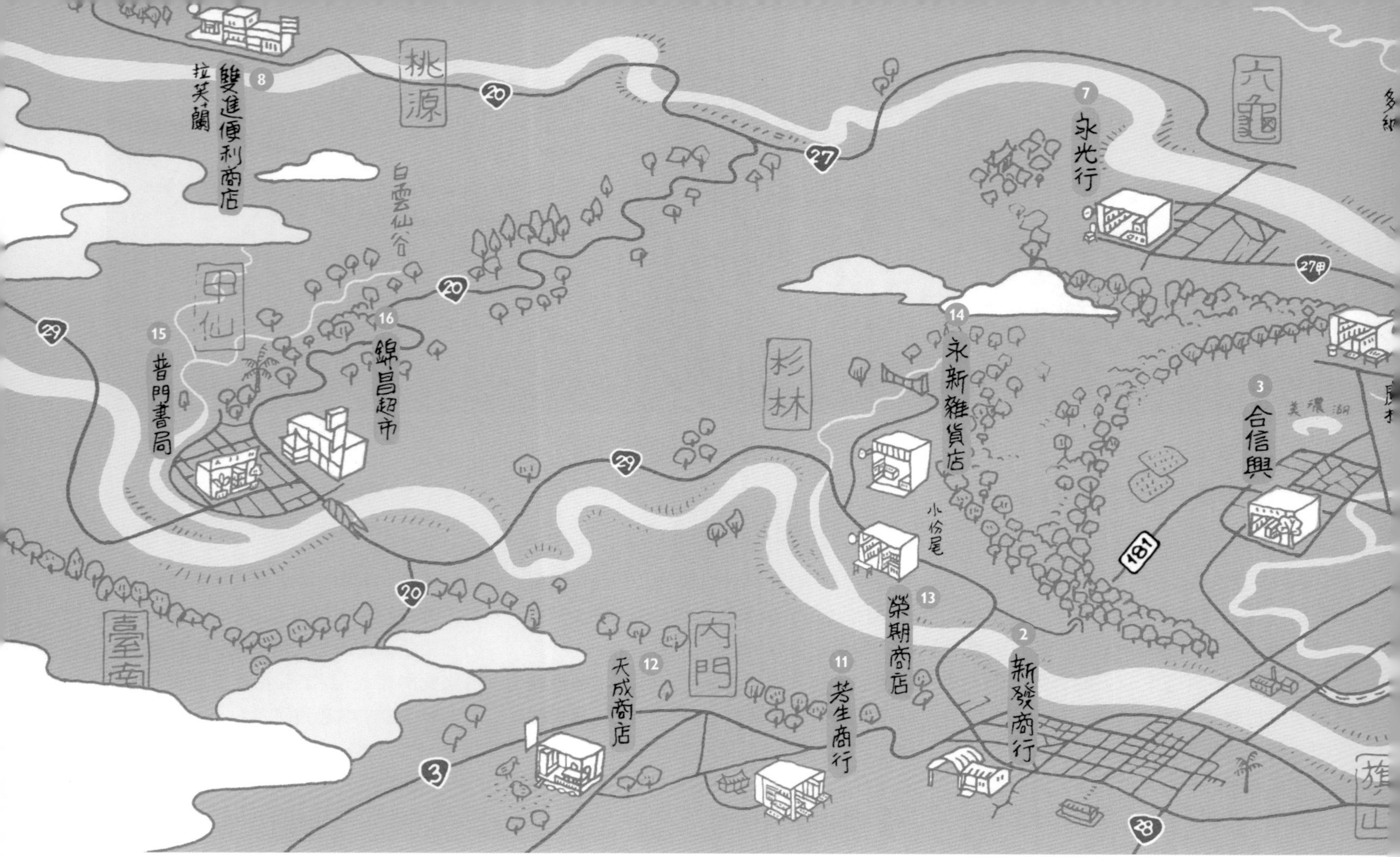
8 雙進便利商店
拉芙蘭
桃源
白雲仙谷
甲仙
15 普門書局
16 錦昌超市
杉林
14 永新雜貨店
7 永光行
六龜
3 合信興
美濃湖
小份尾
13 榮期商店
2 新發商行
11 芳生商行
內門
12 天成商店
臺南
旗山
20
27
29
3
181
28
27甲

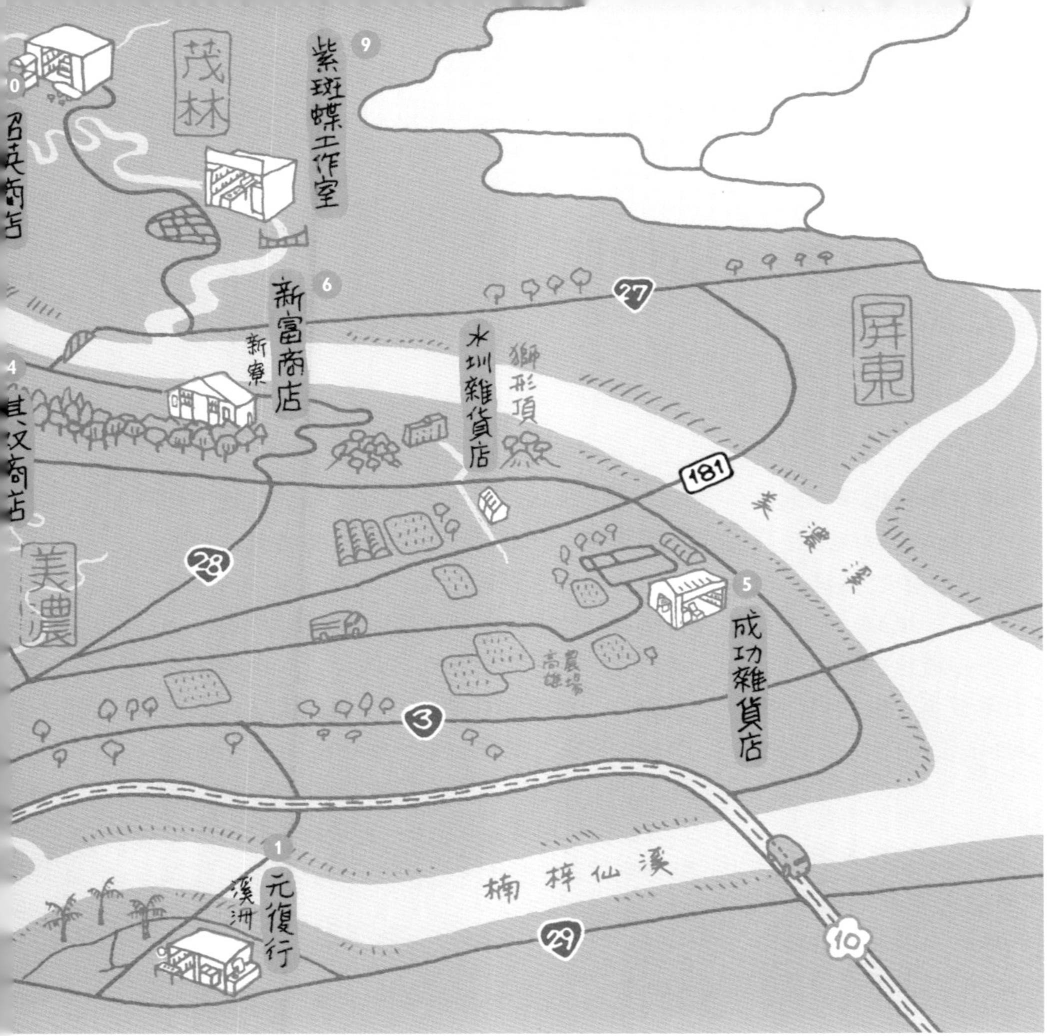

山線雜貨店地圖

旗山	01 元復行 02 新發商行
美濃	03 合信興商號 04 其双商店 05 成功商店
六龜	06 新富商店 07 永光行
桃源	08 雙進便利商店
茂林	09 紫斑蝶工作室 10 招英商店
內門	11 芳生商行 12 天成商店
杉林	13 榮期商店 14 永新雜貨店
甲仙	15 普門書局 16 錦昌超市

元復行

開在香蕉園裡兼賣冰的柑仔店

文 蘇福男、攝影 盧昱瑞

走進溪洲街道，古厝洋樓就錯落在翠綠欲滴的蕉園間，一派典雅又豪邁。都說旗山是香蕉的故鄉，其實位於旗山溪畔的溪洲，才是旗山香蕉的後頭厝（台語：娘家），在香蕉產業黃金時期，溪洲人靠種植香蕉致富翻身，彼時的溪洲不僅生產香蕉，也產出汗衫沾滿香蕉汁液的「田僑仔」。

從旗南二路轉進華興街，一棟外牆彩繪著牛車、香蕉田園風光的倉庫建築，格外引人注目；「保證責任台灣省青果運銷合作社高雄分社」和「保證責任高雄縣溪洲果菜運銷合作社」招牌分立兩旁，因為還不到香蕉收成季節，集貨場顯得空蕩蕩，但從佔地面積寬闊來看，不難想像採收旺季時香蕉堆疊如山、貨車忙進忙出裝載的繁榮景象。沿著華興街續行不久，三連棟兩層樓外觀洗石子加鐵花窗的房子，再度引人側目，其中兩棟透天厝的一樓空間打通，裡面擺滿了各式各樣的民生物品，騎樓還有一個菜攤 ，另一旁類似車庫的鐵皮屋路旁，則豎立著「香蕉冰 傳承 50 年古早味」的看板。即使沒有招牌，也猜得到這就是已有 76 年歷史的老字號「元復行」柑仔店。

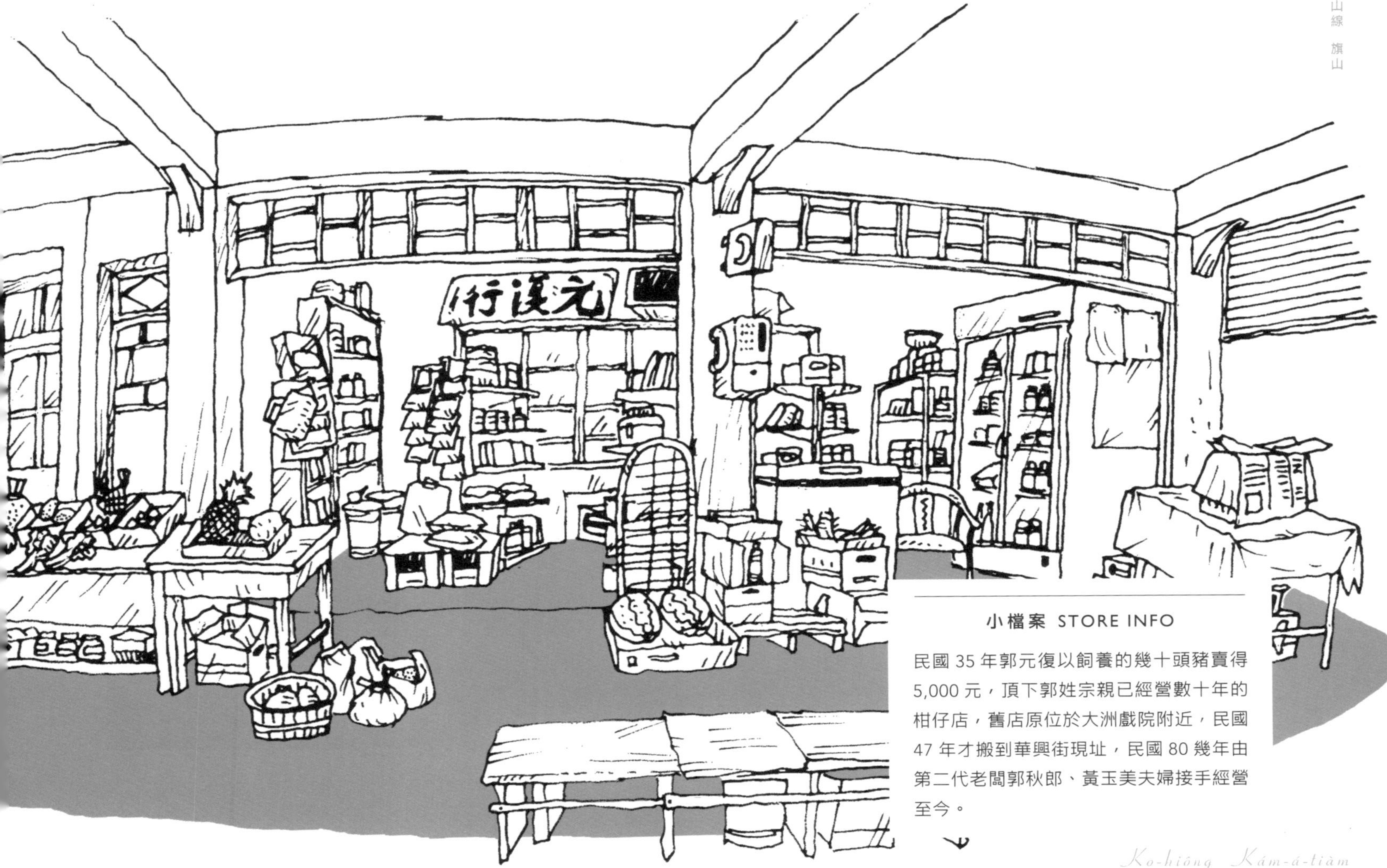

小檔案 STORE INFO

民國 35 年郭元復以飼養的幾十頭豬賣得 5,000 元，頂下郭姓宗親已經營數十年的柑仔店，舊店原位於大洲戲院附近，民國 47 年才搬到華興街現址，民國 80 幾年由第二代老闆郭秋郎、黃玉美夫婦接手經營至今。

1

1. 二代老闆郭秋郎從小幫忙家裡農務與店務，左為老闆娘黃玉美 2. 雜貨店兼賣香蕉冰是因為不捨附近冰店收攤而頂下來做

5,000 元的賣豬錢，頂下一家雜貨店

「認真講起來，這間柑仔店歷史不只76 年，民國 35 年我父親郭元復把飼養的幾十頭豬賣了 5,000 元，他跑去柑仔店找人聊天，意外得知郭姓宗親有意結束掉柑仔店的生意。那時他想到家裡有八個孩子張口要吃飯，於是就用剛入袋的 5,000 元把這間柑仔店頂下來。」現年 82 歲、第二代老闆郭秋郎對「元復行」的前世今生娓娓道來：柑仔店原位於大洲戲院附近，在盤讓之前郭姓宗親已經營數十年，民國 47 年郭元復在華興街現址蓋房子，新居落成後，柑仔店也跟著搬過來重新開張。

昔日郭家在旗山溪畔擁有兩甲多地，栽種約 5,000 株香蕉欉，平常雇用一名長工協助照顧蕉園，但採收時人手還是不足，得再僱用當地婆婆媽媽團來幫忙收成。當時的農家並兼養豬當副業，以增加收入，郭元復、鐘玉蘭夫婦終日忙於種香蕉、養豬，家中八個孩子也不得閒，各有農務、家務要分擔；大豬小豬食量超大、食指浩繁，郭秋郎還記得他每天晚上都要煮一大鍋豬料餵豬，隔天早上睡醒還要再煮一大鍋。

早期的溪洲「好賺食」（台語：容易賺錢），吸引許多外地人來此謀生，由於農耕生活日出而作、日入而息，蕉農一大早就趕著下田農務，柑仔店每天一大早 5、6 點天剛亮就開店迎客，晚上飯後 7、8 點一大票人圍坐在柑仔店門口喝茶聊天熱鬧滾滾。郭秋郎說，大洲戲院是當時溪洲唯一一間戲院，有大戶蕉農以包場方式，招待鄰里鄉親和長工一起看電影，戲院前攤販雲集、門庭若市，有打香腸的、炒鱔魚麵的，整個庄頭有如不夜城。

遍地蕉苗卻少蔬菜，每日騎腳踏車批回來賣

當時柑仔店除了提供日常的柴米油鹽等民生用品，也兼賣生鮮蔬菜。老闆娘黃玉美說，溪洲雖有不少農田，但在金蕉時期幾乎所有的農地都拿來種香蕉，反而沒種蔬菜，17、18 歲正值年輕力盛的郭秋郎，每天凌晨 3 點半就早起騎腳踏車到八公里遠的旗山果菜市場批發蔬菜，趕在 5、6 點柑仔店開店前載回來賣，「每天生意興

2

隆，都能賣到 100 多斤」，直到 20 幾年前郭秋郎在批貨途中發生嚴重車禍，輾轉被送到高雄長庚醫院搶救死裡逃生，郭秋郎才結束數十年的蔬菜批發工作，不過元復行至今仍持續供應自家栽種、不噴灑農藥的安全蔬果。

元復行會跨足賣剉冰，也有一段有趣插曲。黃玉美笑說，附近一家已經營有 50 年的古早味冰店，5、6 年前因故收攤，許多常客和家裡的孩子無冰可吃十分懊惱，於是她就和當年的公公一樣，把攤子頂下來重新開張；所有配料楊桃、鳳梨、紅豆都是親自熬煮，讓溪洲在地傳統的香蕉冰好滋味得以繼續傳承，經冰店老饕用味蕾驗證，認為口味「無縫接軌」，冰攤一年四季風雨無阻開賣。

10 幾年前的莫拉克風災，溪洲地區因為旗山溪暴漲而一片汪洋，元復行也無法倖免遭到重創，「那時大水淹到胸前，一波接一波像海嘯湧來，冰箱、瓦斯漂在水中載浮載沉……」，挺過風災嚴酷摧殘的元復行老店，繼續在光環褪盡的蕉園開店，陪伴溪洲人度過每一個日常。

1

常備與特選雜貨 GOODS

除一般日常的柴米油鹽等民生用品，也兼賣生鮮蔬菜；早期蔬菜是郭秋郎每天凌晨 3 點半早起騎腳踏車到旗山果菜市場批發蔬菜，再趕在 5、6 點柑仔店開店前載回來販賣。後來郭秋郎發生嚴重車禍死裡逃生，結束數十年的蔬菜批發工作，改供應自家栽種不噴灑農藥的安全蔬果至今。

2

3

4

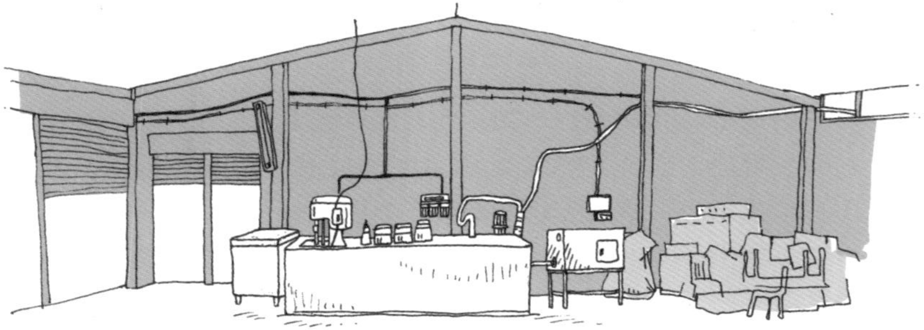
5

1. 元復行最初是父親以5,000元賣豬錢頂下　2. 郭秋郎曾每天往返旗山批發蔬果回來賣，現則供應自家無毒蔬果　3.4.5. 頂下香蕉冰製冰設備後，冰店配料皆為老闆娘黃玉美熬煮　6. 溪洲因產蕉有許多田僑仔，大洲戲院過去常有蕉農包場招待里鄰看戲

6

流動風景 SURROUNDINGS

元復行為三連棟兩層樓外觀洗石子加鐵花窗的老房子，周遭有香蕉園，附近的大洲戲院，是早期溪洲唯一一間戲院 。在香蕉產業黃金時期，大戶蕉農經常以包場方式，招待鄰里鄉親和長工一起看電影，戲院前攤販雲集、門庭若市 ，整個庄頭有如不夜城。西邊接旗南二路（台 29 線）往北可達內門、杉林、甲仙，往南可抵大寮、林園。

新發商行

「鐵皮會開花」的柑仔店，為村人遮擋風雨

文 蘇福男、攝影 盧昱瑞

路過旗山中正路、義德街口，眼球很難不被「鐵皮會開花」的奇特景象給吸走，開店 70 幾年的新發商行，側門就是通往內門「大崎頭」的私密捷徑；早期路過人車往往下雨無處可躲，上放學孩童經常淋成落湯雞，善心的柑仔店阿媽盧月女在義德街口自行搭建一座鐵皮遮雨棚，並栽種九重葛，數十年來為路人擋去無數的風雨，也意外形成「鐵皮開花」的浪漫街景。

59 年次的盧健寶，在阿媽盧月女、母親盧吳烏哖經營柑仔店超過一甲子後，幾年前返鄉接手繼續傳承，才開始對新發商行的發展過程有更深入的了解。「阿媽是旗山在地人，阿公來自員林，阿公年少離鄉背井來到旗山做竹籃為生，後來讓阿媽招贅，結果阿公婚後有小三，阿媽被細姨趕出來，戰後阿媽就帶著一群子女來到山仔腳這處雞寮開柑仔店相依為命」，盧健寶說著比電視八點檔連續劇還精采的家族故事，讓訪客為之入戲、久久無法自已。

媽媽與阿姨的手工鳳梨醬，與追五分仔車偷甘蔗的童年

柑仔店草創初期因沒什麼本錢，盧月女只是賣些平常家庭會用到的醬油、調味料和小孩零嘴，等媳婦盧吳烏哖接手後，除增加雜貨品項外，也加入蔬菜、水果和自製農產醃漬品。盧健寶說，母親是大樹人，大樹盛產鳳梨，當地

小檔案 STORE INFO

新發商行約於戰後由盧月女開店，後由媳婦盧吳烏哖協助經營，幾年前第三代盧健寶返鄉接手，至今已有 70 幾年歷史，是旗山四保地區老字號的柑仔店。

1

1. 第三代盧健寶幾年前返鄉接班，侃侃而談八點檔般的開店故事 2.3. 老屋保有原來木造格局，引來電影公司前來取景

人製作的鳳梨醬有口皆碑，母親傳承到這項好手藝，自製的鳳梨醬是柑仔店的搶手貨，阿姨在北部開小吃部，料理的鳳梨醬都是由母親從旗山寄送過去。幾年前母親離世，現在換由阿姨在北部醃製後，再寄來旗山柑仔店販售，只是阿姨醃製的是宜蘭的鳳梨米醬，醬汁色澤不如南部的暗黑，比較不合南部人的口味。

盧吳烏咩不僅擅長醃漬鳳梨醬，醃菜心、竹筍、蘿蔔、破布子、綁肉粽、剉冰等，十八般武藝樣樣精通，還有最獨特的滷製鹿肉、兔肉山產野味，也讓許多老饕至今難以忘懷。

新發商行位於旗山四保的山仔腳，早期附近短短的一條街就有四間柑仔店，位置居中的新發商行，是四保地區最大間的柑仔店，「一到逢年過節，小小的店面常人滿為患、擠得水洩不通，全家人出動還是無法消化人龍」，盧健寶回憶說，以前旗山糖廠的五分仔車就從門前經過，他和童伴們趴在地上、耳朵貼近鐵軌，聽到「喀喀——喀喀——」聲，就知道五分仔車快到了。調皮的猴囡仔會相招趕緊拿鐵釘放到鐵軌上，讓小火車將鐵釘輾壓平整，作為布袋戲偶的刀劍神器，此時小火車緩慢行進中，大人小孩趁機從後面車廂偷拔幾支白甘蔗來打打牙祭，都是盧健寶最深刻的童年記趣。

曾有電影、婚攝前來取景，仍不敵連鎖超商競爭

盧健寶說，柑仔店舊址原在隔壁，小時候他們四個兄弟就住在柑仔店的閣樓，後來因空間過於狹窄不敷使用，30 年前才把隔壁買下來，拓展成如今寬敞的店面；老屋雖幾經翻修，但仍保持原有的木造格局和樣貌，曾吸引電影公司來商借拍片，也有婚紗攝影公司來取景。母親經營柑仔店時，許多附近婆婆媽媽老主顧都會來找她閒話家常，母親生病後，盧健寶回來

2

3

幫忙開店，婆婆媽媽們除了來店裡關心病情和交關一些物品，已經鮮少上門串門子了。

盧健寶表示，現在柑仔店難敵連鎖超商、大賣場競爭，雖然有想過結束營業，但目前父親在六龜一家安養院安養，還有經濟上的壓力，暫時靜觀其變。新發商行面臨的窘境，也是當前台灣多數柑仔店的處境寫照。

1. 新發商行是四保地區最大間雜貨店 2. 母親過世後仍會有老主顧偶爾回來關心、交關商品 3. 店旁鐵皮是阿媽盧月女貼心搭建來替行人遮雨

1

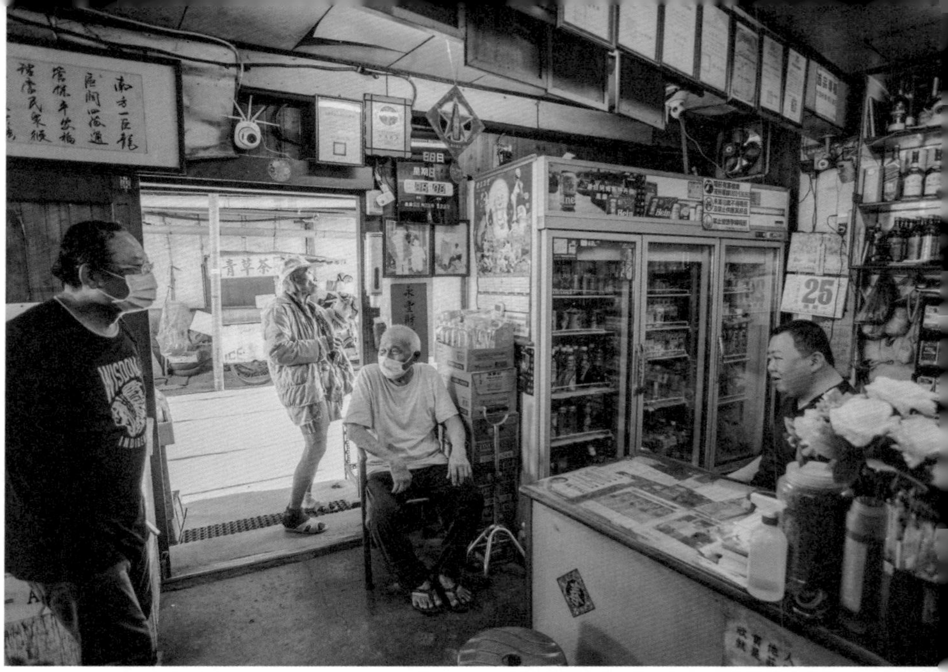

2

常備與特選雜貨 GOODS

除一般菸酒飲料、油鹽調味料等民生用品，糖果餅乾等零嘴，因第二代店主盧吳烏哖是大樹人，擅長醃漬鳳梨醬、菜心、竹筍、蘿蔔、破布子，還兼賣蔬果；目前水果以鳳梨、香蕉較多，菸酒飲料賣得最好，鳳梨米醬為盧吳烏哖的妹妹親手醃製，作法偏向宜蘭鳳梨米醬。

流動風景 SURROUNDINGS

新發商行位於旗山四保地區的山仔腳中正路、義德街口三角窗，店門前搭建的鐵皮遮雨棚和九重葛，形成「鐵皮開花」的浪漫街景，義德街是通往內門「大崎頭」的私密捷徑，一旁的中正路接台三線，往北可達內門、杉林、甲仙，往南接台 29 線可達佛光山、大樹。

順路逛

旗山猶閣有

振商雜貨店

旗山區竹峰里義德街25號

振商雜貨店有70年以上歷史，因為位在廟旁，在地人都稱作「代天府柑仔店」，沒有店招，但古樸的兩層樓黑瓦建築，門前的老蓮霧樹，及門邊掛著同聲駕訓班的招生招牌，都足以一眼即見。目前店內商品主要供應附近居民所需，基本日常民生用品、菸酒冷飲、金香紙燭等。沿路上坡可順著旗山圳通往已登錄為市定歷史建築的旗山上水道淨水池。

合信興商號

玉蘭花、醃醬菜，開封鎮上交錯的香氣

文 楊路得、攝影 盧昱瑞

在高雄美濃月光山下，美濃溪與竹子門溝交會處的北邊，有間開了三代的雜貨中盤商「合信興商號」。商號外頭，是株開滿嬌柔花苞的玉蘭花樹，樹齡已達 44 年。每年的暮春初夏，空氣中總瀰漫著淡淡玉蘭花香。走進店裡，三天兩頭就會洋溢著火焰氣息的花生味兒。店家裡頭人來人往，似乎無時無刻皆絡繹不絕。而老闆一家人，則總是溫和謙讓，親切地輪番上陣，服務每個上門來的鄰里鄉親們。

商號雖古樸，但物品應有盡有。騎樓擱著一落落整箱堆疊的飲料——可樂、沙士、台灣啤酒、舒跑或紅茶、烏龍茶等。門口邊鐵架上是鹽炒花生、油蔥酥，和鳳梨豆醬、豆腐乳、老菜脯等自製醬菜，以及發酵專用的豆粕。店裡則擺放各式罐頭、醬油等調味料，散在角落的是用塑膠繩捆好一大袋一大袋金針花、香菇、木耳等南北貨，當然還有米酒頭、紹興、金門高粱等多樣酒品。

據老闆邱旭翔所說，他是第二代經營者，早年店家為父親邱忠昌所創。邱老闆祖父為美濃奇才賢人，任職美濃鎮長秘書，後因病過世，家計落到父親肩上。民國 40 年代，年輕的父親每天都會騎著老式腳踏車，載著「大科東」的醬油和「成發汽水」出門，將這些瓶瓶罐罐使命必達地送至美濃各地雜貨店，再把空瓶空罐回收載回店內清洗，再度填裝。周而復始。民國 46 年，父親索性自己開店，就在永平里橫街（今美興街）五號初創了「合信洋行」。

小檔案 STORE INFO

美濃最大雜貨批發商。民國 46 年由第一代邱忠昌初創「合信洋行」，民國 53 年改為「合信興商號」並遷址，由第二代邱旭翔與弟弟經營至今。目前第三代邱通泰與邱群琳兩兄弟加入經營。

1

1. 老闆邱旭翔夫婦、秀美大姊、老闆兒子邱通泰與邱群琳二兄弟與媳婦蘇秋燕

做豆醬，能有土鳳梨最好，不然金鑽鳳梨也行

民國52年，店裡買了第一台四輪貨車，速霸陸360（日：スバル360）。53年，改為「合信興商號」，遷址於現在永安路308號，由現在老闆與弟弟經營。每日自清晨6點營業至晚上10點，初創之時便販售飲料、菸酒、米、糖、調味品、南北貨等。及至民國78年，老闆二弟媳秀美大姊開始研發醬菜、炒花生等，慢慢打開美濃地區的醬菜市場。如今醬菜製品，因為食材新鮮、品質優選，口耳相傳後，儼然變成店裡銷售主力之一，時常賣到供不應求。近年，則由第三代，老闆二個兒子們進場經營。

屹立數十年歲月的合信興商號，訪談之日，店鋪後頭餐桌上的米篩內，恰好盛著數斤剛以艷火翻炒完而後放涼的花生。炒熟花生可口香甜，火焰餘韻依稀仍在。老闆娘親族圍繞米篩，忙著將花生粒一把把裝進玻璃瓶。不久，秀美大姊走了進來，開始馬不停蹄地介紹不同種類醬菜。她引導我們進入倉庫，邊找尋著醃了15年的老菜脯，邊說著，年輕時的她原本也不會做醬菜，花生也炒得普通，但自己不放棄一直不斷實驗摸索。某個春節她至北港遊覽，在產地見著花生，心動不已，便買了些回來鹽炒，發現效果之好，讓客人讚不絕口。自那時起，客人們皆說，秀美大姊的鹽炒花生乃美濃最好，北港花生遂成為她唯一的選擇。

對秀美大姊而言，這些醬菜像極了她的寶貝。賣得最好的除了炒花生，尚有油蔥酥、鳳梨豆醬與豆腐乳。油蔥酥的紅蔥頭乃挑選頂級飽滿的品種，頭尾剪除，清洗乾淨加以曝曬後，再用自己提煉的豬油，慢火收煸。鳳梨豆醬的鳳梨來自泰山，偶爾她也會到鳳農市場採購，能有土鳳梨最好，不然金鑽鳳梨也行，這鳳梨豆醬銷售量大，一年可做到4,000-5,000斤。豆腐乳製程較長，得至少耗上兩個月方能開封。但這絕對值得等，因為開封後的豆腐入口即化，綿密入味。最後，壓軸的是15年愛馬仕等級的黑金菜脯。秀美大姊說這個菜脯一斤要價5,000元，拿來煮雞湯是經典，再加上紅棗、枸杞、當歸與香菇，一鍋銷魂雞湯就此產生。

服務人情與脾胃的客家特選

傳統雜貨店，賣的不只是商品，人情味亦然。不光是看得見的產品，連同配合鄰里的婚喪喜慶，標準客家婚嫁10／12禮，或是喪家需要的素擲，只稍吩咐，馬上預備齊全。此外，客家特選正古鹿美濃醋、金松辣椒醬、日曬豆皮，黑豆製成的豆鼓等原鄉文化特產，皆是別處買不到的商品。

這天美濃，氣候清爽宜人，遠方是墨綠山巒。採訪完畢時，老闆自店內取出一把細長採收鐮刀，漫步至玉蘭花樹下，摘下好幾朵含苞待放玉蘭花兒，直直地遞交至眾人手心。嫩白花兒真是馥郁芬芳阿！店內此時是醬菜甘甜的滋味，店外則是滿樹玉蘭花味，這些香味正交錯融合，瀰漫蕩漾，悄悄地沁入每個人的笑聲與心坎裡。

流動風景 SURROUNDINGS

店號位於美濃區永安路上，在永安老街與美濃水橋中間。美濃舊橋、美濃水橋、美濃水圳等近在呎尺。附近尚有美濃東門樓、永安老街、美濃夜市、美濃民俗村等。

常備與特選雜貨 GOODS

調味料、罐頭、飲料、南北貨、日用百貨、婚喪喜慶客家用品，亦有老闆精選原料自製鹽炒花生、油蔥酥、鳳梨豆醬、豆腐乳、老菜脯等醬菜總匯。特別推薦遊子必買正古鹿美濃醋、金松辣椒醬、日曬豆皮，及黑豆製成的豆鼓等原鄉文化特產。

1

2

1. 店外正曬著破布子 2. 醃了15年的老菜脯 3. 大夥圍繞著米篩，將花生粒裝進玻璃瓶 4. 合信興是開了三代的雜貨中盤商，累積許多老客戶 5. 自製豆腐乳也是鎮店招牌商品

3

4

5

04 —— 美濃

其双商店

學客語、剖鮮魚，嫁入美濃情味的生命力

文 妍音、攝影 盧昱瑞

晴朗的4月天，暮春時節，柔柔的風吹來，採訪小組走國道10號快速道路，微陰微涼的天氣好不舒服。

下了10號快速道路，很快銜接了進入美濃地區的道路，不知不覺中美濃氣息漸次濃郁了起來。來到廣福街198號，這便是其双商店所在處。一下車，腦門裡很自然迴盪起「走在鄉間的小路上……」旋律，眼前迤邐遠去的街道，兩側不高屋舍景象，十分親民。

其双商店現在的經營者是溫張春霞，個性豪爽開朗亦不失幽默，自述民國63年，芳齡24嫁入美濃，次年民國64年即與夫婿溫麒雙成立其双商店，開始日常雜貨的販售；迄今47個年頭過去，仍然樂在其中。

來自台南將軍區的春霞姊，從一句客家話都不會，到如今能以流利客語應對美濃地區上門消費者，坦言也經過一番磨合時期。春霞姊說起最初客語說得不甚道地，上門購物客人總會好奇問她來自哪裡的客家？春霞姊每每隨意胡謅是苗栗客。如此也近50年了，早已在美濃生了根開了枝散了葉，擁有了雙店面商店加一車庫，另外也誕育了二女一子，早已是實實在在的美濃人。

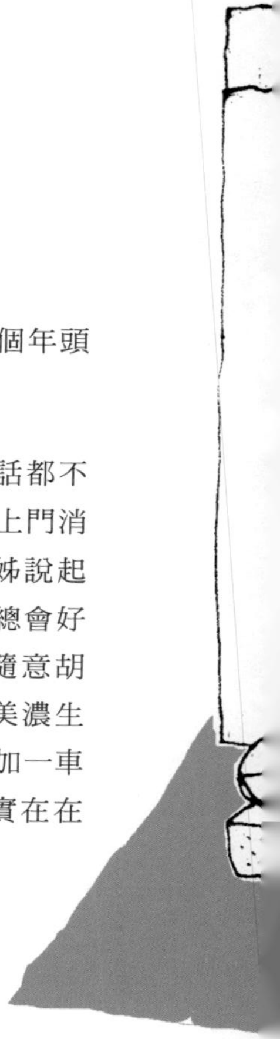

小檔案 STORE INFO

其双商店從民國 64 年開店，迄今 47 年，原是溫麒雙夫婦共創事業，丈夫過世後春霞姊獨立經營。營業時間上午 8 時許開店，中午 12 時休息，下午 2 點半再開店直到 6 點半。

1

1. 幽默風趣的春霞姊嫁來美濃時，剛開始一句客語都不會説 2. 春霞姊説，她其實也是做生意後才學會宰殺活魚

做生意之後才學會殺魚，這正是做一行像一行

其双商店原是春霞姊與夫婿兩人共同經營，但8年前夫婿騎腳踏車摔跤後往生，從此春霞姊一肩扛起獨立經營。平常清晨4時起床，春霞姊會外出走走產業道路活動筋骨，5點左右回到住處稍作整理，再自駕貨車去旗山批進要販售的蔬菜魚肉，等回到其双大約8點，有時客人已店外候她多時。

採訪這天，一個上午只見客人來來去去，雜貨架、菜架與魚缸邊審視，再確定選購之物結帳後取走。菜架上除了常見蔬果外，美濃福菜（鴨舌草）、齋嬤菜（落葵／皇宮菜）等在地特色的菜教人驚艷。若是美濃福菜搭配鳳梨豆醬，那美味光聽著便要垂涎了。來客買魚買菜買雜貨各自搭配，一種兩種數種採買便齊全了，選購間來客常會與春霞姊閒聊幾句，如親人般的嘘寒問暖，其實來自數十年日日積累的情誼，從不熟到熟悉，只因一顆認真體貼服務的心。

上門的消費者若要買魚，魚缸裡選定了魚，春霞姊以魚網撈起，蹲下身就著水龍頭，先以刀身拍昏魚頭，然後手腳俐落的剖魚肚去魚鱗，很快處理好消費者選購的魚。春霞姊表示是做生意之後才學會殺魚，這正是做一行像一行，必得熟稔店裡各項營生，才能提供上門顧客賓至如歸的服務，也正是這樣貼心服務，其双商店才能屹立於美濃街市近半世紀。

一人顧店，全年無休

一般而言，春霞姊大約中午12點休息，下午2點半再開店營業，直到晚上6點半左右打烊後才完全休息，41年次的春霞姊絲毫看不出來年屆70，依然如少年一般精神奕奕活力十足。多年來春霞姊經營其双商店，一向全年無休，除了去署立醫院就診和外出遊覽，否則為了服務在地鄉親，兩戶相連的店門一定都是開著，歡迎鄰里來走走逛逛買買聊聊。

無論晴雨無論暖涼無論冬夏，春霞姊本著服務在地鄉親的心情，持續開店，活絡生意的同時也活絡了人情。說早期沒有全聯沒有便利商店，其双商店生意極好，那時節還兼著販售文具，提供在地小朋友選用，隨著世情轉變，因應少子化現象，文具業務便也停歇。

2

雖是工時冗長，雖是一個人支撐著一家商店，但數十年的營生，在地客戶的忠誠，都是春霞姊心中捨不下的寶，也因為在地鄉親的默默支持，她便能快樂的持續經營。忙著招呼來客購買收銀找錢的春霞姊，還騰出心神現場為我們處理了仙草，採訪伙伴人手一碗；透入心裡的，豈僅是消暑的仙草，更有那濃得化不開的貼心。

訪談時農曆2月剛過，客家人一般在農曆2月掃墓，春霞姊說紅龜粿在這個期間賣得最好。我們採訪這日熱情的春霞姊還請我們吃她特意準備的紅龜粿，紅龜粿吃在嘴裡甜在心裡，特別的美濃情味在脈動裡。來到美濃，看見了其双商店的生命力。對話春霞姊，感受到滿滿正能量，濃濃人情味。

1

常備與特選雜貨 GOODS

店內販售日常所需物品，兼有供應魚肉蔬菜水果與甜品，春霞姊津津樂道於開店後才學會殺魚，如今刀起刀落迅速俐落便處理好一條魚。另外春霞姊忒是鍾情客家人 2 月都會食用的紅龜粿，滿滿懷想深情。

流動風景 SURROUNDINGS

其双商店所在的廣福街 198 號，處於一 Y 字型路段，左鄰有個三星檳榔攤，Y 字型路段的 V 尖處為一小處空地，其餘便是殷實鄉親住屋。若由其双商店門前廣福街一路向北走去，約莫半小時便可抵達鍾理和紀念館。

1. 店裡的魚都是直接從缸裡撈出來新鮮處理　2.3. 架上除常見蔬果外還有美濃福菜、齋嫲菜等在地特色菜　4. 一人全年無休開店雖累，但春霞姊對忠誠顧客無法割捨

3

4

2

成功商店

裁縫車見證的戰亂時代，與荖濃溪石灘上的滇緬家鄉味

文 儲玉玲、攝影 鍾舜文

排行第五，本名「蘇老五」的羅媽媽，被精功社區總幹事許崇德先生推薦為今年（民國 111 年）的模範母親，民國 20 年出生的她，今年已經 92 歲了。反共抗戰期間隨家人逃難到緬甸，15 歲就嫁給部隊營長羅成。後來，軍隊撤退，丈夫先來到台灣，民國 50 年 3 月，才和哥哥與母親同其他軍眷們乘坐飛機撤退來台，與丈夫離別 8 年後，終於在成功嶺重逢。

92 歲的羅媽媽身體硬朗、行動自如，訪談之間，笑聲爽朗，可愛可掬，歷經戰亂逃難命在旦夕的人生，仍展開樂天知命的笑容，顯得無比的珍貴。

精功社區只有一家雜貨店，店裡的擺設非常簡單，因為商品種類及數量都不多，羅媽媽的雜貨店主要提供常用調味料、菸酒、飲料、餅乾泡麵等零售商品。除了放置在大型冷藏櫃裡的飲料外，高雄 147 米賣得特別好。小小的空間角落還放了一台用布蓋著的舊型電動裁縫車，掀開舊布，看著裁縫車，羅媽媽說起過去在緬甸曾自學裁縫，為士兵及老百姓縫補修改衣服、賺取生活費的往事；來到台灣與丈夫重逢，也請丈夫買了裁縫車，在暫時安置的成功嶺區為士兵及同為暫置的鄉親們縫補衣服賺取外快。到了成功新村，就在里港的紡織廠做了數十年的拖地工作，下班之後還將工廠的衣服帶回家

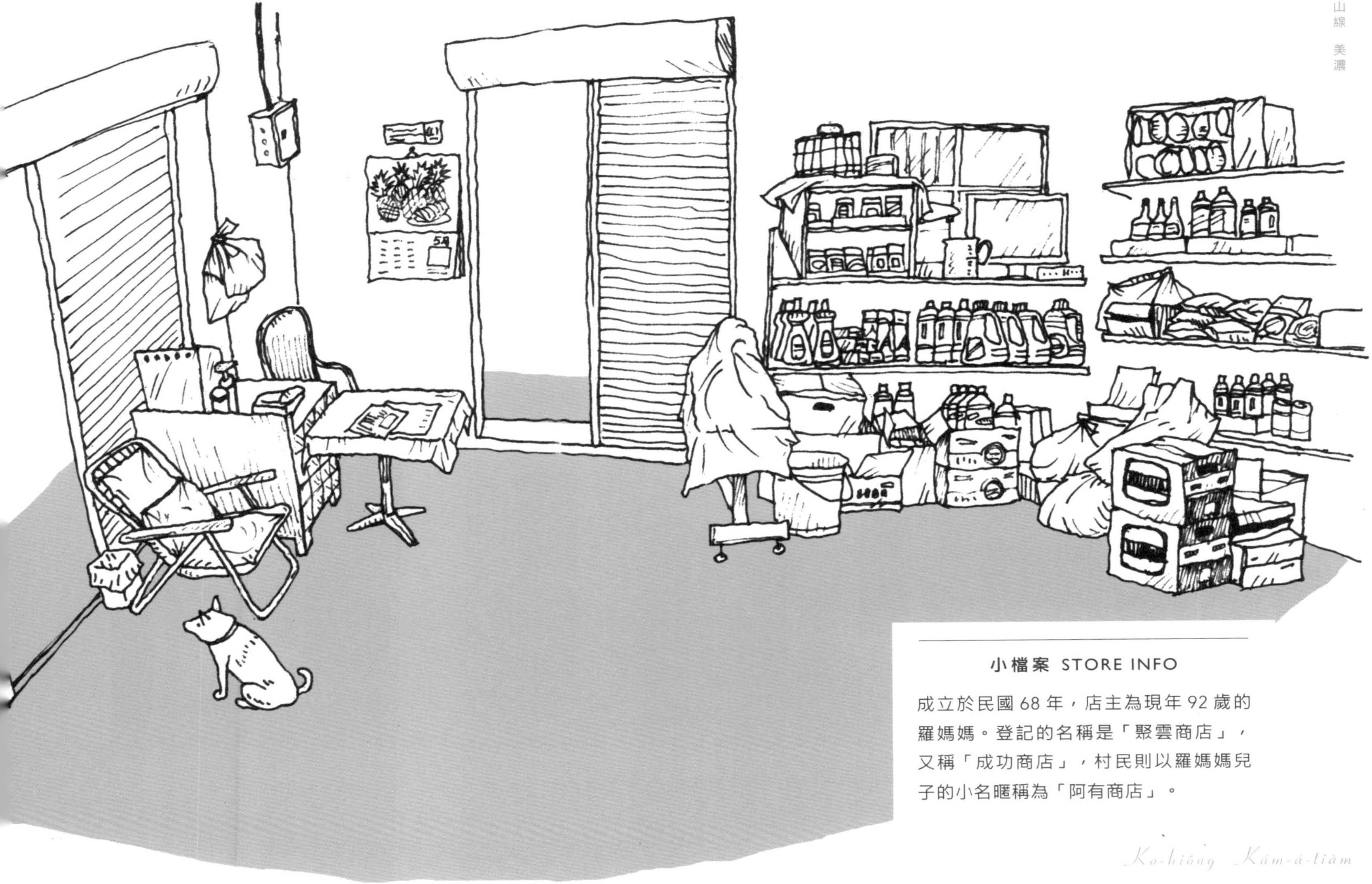

小檔案 STORE INFO

成立於民國 68 年，店主為現年 92 歲的羅媽媽。登記的名稱是「聚雲商店」，又稱「成功商店」，村民則以羅媽媽兒子的小名暱稱為「阿有商店」。

1

1. 成功商店的羅媽媽本名蘇老五，走過國共戰爭，民國50年才撤退來台居住 2. 羅媽媽樂天知命，92歲仍天天開店與村人作伴

代工，每天工作到深夜；丈夫過世之後，不辭辛勞地將孩子拉拔長大。

在社區唯一家雜貨店，交換戰爭時代的歷史鄉愁

如今裁縫車已經退休，放在雜貨店裡靜靜地陪伴見證羅媽媽的勤奮歲月。羅媽媽辛苦了一輩子，上班工作到將近 80 歲才退休，兒子為了就近照顧她，將雜貨店從路口移到住家，一方面讓羅媽媽有事做、保持精神，另一方面有村人作伴。小雜貨店在村子裡成為村民相伴聊天的所在，用家鄉話交換生活訊息的同時，也交換了鄉愁。

民國 50 年雲南反共軍民乘著軍機撤退來台，分別安置於南投清境農場、高雄農場吉洋分場、屏東大同農場等地。在高雄農場吉洋分場內的滇緬四村分別為「信國新村」、「定遠新村」、「精忠新村」、「成功新村」，分屬兩個行政區；信國新村和定遠新村歸屬屏東縣里港鄉，精忠新村和成功新村則歸屬高雄市美濃區，後兩村因居民的人文歷史背景相近，已在民國 81 年合併為「精功社區」，並申請成立「高雄市美濃區精功社區發展協會」。羅媽媽雜貨店就位在原本的成功新村裡。在鄉村人口普遍外移的情況下，社區居民也差不多只剩 200 位左右，羅媽媽笑說，有時一天賣不到 100 元，打發時間罷了。除了在地居民，偶爾也有在附近做工的人和蘭花園的員工過來買飲料。

現在的精功社區經過社區居民的共同努力之下，把村子整理的花木扶疏，道路整齊，綠樹成蔭，種植了各式各樣的香草植物。和 60 年前來到荖濃溪北岸的石頭灘開墾，放眼望去只有茅草和石頭，見不到一棵樹的荒涼，不可同日而語。社區公園旁邊的空地，還保留了一間開墾時期最初建造的房舍原貌。已經沒有人居住的房舍，原木屋梁還是直挺挺地支撐著搖搖欲墜的屋瓦，戰爭逃難、艱苦墾地的時光停在不到五坪的空間裡，不忍遺忘。

逃難菜的精神：「一動就是肉，一綠就是菜」

成功新村的活動中心是居民過年過節的聚會場所，這兩年利用社區裡四國九族的滇緬文化特色，推廣雲南飲食文化，陸續舉辦了「孔雀宴」、「水牛宴」等特色美食盛宴，獲得廣大迴響。位於精功社區活動中心的「精功社區廚房」，是由精忠新村的居民朱秀英掌廚，大家習慣稱呼她「大姊」。在外地工作多年後返鄉陪伴家人，原

2

本不會料理的她，為了不讓雲南家鄉味失傳，靠著和父母親一起生活的記憶，把傳統的滇緬料理一道一道用雙手和味蕾慢慢重現家鄉的原汁原味。大姊的雲南料理不僅用香料調味，也用感情調味；對父母、家鄉與兒時記憶的感情，濃濃地呈現在每一道傳統料理當中，讓每個人吃到的不只是雲南美食，還有大姊對於傳承家鄉料理滿滿的心意。

1

菜單裡的傳統雲南料理除了包料魚、碗豆粉、雲南香腸、打拋肉、大薄片、雲南米干、米線等等，還有一道比較特別的菜叫做「逃難菜」。大姊說，長輩們在滇緬戰亂逃難時，有什麼就吃什麼，沿途拔的野菜，或抓到的青蛙，都是食物。菜只有川燙，再加鹽巴、辣椒，或是利用野菜本身的味道調味，甚至初到高雄農場附近石頭灘開墾的時候，也是發揮了游擊隊強韌的適應力，在物質匱乏的年代，繼續煮著「逃難菜」。大姊的父親說逃難時期「一動就是肉，一綠就是菜」，正是「逃難菜」的料理精神。今日的逃難菜的靈魂是大姊自己熬煮的調味醬汁，用甘蔗、香草、辣椒、醬油，在不同的油溫加入不同的香料，香氣層層疊疊，把各種蔬菜川燙和醬汁拌在一起，交織出豐富的味道，像是音符在口中跳躍，被喚醒的味蕾滿懷愉悅地跳著舞。難怪吃過的客人都會說：「逃難菜怎麼那麼好吃！」大姊說，她要讓雲南菜說話，要讓香料為雲南菜說故事，我想她做到了。

除了精功社區廚房的「瑤族滇緬家鄉味」之外，成功新村的「李家雲南米干」、信國新村的「蘇家小吃」（羅媽媽侄兒的店）及「陳家牛肉麵」，還有定遠新村的「滇緬風情金三角」，以各自不同的異鄉風味，將滇緬四村的美味串聯成了雲南美食料理的美樂地。

常備與特選雜貨 GOODS

販售日用品、常用調味料、飲料、菸酒及少量餅乾泡麵。其中最為熱銷的商品是美濃區高雄 147 米。

1. 精功社區廚房的朱秀英大姊原本不會料理，但為了不讓家鄉味消失，努力重現雲南料理　2. 雜貨店裡的舊式電動裁縫車，是羅媽媽年輕時謀生的工具。羅媽媽笑著說：「很久沒有車衣服了。」　3. 羅媽媽今年被推舉為模範母親，亦曾被採訪　4. 社區公園旁空地留下精功社區開墾時期最初建造的老房子　5.6. 小小商店紙箱兼作貨架，擺放整齊

2

3

4

5

6

1.2. 傳統雲南料理涼拌米干與包料魚 3. 大姊的父親說「逃難菜」的精神「一動就是肉，一綠就是菜」，但在大姊手藝重現下非常美味好吃

1

2

3

流動風景 SURROUNDINGS

精功社區唯一一家雜貨店，是村子裡老人家相聚聊天，互相陪伴之處。精功社區有著因國共戰爭撤退來台的特殊人文背景，整個社區居民僅剩 200 多位，但仍致力保存其思鄉的滇緬雲南美食文化。

順路逛

美濃猶閣有

廣德便利商店

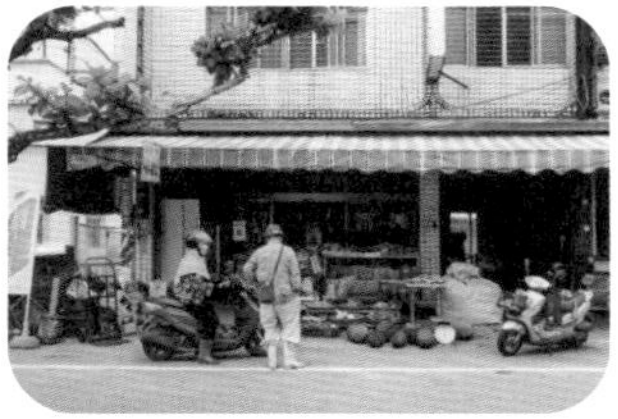

美濃區廣德里廣興街13號

廣興國小對面的廣德便利商店，目前是第二代經營，門口的大葉欖仁在炙熱的夏日裡，提供了一大片引人駐足的涼蔭。門前經常可以看到店家自己栽種的菠蘿蜜、香蕉等水果，主要商品除了日常用品、五穀雜糧、金香紙燭，還有農業資材，及美濃當地生產的麵條、醋精、豆皮等，並有物流寄送服務。

新協裕商店

美濃區興隆里廣興街459號

新協裕商店位在美濃竹頭角三山國王宮的對面轉角，清麗雅緻的三層樓房相當引人注目。白底紅字的招牌手寫著商品有日用雜貨、油塩、公賣品、菸酒、糖菓類、飲料，近幾年為因應顧客需要，多了魚露等來自越南的調味料，而店裡古樸典雅的木製櫥櫃和用來放糖防螞蟻的陶甕，都是從幾十年前開店用到現在 。

水圳雜貨店

美濃區獅山里獅山街89號

美濃上河壩的路口有間沒設招牌的老雜貨店，門前有棵從店裡頭長出來的黃槿，常可看到親切健談的年輕老闆坐在枝葉茂密的樹下包檳榔。兩三年前剛完成整修的雜貨店，店雖小但該有的都沒少，入門所見滿滿的零食糖果，還有雞蛋 、麵包、泡麵、罐頭、油鹽醬醋、金香。大型冷藏櫃旁的屋簷下有長椅供人歇腳，望著遠方的山，和後方常有孩童戲水的獅子頭圳，十分愜意。

新富商店

進百貨、守百年，一切「就怕客人不方便。」

文 儲玉玲、攝影 鍾舜文

沿著台28線剛過美濃進入六龜區的第一個里就是新寮里，「新富商店」就在公車站牌旁，「新寮站」一下車就到了。

張錦運老先生今年82歲，排行老么的他，10多歲就開始了雜貨店人生，父親開雜貨店的那年，他還沒出生。上初中時，父親就經常帶著他到旗山學習補貨，幾次之後，張錦運就一個人提著草編的「茄芷仔」坐客運到旗山拿貨。經營雜貨店至今數十載，如今兒孫在雜貨店的滋養之下，都已開枝散葉，媳婦接手經營老店，繼續服務鄉親。

「媳婦的標準比我高，我很放心。」公公笑著說。媳婦蕭順美站在一旁微笑著，接下經營雜貨店繁複的工作，也接下了公公的信任和讚許。和公公兩人輪班，早上順美看店時，常有熟客來圍著木桌和公公話家常，有時一個早上有兩組客人各自分時段來。小雜貨店年紀雖老，活力不小，買金紙、買飲料、買菸、買檳榔的客人是日常，送貨、收貨人車的往來也是日常。一邊說著過去提著「茄芷仔」坐客運補貨的辛苦，一邊幫送貨員放在事務桌上的送貨單簽名。「現在打電話叫貨就可以了。」老先生一派輕鬆地說。

散步、騎腳踏車、照顧田裡的樹是張錦運老先生每天的休閒運動。穿過門前大馬路，彎入小路邊的田裡種植了榴槤蜜、桂花、七里香、芒果樹和九重葛，說起照顧樹的種種，嘴角揚起、眼睛發亮，82歲的身手輕巧、腳步穩健，手握著一根朋友送的龍眼木拐杖，有如裝飾

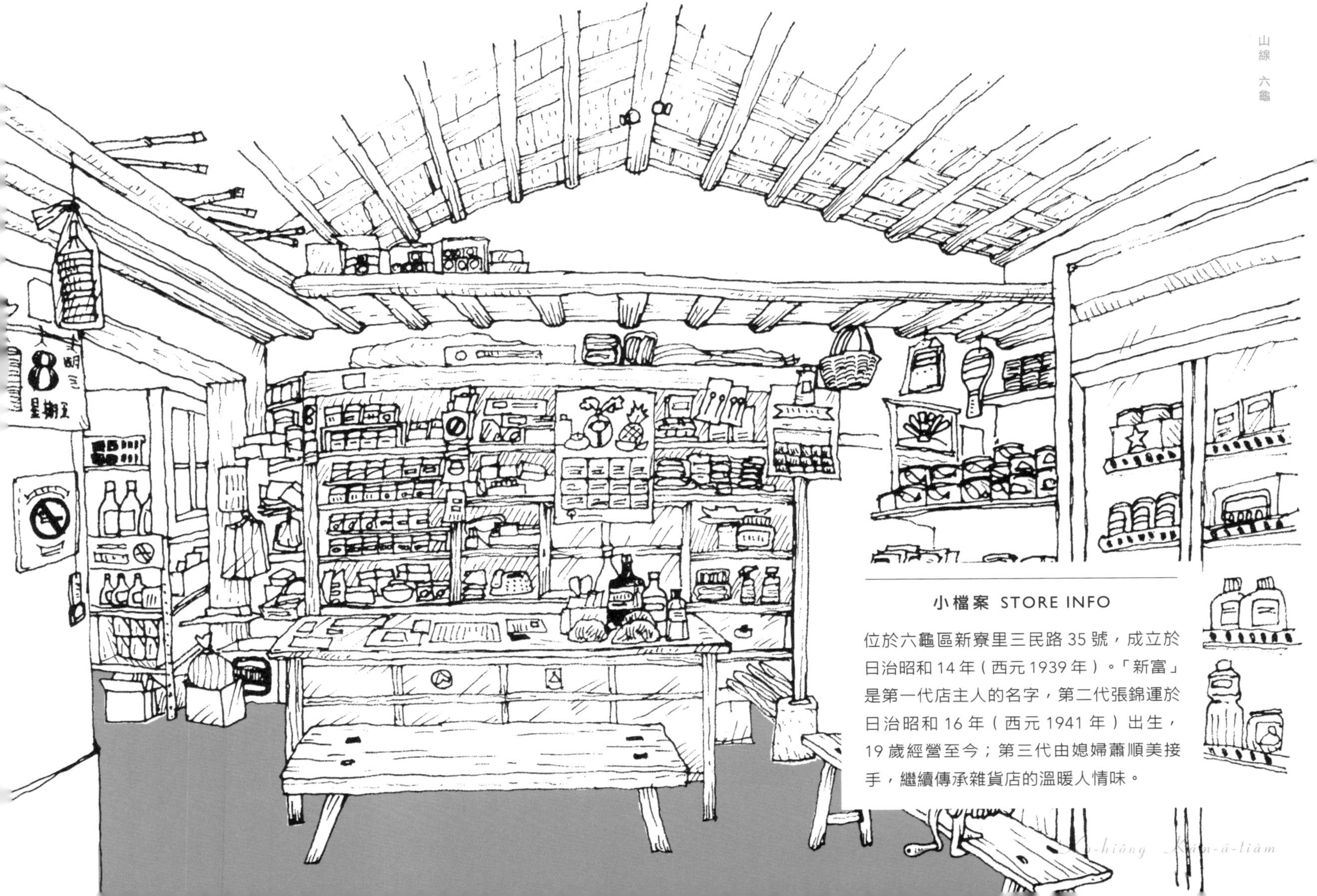

小檔案 STORE INFO

位於六龜區新寮里三民路 35 號，成立於日治昭和 14 年（西元 1939 年）。「新富」是第一代店主人的名字，第二代張錦運於日治昭和 16 年（西元 1941 年）出生，19 歲經營至今；第三代由媳婦蕭順美接手，繼續傳承雜貨店的溫暖人情味。

1

2

3

4

1. 張錦運老先生讚美媳婦蕭順美比自己更細心 2. 張錦運將經營雜貨店的方法應用在管理植栽上 3. 父親開雜貨店時張錦運還沒出生，老店裡充滿時光痕跡 4. 已經少見的古董手搖磨粉機是用來製作白胡椒粉

品。為了方便和家人說明樹木的生長情況，他在七里香樹上掛了數字牌。「那麼多棵樹很難清楚指出正確的位置，如果說五號樹的左邊第一棵，就很清楚了。」老先生把經營雜貨店鋪貨的技巧也用到樹木的管理上。

農忙後大榕樹下相邀看電視，令人回味的昔日地方風情

公車站牌下車處的地面上畫著箭頭，寫著：往高樹、六龜，往高雄、旗山字樣，一旁掛著手繪地圖，方便為問路客人解說。老先生說，昔日站牌下原本有一棵大榕樹，農忙之後的晚上，鄰居相邀來到榕樹下聊天看電視，那時候新寮只有新富商店有電視，商店旁的榕樹下成了茶餘飯後的休閒場所。道路拓寬後，移除了大榕樹，賣郵票、車票的服務和路旁的郵筒，也因為時代的改變而消失。雖然如此，但站牌還在，商店還在，服務也還在。偶有附近的客人不方便，一通電話順美就會幫忙把商品送過去，這是鄉下老雜貨店才有的溫暖「宅急便」。

「一束香，一疊金紙，一瓶米酒。」因應居民的祭祀需求，店裡也賣金紙、香束，蕭順美熟悉的複誦，熟練地撿好了貨品。雜貨店開業時原是在馬路對面，蓋了店面之後才搬過來。後來又蓋了三合院，三合院前方的水池原本是一般汲水用的井，後來公公才特別請師傅做了台灣島造型裝飾平台。灑滿陽光的院子裡，清洗乾淨、整齊倒放的空酒瓶，一會兒準備裝入飽滿的香炒花生。炒花生、白胡椒粉、豆腐乳，號稱「鎮店三寶」，在老雜貨店的貨架上代代延續著傳統的滋味。順美拿出已經退休的手搖磨粉機器，時光在鐵製的機身上靜止，胡椒粉的榮光還在；日曬豆腐乳、慢火炒花生，和老雜貨店一樣用時間發酵醞釀出的味道，令人回味再三。白兔牌烏醋、正古鹿美濃醋是回鄉遊子必買商品，遊子的鄉愁靠「醋」調味，「沒有美濃醋就炒不出家鄉味！」

金松醬油膏、客家特製蔭鼓、筍乾、老蘿蔔不只是調味料，還是一道道令人垂涎的客家家常菜；老品牌的孔雀餅乾、喜年來蛋捲、可口奶滋、津津蘆筍汁，還有放在米甕裡的冬瓜糖塊，為平凡的日常增添甜蜜的滋味；鳳梨片罐頭、火柴盒、日光燈管、雨衣、雨褲、雨鞋、斗笠包巾……一應俱全，說是小百貨也不為過。順美還為我們示範了如何戴斗笠包頭巾，這是農婦下田遮擋烈日的必需品。平時不起眼的罐頭、麵條，在前不著村、後不著店的小地方，立刻化身為家常餐館，肚子餓的時候，寬麵條加鯖魚罐頭，隨手變出的美味，也是除了泡麵之外的颱風天聖品。因著居民生活所需，雜貨店商品五花八門，小小店面看不出陳列的商品有超過 100 種，老闆笑著說：「連針線盒都有賣！」貨架上陳列了居民的日常生活，同時也呈現了新寮里的飲食文化。

跟著客人的作息——
就是今天家裡辦喜事也要開店

客人的作息就是雜貨店的作息，蕭順美每天4點就起床準備開店，迎接一早到田裡工作的客人，還有8點過後就來店裡圍著大木桌，吃著炒花生話家常的老客人。開店時特別訂製的原木事務桌和雜貨店一樣老，除結帳、記帳、收銀等功能外，大木桌上放了各式樣的字條便箋，那是張錦運手寫的備忘紙，包括兒孫的生日、24節氣對應的事項，字體端正、筆畫工整。從店裡的種種細節可以看到張錦運「頂真」（台語：細心）的生活態度。而這「頂真」的態度，來自父親的教導，現在也傳給了媳婦蕭順美。時間將木桌前的長條木椅坐出了凹痕，老算盤和電子計算機在木桌上，計算著將近百年看似緩慢卻也如箭的時光，光陰的痕跡就在雜貨店的建材及家具細節裡穿梭，帶著我們忽古忽今。

早年新寮地區多是從美濃、高樹過來開墾的客籍移民，社區裡還有幾處「伙房」。從雜貨店旁的小路蜿蜒而進，沿路巷道圍牆有彩陶做的社區意象，訴說在地故事。約莫5分鐘，可到「百年古井」，井水清澈見底，一旁還有泉水自然湧出，至今仍是新寮居民的主要水源。

繞過古井上方「伯公」的百年古道，是開庄時先民利用當地河石疊砌而成的，往上繼續走約10分鐘可到達新威森林公園。老雜貨店門前的「旗六公路」，連接旗山和六龜，常有往來遊客在此停歇。曾經有個豔陽天的中午，不知道騎了多遠的單車騎士身體不舒服，到店裡求救，一進門就躺在映著悠悠時光的長條木椅上，休息了許久才恢復精神。幸好，長條木椅夠寬、夠長、夠包容，足以接住旅人的疲憊。全年無休的老雜貨店就像是土地公守護著新寮里，連媳婦蕭順美從龍肚嫁到新寮的那一天，一邊在院子裡辦桌宴客，一邊雜貨店還是開門營業。

「沒辦法，就怕客人不方便。」順美笑著說。

「商品準備齊全，客人想要買東西就會想到我們，一方面服務鄉親，一方面我們也有收入。」簡單的經營理念，與鄉親共好的想法，讓雜貨店和鄰里的人情味延續超過80年，如今依然和百年古井、古井伯公一起守護著新寮里。

1

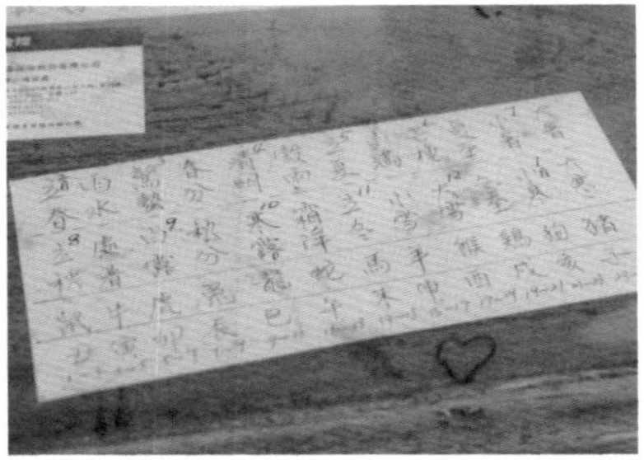
2

3

1. 2. 店裡四處可見張錦運「頂真」的生活態度，連24節氣對應事項也仔細手寫備忘　3. 炒花生、白胡椒粉與豆腐乳是新富商店的「鎮店三寶」

常備與特選雜貨 GOODS

除了醬料、麵條、金紙日用品，還有燈管、火柴、雨鞋、斗笠等貨品超過百種。店家自製的鎮店三寶——白胡椒、豆腐乳、炒花生代代傳承，推薦回鄉遊子補貨必買正古鹿美濃醋、白兔牌烏醋。

流動風景 SURROUNDINGS

位於台 28 線路旁和新寮百年古道的入口，是新寮里居民添購生活用品、取得生活資訊，及往來遊客停歇補充飲水的問路站。超過 80 年的老雜貨店，仍然精神飽滿地為居民服務。

永光行

照明六龜今昔的一盞光

文 江舟航、攝影 鍾舜文

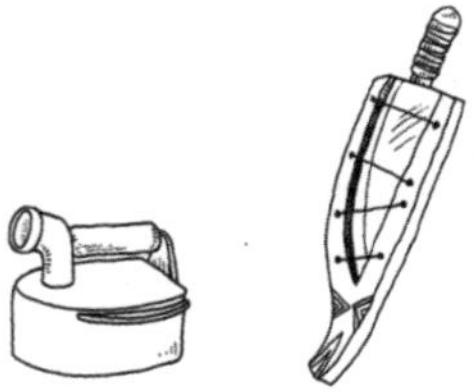

車行於台 27 甲線的蜿蜒山路，路旁不時出現「小心蝴蝶」的標示提醒，沿著荖濃溪畔，一路飽覽十八羅漢山的陡峭山壁風光後，便進入這座依山傍水的山城：六龜。

六龜地名由來，是早期居住此地的平埔族人所稱「Lakuri」，後來遷入的漢人便音譯為「六龜里」，簡稱為六龜。另一有趣說法，是先民在荖濃溪畔發現六座形似烏龜的巨石，便取名為「六龜」，而六龜的發展和商業聚落形成，與林業有重要關聯。日治時期，政府為加強醫療技術，實現自製藥品的目標，便大規模在台灣各地培植各式林木，其中最有代表性的，便是金雞納樹。因其樹皮可提煉出奎寧素，對當時在台灣南部肆虐的「瘧疾」有顯著療效，日後便開闢了「六龜演習林」來大量種植、煉藥。

而山上的樟木除了可焗煉出居家使用的樟腦油、腦沙，作為除濕、防蟲之用外，還可製成槍砲用的火藥。日治明治 43 年代（西元 1910 年），由於中部山區的樟木被砍伐殆盡，採樟腳步便進入南部山區，於甲仙、六龜兩處駐地集貨、販售，間接帶動了地方的經濟發展。當時六龜的商業聚落，便座落在「六龜里」與「義寶里」的光復路和太平路上，不論是原漢交易所「洪稛源」或日式旅館酒家「池田屋」，都能窺見昔日熱鬧繁華的痕跡。

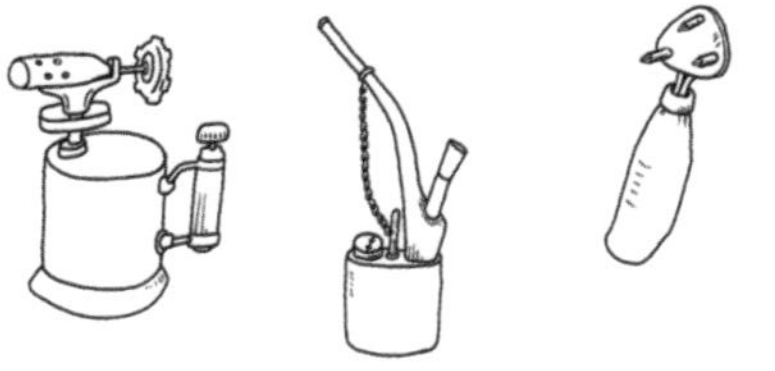

小檔案 STORE INFO

「永光行」成立於民國 41 年，由鍾照明老先生的父親創立，最早開在義寶派出所附近，後來喬遷此地作為本店，再陸續於興龍里、茎濃里、義寶里開設分店，共計四間雜貨店，分別由鍾家四兄弟掌管。

1

1. 永光行開店時鍾照明老先生才15歲，晃眼已71年 2. 永光行是六龜街區第一家雜貨店，當年需搭車或徒步到旗山、屏東等地帶貨

從新竹、苗栗、嘉義至高雄，逐樟腦而居的北客族群

帶著採訪團隊走進六龜街區最具代表性的雜貨店「永光行」，大夥一入門便被眼前各式稀奇器具和古老物件吸引而嘖嘖稱奇，好奇指著桌上的玻璃罐詢問，「桔仔醬啊！是北部客家人餐桌上必備的醬料，不論沾肉、配稀飯都很適合。」老闆鍾照明老先生笑著回應，接著述說在日治昭和 5 年（西元 1930 年），當時祖父是在新竹竹東地區發跡，長年向當地茶農購買茶菁、製成茶葉後銷往日本，未料生意越做越大，竟引起日本地方政府關注，以莫名理由徵收了祖父的所有茶葉，並勒令停業。

祖父為另覓生路，聽聞當時採樟焗腦頗有前景，便帶著父親進入當時採樟重地的苗栗山區，幾年後再南遷到阿里山奮起湖一帶打拼，最後落腳在高雄桃源樟山地區，那些年可說是過著「逐樟腦而居」的日子。每次遷徙都是一段難忘回憶，全家人雙肩扛著扁擔、雙手提著所有家當，鍋碗瓢盆、棉被和一些重要物品，在完全陌生的山路中找尋可能為家的方向，這樣的冒險之旅可不像時下的虛擬實境或登山露營般有趣。當時六龜因地理位置利於物流、販售，不少管理採腦工人的「腦長」在六龜里、義寶里開設了「腦館」，管銷在山上製成的樟腦，腦長多是當時北部南遷的客家人。

「舟航你的阿祖以前也都和我爸爸在山上做事啊！」聽聞此話後，訝異之餘，也試著想像當時艱苦的情景。其實我的外公也曾是腦長，聽母親說，自己兒時會隨父母上山工作，一早出門，天黑才會到達腦寮，當時腳下踏的並非柏油路，而是碎石野草。早期沒有大型伐木機具，全憑人力鋸樹，先用俗稱「五齒勾」的鐵鋸鋸木，再用「大剖」斬斷樹根，有時得花費數個小時、甚至整天，才能鋸斷一棵樟樹。

「嘿啊，你看那支就是當時鋸樹的鋸子啊！」鍾照明老先生笑著指道。後來人工樟腦逐漸被成本低廉的合成樟腦取代，銷路大不如前，南部山區的樟木也逐漸耗盡，當地原住民和南遷採樟的客家人衝突不斷，各種不利的情勢下，鍾照明老先生的父親，便決定離開樟山，將積蓄用來開設這間在六龜街區的第一間雜貨店：永光行。當時的他才 15 歲，光陰荏苒，晃眼已 71 年。

鍾照明老先生回憶父親，會搭車或步行到旗山、屏東各地帶貨，路途非常遙遠。而前來消費的客人，有外地人來六龜工作的日常採買，也有本地人要出外打拼前的補給囤貨，幾個扁擔、大型麻袋，承裝各式各樣的米糧雜貨，也擔起一家幾口生活的重量。

2

當時六龜還有另一個經濟作物：樹薯。樹薯除了烹煮食用外，也可以作為飼養豬隻的飼料，因為市場所需，民國 50 年代六龜山坡地滿是樹薯。當時政府為開拓南橫公路，引進了大批軍人進駐，加上開放民間林班申請入山伐木，六龜街區湧入了大量相關從業人口。有伐木工人、建路軍人、木薯商人、當地居民等人口，因應當時民生所需，六龜街區內各式旅館、理髮廳、電影院、餐館林立，形成熱鬧的商業聚落。

街區燈火漸熄，永光行依舊點亮六龜

據文史資料統計，日治時期明治 38 年至民國 59 年間（西元 1905 至 1970 年），六龜區常駐人口從 4,500 人激增到 23,500 人。 永光行在這樣的環境背景下，從早期架上只擺放幾樣商品，到整櫃子、滿屋子的日用雜貨、農具，甚至是婚宴喜慶穿的西裝、身體不適服用的西藥，商品琳琅滿目、應有盡有，說是地方的百貨公司也不為過。當年生意好到有時客人要用擠的才進得去，晚上也常見上千個阿兵哥，在一日建路工作後，於六龜街上覓食休憩。

由於永光行空間已近超載，聽聞興龍里一處雜貨店有意盤讓，鍾照明老先生的父親評估後決定承接，並由大哥主理；短短幾年內陸續在荖濃里、義寶里（現六龜圖書館對面）開設分店。而父親過世後，永光行本店就由排行老四，當時 29 歲的鍾照明老先生接手營運至今；鼎盛時期六龜就有四間鍾家開的雜貨店，老闆便是鍾氏四兄弟。

聽鍾老先生說故事同時，一旁隨隊採訪人員好奇著木櫃旁的巨型磅秤為何用途。「那是用來秤豬肉、秤米、秤重物用的啦！」接著說到，國民政府來台後，嚴格要求店家要改以公斤、公克，取代台斤、台兩作為秤量單位外，亦開始課商品稅，販售西藥也需要登記申請售藥牌照。所以現在雜貨店常用的磅秤，同時會標示台斤和公斤的秤重單位。

然而，隨著南橫開通、政府頒布禁伐令後，許多原先從事建路、伐木的從業人口陸續遷出六龜，樹薯也被便宜的進口樹薯取代，消逝於六龜的山坡地。千禧年前後，在離永光行不到 20 公尺之處，出現了第一間便利超商，六龜居民消費及生活習慣改變，店內生意大受影響。即便如此，仍有許多長輩客人習慣到永光行光顧，和二位老人家閒話家常；記憶力超強的鍾老先生，對鄉里幾乎每一戶人家及後代，可說是瞭若指掌。誰的兒子在哪裡工作、誰的孫子現在當老師，或許他們在幾十年前，都曾是擠在門口、望著店內商品的小客人啊。這裡不只是人情雜貨店 ，更是六龜採樟、伐木產業的小型博物館。有空來到六龜，不妨過來打聲招呼，聽聽老故事。幸運的話，鍾老先生還會拿出自製的彈弓教你怎麼打土芒果喔！

1

2

3

1.2. 早期永光行連農具、西裝、西藥都有賣，說是地方百貨公司也不為過 3. 隨相關從業人口陸續遷出六龜，地方榮景不再，商品也就賣得簡單

常備與特選雜貨 GOODS

永光行販售調味料、飲料、罐頭等日用品，老闆另有手作彈弓、童玩等，而店內年代久遠的採樟工具、稀奇器具則是珍貴非賣品。

流動風景 SURROUNDINGS

位於六龜市區「義寶里」的光復路上，周邊生活機能及交通條件相對其他里方便許多，鄰近六龜農會、菜市場、圖書館、六龜國小、派出所、歷史建築、區公所等，週六晚上有夜市，為當地居民每週一次的覓食好去處。

雙進便利商店

拉芙蘭天空下的山居歲月

文 楊路得、攝影 鍾舜文

仲夏。南橫梅山口的梅蘭園莊訪談終於成行。

拂曉時分，沿著荖濃溪旁的台 20 線山路蜿蜒前進。越過寶來，是漫山遍野、不計其數落石。當車子甩開落石區，不久即抵梅山口。下車瞬息，抬頭遠眺，原來這就是久違的拉芙蘭天空：一張蔚藍無比的天空畫布，抹上白得發亮的雲朵，以及蔥綠清晰的玉山山脈。

今年 4 月，歷經 13 年篳路藍縷重建之路的南橫，開通最後一哩路——天池至向陽路段，從此全線正式通車。消息一出，全台數不盡的重機族陸續騎上南橫，挑戰梅山到天池，穿越大關山隧道至埡口，並一路馳騁過嘉明湖，直至台東利稻部落的旅程。

進入梅山前，車友多會駐足在梅山口加油站。他們會稍加休息，加滿油，或到隔壁雜貨店、全家超商補足糧食，待準備穩妥，重機車隊才會豪爽地「催落去」，義無反顧地揚長而去。

加油站老闆楊登明，亦身兼雜貨店主，他的先祖來自苗栗。老闆雖為漢人之後，但家族在布農梅蘭部落，卻已渡過 100 多個春夏秋冬。這百年的山居歲月，楊家始終守候拉芙蘭。從開採樟腦為始，轉行雜貨店經營，再跨足民宿與加油站。他們代代服務著原鄉部落與往來過客，幾乎不曾間斷，就連莫拉克風災無情重創的 10 多年間，亦沒有缺席。

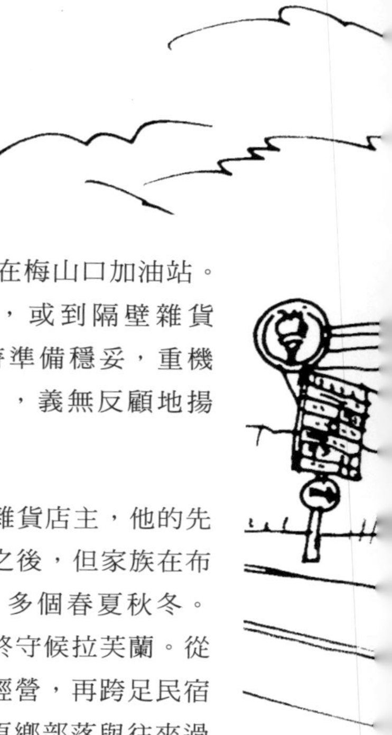

小檔案 STORE INFO

梅蘭園莊位於桃源區南橫公路五段，前身為雙進商店。雜貨店自民國 40 多年由老闆父親楊順芳開創，目前店鋪主要為老闆夫婦楊登明與彭誼珺經營。除了雜貨店，亦同時經營桃源區唯一的加油站與梅蘭山莊民宿。

1

1. 老闆家族在拉芙蘭走過百年 2. 民國48年郵政代辦，當時受理人為現任老闆父親楊順芳 3. 一袋袋好米

為採樟腦移居山區，後替部落引進加油站、郵政與電話總機

楊登明祖父出生於日治明治 40 年（西元 1907 年），年輕時擔任開採樟腦的「採腦先鋒」。早期台灣山區遍布茂密挺拔樟樹林，有「樟腦王國」美名。

樟腦主要用以製作藥材、香料、或火藥等。當時客家族群因多居住山區，天性勤勉，負責開採樟腦的「腦丁」收穫又頗豐，故吸引客家先民加入採腦行列，也開啟他們攜家帶眷逐「樟腦」而居的山中生活。楊登明祖父那時被日本政府派遣南下開採，走山間古道，至甲仙進入六龜、寶山、桃源山區一帶。「阿公就是從沒路沒電、翻山越嶺來到南部這裡做開墾，然後往東部寶山、天池一直移。」老闆仔細說明。

二次大戰結束，日本撤軍，也宣告採腦黃金年代結束。面對腦丁北漂回歸，楊家卻選擇留下，但第二代長子楊順芳也面臨收入問題。「台灣光復，日本人跑了。我父親也需要在此安居。他沒有回去苗栗，就跑去學校當工友，還幫老師洗衣煮飯……以前他也沒有腳踏車，幫學校老師們採買時，他要步行一天去六龜，隔天再步行回來。他就想說多買些鹽啊、鹹豬肉、鹹魚等等。鄰居也都會請他多帶一些，然後缺什麼就來找他買。他就想當工友也沒賺多少錢，還讓人使喚，後來民國 40 幾年時他就想說來開間柑仔店看看。」老闆回憶地說。

雜貨店開張，命名為「雙進」，乃取楊順芳之妻名字中「雙」字。而店鋪位址在梅山口，無論從台東或是高雄端，都能「進」來。甫開幕的「雙進商行」，主要便是銷售鹽、糖、油、米等，因山區諸多事務不便，為服務里民，故也從事礦油行、郵務、通訊等業務。早先桃源區無加油站，楊順芳遂至公立加油站接洽，請他們送油品過來。因為部落沒有郵政與電話，於是也代辦郵寄包裹、寄信等，以及電話總機工作。在那時還是電話搖筒的年代，他們會廣播呼叫請人到店內聽電話。直到如今，店裡也仍保存民國 48 年中華郵政所發出的代辦執照。

現任老闆楊登明，為楊順芳次子。12 歲樟山國小畢業後，便至高雄讀書發

2

3

展。婚後因顧念山上年邁的爺爺奶奶，民國 77 年，他便邀妻子彭誼珺回鄉。返家後，除擴展店鋪，他亦著手營運梅蘭民宿。民國 94 年，他將礦油行改為加油站，成為桃源區唯一加油站。

從「雙進」到「梅蘭園莊」，陪伴與紀念風災後的重建

民國 98 年莫拉克颱風來襲，豪雨傾盆三天三夜。小林村滅村後，救難人員投入救災。數天後，國軍進駐，政府強制居民撤離，派來直升機載全村前往旗山收容所。11 月，因政府救災機械工程車需要加油，楊老闆便沿著溪谷河床跋山涉水，上山用發電機供油給工程人員。來年 2 月，因河床路已稍可通行，政府便開放布農族民返鄉重建家園。就這樣，大家走河床路走了 10 年。

民國 109 年，梅山口往天池通車，生意總算回溫。楊老闆為紀念梅蘭部落災後重建，將「雙進」更名為「梅蘭園莊」。今年南橫公路復通，楊老闆在雜貨店旁開設全家超商，並交由長子管理，同時民宿亦交由次子掌運。雜貨店便主要以五金百貨、桃源特產如脆梅、紫蘇梅等為主。楊老闆說，梅子是自家種的，再交由工廠加工裝瓶。店內尚有販售水桶，方便遊客到天池裝山泉水，也有因應當地村民養雞，種植梅樹、紅肉李等果園而販賣的雞飼料與除草劑等。務農農民喜愛的檳榔，家庭餐桌上常用的豆鼓、梅乾菜等乾貨，皆為熟客喜愛。50 年代專為嬰幼兒調配的奶麥粉——子母牌愛美斯，至今亦保留。另外大型紅色畚箕，在產梅季節，專為採收裝袋之用。

1

起身告辭之際，仍與老闆在店外暢談。語畢，不經意抬頭，凝視天際。拉芙蘭的天空，依舊如此湛藍，百年來見證老闆家族的山居歲月。在梅山走過風災重建，那山嵐輕飄環繞腰間之時，亦見證了她的婀娜身姿，於大地呼喚聲中再次甦醒。

常備與特選雜貨 GOODS

食品雜貨與蚊香、文具、掃把、水管、瓦斯管和機油等日用五金外，亦有販售農務用品如雞飼料、除草劑等。老闆最推薦的商品是旗山梅干菜與子母牌愛美斯。遊子返鄉必買則有桃源鄉梅蘭園莊脆梅與紫蘇梅。

流動風景 SURROUNDINGS

雜貨店兩旁分別為全家超商與加油站，對面為自營的梅蘭山莊民宿。南方為梅蘭二號吊橋，東南方是拉克斯溪瀑布。西邊有南北走向的荖濃溪。北方是拉芙蘭櫻花農場、樟山國小與梅山青年活動中心。往北過了梅山口，便能一路通往天池、台東利稻部落。

1. 因應農民所需，也賣養雞的雞飼料 2. 老闆娘正接聽客人訂購電話 3. 可以上天池裝山泉水的水桶 4. 自家種植的梅子加工而成的脆梅與紫蘇梅

2

3

4

紫斑蝶工作室

紫蝶幽谷裡翩舞的新娘花冠

文 楊路得、攝影 鍾舜文

5月，初夏季節。採訪車順經美濃，走旗六公路，預備深入茂林。還在路上，就被盡情飛舞而混亂視線的粉蝶吸引。淡黃粉蝶繽紛亂舞，如夢似幻，牠們好似並不在意人群車流叨擾，逕自陶醉在澄澈蔚藍天空中，恣意舞著。很快地，車子穿越粉蝶群，緩緩開入蝴蝶谷，這是世界級越冬型的蝶谷，也是另種蝴蝶——紫斑蝶的故鄉。

聽說每年大約 11 月至隔年 3 月期間，散發紫光的紫斑蝶將前來避冬。屆時牠們將翩翩揮舞紫光滑翔翼，上演令人讚嘆的唯美場景。但此行至茂林，卻非為紫斑蝶而來，而是為了拜訪紫斑蝶工作室的董媽媽。

董媽媽店鋪，開在茂林林區陡峭山路上，自店鋪後端便可遙望潺潺細流的濁口溪。會取名工作室，乃因店主董媽媽是十字繡職人與魯凱族服飾、頭飾、牆飾與竹編等技藝傳承人。手作之餘，也提供茂林山區廣大遊客方便，工作室同時亦是小巧迷你雜貨店。店門口二只冰箱，存放著可樂、綠茶、礦泉水與運動飲料。室內陳列架上是各種品牌的泡麵、罐頭、醬油、糖、鹽等調味品與免洗碗筷等。牆上貼著提供原住民風味餐，讓有興趣的遊客得以一嚐原鄉傳統美食。

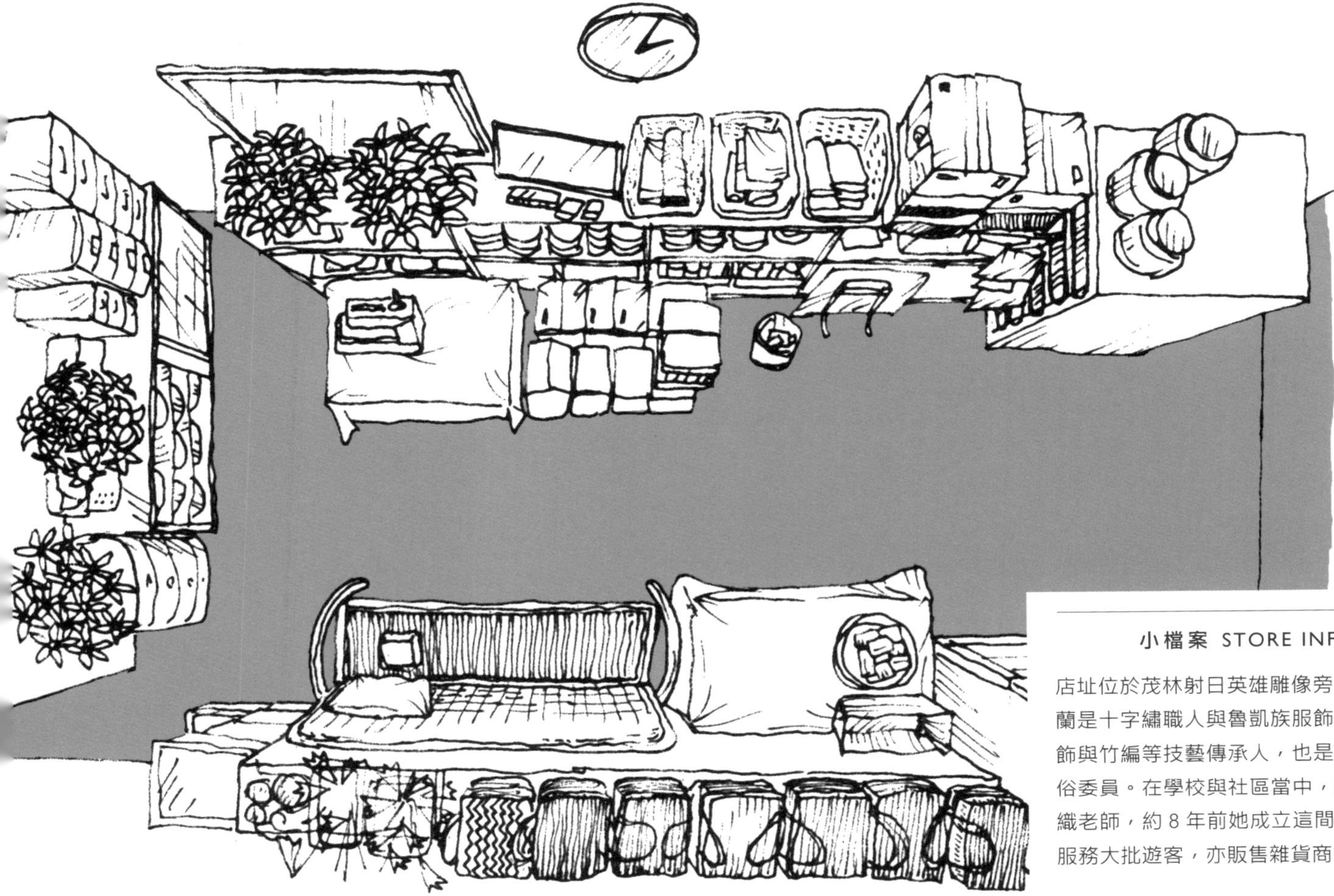

小檔案 STORE INFO

店址位於茂林射日英雄雕像旁。店主董桂蘭是十字繡職人與魯凱族服飾、頭飾、牆飾與竹編等技藝傳承人，也是村落裡的禮俗委員。在學校與社區當中，她是民俗編織老師，約 8 年前她成立這間工作室，為服務大批遊客，亦販售雜貨商品。

1

1. 董媽媽是十字繡職人與魯凱族服飾、頭飾、牆飾與竹編等技藝傳承人 2. 紫背菜湯、鹹／甜麻糬、黃金癲茄、水煮玉米、芋頭乾，與吉拿夫等一桌好菜

山產的芋頭、小米、樹豆入菜佐以神話上桌

層架上格外吸引人的，就屬一瓶瓶自製芋頭粉、金黃色小米、彩色樹豆與鵝黃色黑眼豆。董媽媽說，彩色樹豆與鵝黃色黑眼豆可用以燉排骨。芋頭乃自家生產。在製作成芋頭乾過程非常繁瑣，她會將之烤乾，用篩子將皮屑過篩。芋頭乾是原住民打獵時的食物，若研磨成粉，則可用來做各種料理。當天董媽媽就親手烹煮數道拿手料理並細心解說製作過程。像是紫背菜煮小魚干湯，紫背菜是原住民野菜，她會先熱炒小魚乾，再放進紫背菜調味。又如吉拿夫（原住民小米粽），董媽媽說用的就是芋頭粉。至於裡面包的豬肉，她一定要挑鄰居自己養的，且是肥瘦勻稱的五花，並搭配自種的假酸漿葉，最後再以月桃葉纏裹。另外，長方形的麻糬，裹著鮪魚及韭菜，以及沾芝麻粉與花生粉的甜麻糬，都是經典家鄉味。

美食之後，瀏覽牆上作品時，瞅見老鷹羽毛飾品，一位族裡客人搭腔說著，羽毛代表部落裡的階級，只有貴族才配擁有。但這牆飾上擺掛的是老鷹羽毛嗎？「不，是神鷹的。」董媽媽看了眼牆飾，略帶肅靜地說。而後她說起百步蛇變成神鷹的故事，「你看羽毛上菱形白色斑紋跟百步蛇一樣。傳說百步蛇老死時會慢慢蜷曲萎縮，萎縮到最後會變成一隻雄偉的熊鷹，就是那展翅飛翔在高山上的神鷹。」

神鷹羽毛猶然在前，董媽媽繼以展示其他手工藝，各個了得。在村落，她是禮俗委員。在學校與社區，她是民俗編織老師。在部落結婚典禮，她負責製作新郎與新娘頭飾，亦參與於婚禮或祭典的饗宴製作。這一針一線手工製品，如數家珍，像是族人的吉祥物與定情物的小米束、曬乾月桃葉梗編成的搖籃、提袋；尼龍繩做的背包、小巧包等。董媽媽說，她的母親年輕時便善於製作各類草蓆、藤子、篩子、袋子等。母親工作啟蒙了她。早些年她也至田裡務農，大約 45 歲時，大腦不停地浮現創意，於是晚上返家後便著手創作。不多時她做出口碑，村民接二連三請她幫忙做衣服、編織、刺繡。時至今日她成立工作室已有 8 年之久，她做出無數手編製品、手繡織物、琉璃珠、項鍊、頭飾等經典之作，已然超越她的母親。

2

勇士頭飾與新娘花環——董媽媽巧手編織的魯凱精神

正聊著，董媽媽小心翼翼拿出一頂勇士頭飾，她以五彩繡線編織魯凱族的花色，纏在銳利山豬牙上，頭環則是棕黑色山豬毛，威武英姿煥發。據說因山豬兇猛，誰能獵到最凶狠山豬，即為最勇猛戰士。即刻她又講述魯凱新娘的花環，繽紛搶眼，自然不遑多讓。她捧起一大籃剛剛採收的黃金癲茄，說著，這閃動著金色光彩的癲茄，是結婚用花環頭飾，讓每個新娘嬌嫩玲瓏，最好是奪了眾人目光。常見的排灣族／魯凱族頭飾是花草果子的花環，花環皆有專屬意義。像是萬壽菊、羊齒、百合等都是魯凱族頭飾常用花種。

店內玻璃櫥櫃，擺放繁華頭飾花環。董媽媽取了其一，讓大夥戴上過過癮。當她輕柔舉起華冠時，莊嚴地讓人不由自主地屈膝蹲下。她先是綁上黑底十字繡頭巾，再戴上以菱形亮片、山豬牙與十字繡裝飾的頭冠，固定。繼又套上以紅黃綠木珠串成的頭飾。覆戴之時，她就像個母親，好似為出嫁的女兒細心溫柔地裝扮。打點完畢，便是風姿絕代的新娘冠冕。此時紫蝶幽谷陽光正美，濁口溪流水涓涓，頭冠也熠熠放光。而董媽媽呢，在眾人的驚呼聲中，正露出開心笑容，附帶一個無與倫比的溫暖笑靨。

常備與特選雜貨 GOODS

工作室冰箱存放著清涼飲料，陳列架上亦有各種品牌的泡麵、罐頭、醬油等調味品。芋頭粉、金黃色小米、彩色樹豆是以當地作物製作的精選商品，另提供檳榔以及原住民風味餐。最特別的鎮店之寶則是老闆娘手繡原住民織物與婚慶頭冠。

1

2

4

3

1. 董媽媽用月桃葉梗手作的托特包與小巧包　2. 董媽媽以純熟技巧手編與手織而成的魯凱族花冠　3. 色彩繽紛的手編竹籃　4. 董媽媽與剛剛採收的金黃色癲茄

流動風景 SURROUNDINGS

位於越冬型蝴蝶谷中，紫斑蝶的故鄉。西邊是茂林國家風景區、茂林基督長老教會、茂林浸信會、西南方為茂林國中。東南方是濁口溪，南方是烏巴克創藝工作坊。

招英商店

到深山林裡的多納部落，買把小米束做情書

文 儲玉玲、攝影 蘇福男

不論是從旗山或者從大津來到茂林區的入口意象公園，接上高132線道路沿著濁口溪往更深的山裡行去。經過茂林里、萬山里，一路蜿蜒而上，繞過蛇與龍盤踞的曲流，再越過龍的脊樑，輾轉而行，便會到達茂林區最深處的部落——多納。這裡是高132線道路的終點，剛進入部落的主要道路左邊，即能見「招英商店」的屋簷戴著紫紅色的花環，那是初夏盛開的九重葛。

民國83年，由於房東要收回房子，自己的住家也剛落成，婆婆便將雜貨店從部落的另一頭搬到現在的位置。媳婦陳秀玉原本在都市上班，每逢假日便回到部落和家人相聚，10年前為了照顧生病的婆婆，辭掉工作回到部落定居，並且分擔照顧雜貨店的事。在婆婆過世之後接手雜貨店的工作。

秀玉是來自屏東瑪家排灣族，而多納為魯凱族，她笑著說語言不通，都和家人用「國語」溝通。商店平時營業時間從早上7點到晚上11點，工作時間很長，中午有時請小孩幫忙看一下，或關上門小睡一小時。秀玉說：「因為有些客人早起工作，會來店裡買東西 。」雜貨店的作息，得配合客人的作息，比上班時間還長。有時鄰居或朋友會過來串門子，一邊聊天一邊幫忙包檳榔。

小檔案 STORE INFO

位於茂林區多納里多納巷 43 之 2 號，成立於民國 63 年。雜貨店是婆婆「招英」開的店，民國 83 年左右移到自宅現址，現在的「招英商店」招牌是茂林區公所製作，登記店名為「湘成商店」，10 年前由媳婦陳秀玉接手經營。

1

2

3

4

1. 來自屏東瑪家排灣族的秀玉嫁來多納，婆婆過世後接手雜貨店工作　2. 店門口有一叢盛開的九重葛　3. 部落後方種植小米與多納特有的黑米　4. 罐裝樹豆也是十分少見的商品　5. 以小米束傳情是多納特有的文化　6. 現在要蓋一間石板屋已不容易，幸好部落裡仍有保存

定情小米束——多納部落特別含蓄的愛意表達

部落裡的雜貨店，賣的商品多為一般日常用品、泡麵、飲料、麵條、罐頭、簡單的調味料、零嘴餅乾，提供部落居民的日常需求；免洗餐具、瓦斯罐是假日族人回到部落，或者遊客來到部落的溪裡烤肉會用到的用具；當地生產的小米、紅藜則是遊客的「原味」伴手禮。特別空出的貨架上，陳列著婆婆做的石板屋模型，小巧精緻，是以前用來做石板屋教學的小模型。因為黑灰岩限制開採，而且從溪底把岩片運上來的成本太高，現在要蓋一間石板屋很不容易。幸好，部落裡還保留著少數早期建造的石板屋，也有文化部為保留傳統技藝而補助新建的石板屋。外觀非常完整，做工細緻。

牆上掛著多納部落特有的「定情小米束」，也是傳承自婆婆的手藝，紅、黃、綠的毛線將小米緊緊地束在一起，還要加上白色象徵百合花的裝飾才算完成。每年的「豐年祭」和「黑米祭」時，男生將小米束或黑米束送給心儀且門當戶對的女生，表達愛慕之意。收到小米束之後，女方若是有意就會回送禮物，表達接受之意；或者沒有任何回應來表示不接受。非常含蓄的表達方式，呈現出多納村民溫和、保守且靦腆的天性。

以往多納居民多數務農，部落後方群山圍繞的平台上，種植了小米及多納部落特有的黑米，小米豐收的季節，經常聽到驅趕小鳥的鞭炮聲。秀玉說：「定情小米束要送大束的，表示男生勤奮耕作才有收穫。」較小的小米束，除了遊客會買回家當紀念品，當地人也會買來當禮物送給朋友。秀玉特別強調，並不是所有的魯凱族都有「定情小米束」，這是多納才有的習俗。

5

6

丈夫精製木雕刀鞘，「漂流木不能亂撿，不能亂偶爾。」

在定情小米束旁邊掛著一把禮刀，刀鞘是木雕鏤空的百步蛇圖樣，丈夫巫榮輝說是屏東來義鄉那邊的作法，多納部落的刀鞘不會做鏤空。巫榮輝從小就喜歡看部落裡的長輩敲敲打打，工作之後，閒暇之餘也做木雕，退休後的雕刻工作室就設在自營的露營區裡面。結束在部落的訪談，秀玉帶我們一行人到位於高 132 線十公里處的露營區，拜訪正在雕刻的先生巫榮輝。工作區的牆上立了厚厚的原木片，巫榮輝正在雕刻烏心石木製刀鞘，他說：「所有木材都可以拿來雕刀鞘，最好雕的是烏心石。」也曾用過牛樟、檜木、肖楠、紅雞油木來雕刻，木材取自木材行，玩笑地問說：「河床會不會偶爾撿到漂流木？」他笑答：「漂流木不能亂撿，不能亂偶爾。」用原住民一貫的幽默回應了嚴肅的事情。

刀鞘上的圖案細緻繁複，圖案多為百步蛇和陶甕，每個藝術家的設計和技巧都不一樣。禮刀、陶甕、琉璃珠是排灣族及魯凱族下聘時的「基本配備」。秀玉說，禮刀接受訂製，因為製作禮刀耗力耗時，沒有多的現貨可以掛在店裡販售。

一條路從起點到終點，走了 15 公里。以前的遊客到多納泡溫泉、逆溪行至「鬼斧神工」，莫拉克風災後，地形地貌多有改變，昔日的多納溫泉已經在災後消失了。少了溫泉，加上近兩年的疫情變化，來到多納的遊客減少許多。戴著花環的屋簷下，餐車裡原是熱騰騰的玉米和香氣四處飄散的小米甜甜圈，少了遊客的部落恢復了平日的寧靜，餐車蓋上了帆布，靜靜等待著，等待遊客再度到來的那一天。

常備與特選雜貨 GOODS

備齊日常用品、飲料、泡麵、調味料、零嘴點心與供應返鄉族人聚會與遊客使用的烤肉用具。老闆娘特選推薦當地產的小米、紅藜、樹豆、小米束與黑米束。

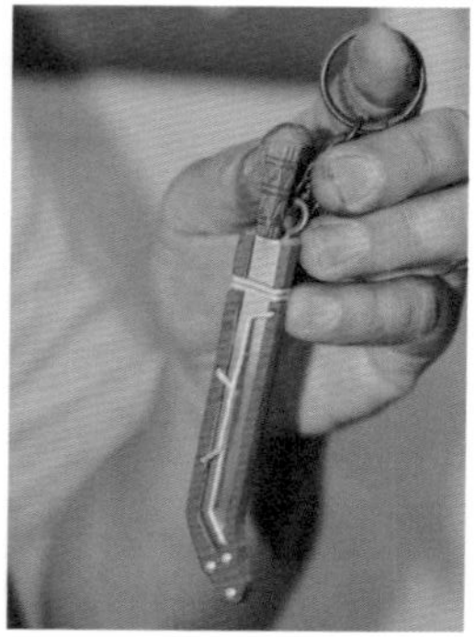

1

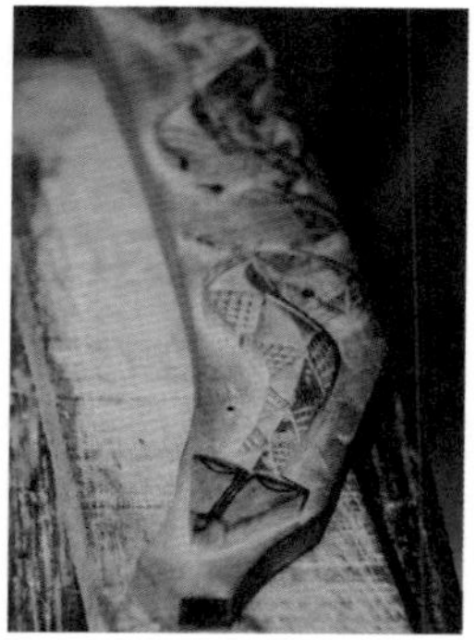

2

3

1.2. 先生巫榮輝閒暇喜歡做木雕，禮刀刀鞘圖案細緻，接受訂製 3.4. 雕刻工作室位於露營區，巫榮輝正在雕刻烏心石木製刀鞘。禮刀、陶甕與琉璃珠是排灣族與魯凱族下聘時的「基本配備」

4

流動風景 SURROUNDINGS

商店所位於的多納，為茂林區最深處的部落，因此完整的保留了石板屋、石雕、木雕、圖騰裝飾等魯凱族傳統文化。部落主要道路兩旁有原民風味商店、咖啡、愛玉、石板烤肉攤位，看得出假日遊客聞香而臨的景象。

芳生商行

金山伯的腳踏車與媳婦的生鮮冰櫃

文 楊路得、攝影 盧昱瑞

出發之時，港都已持續高溫數日，天氣炎熱到快爆開。行至內門，依循尋找中正路上紫竹寺，找著時，一眼便認出寺旁的芳生商行。正熱著，卻瞧見門口那六尺寬冷藏冰櫃，眼睛不由得為之一亮。透光冰櫃內是一把把新鮮得不得了的翠綠青菜；五彩塑膠盒裡有豆腐、鳥蛋、豬血塊；當季從苗栗大湖來的桂竹筍、台東的金針花，甚至還有滷蛋、發魷魚及素肉海帶等熟食。

冰櫃玻璃，明亮無比。在炎熱氣候下，活脫成為極其消暑的對比。入口另旁 ，陳列紅龜、麵龜等粿類，及豆扁包、美濃來的甜米糕等。層架角鋼上垂吊著鹼粽、臘肉、乾魷魚及油條。最驚喜的，是店鋪後方的冷凍冰箱。仔細瞧，隱藏版海鮮——日本鹹魚、秋刀魚、煙虎魚、四破魚、冬天火鍋料與小卷、蝦仁、鹹小卷等，還有幾塊生鮮排骨，是店鋪對面阿米內門黑豬肉攤寄賣的。由於肉攤只賣到中午 12 點，於是便與之合作，方便傍晚下班的職業婦女們採買。

少年父親從一台腳踏車開始的生意

現年 67 歲的老闆龔連生，偕同老闆娘鄭茱云，在熙攘客人中穿梭。他們步履輕盈，神采奕奕，滿臉盡是笑容。自到訪時，他們便熱情的歡迎寒暄，頻頻遞上紅龜與草仔粿，一邊俐落地幫客人結帳，不忘聊起這間店的過往佚事。

民國 40 年代，龔老闆父親龔金山一手創立芳生商行。金山伯出生於昭和 7 年（西元 1932

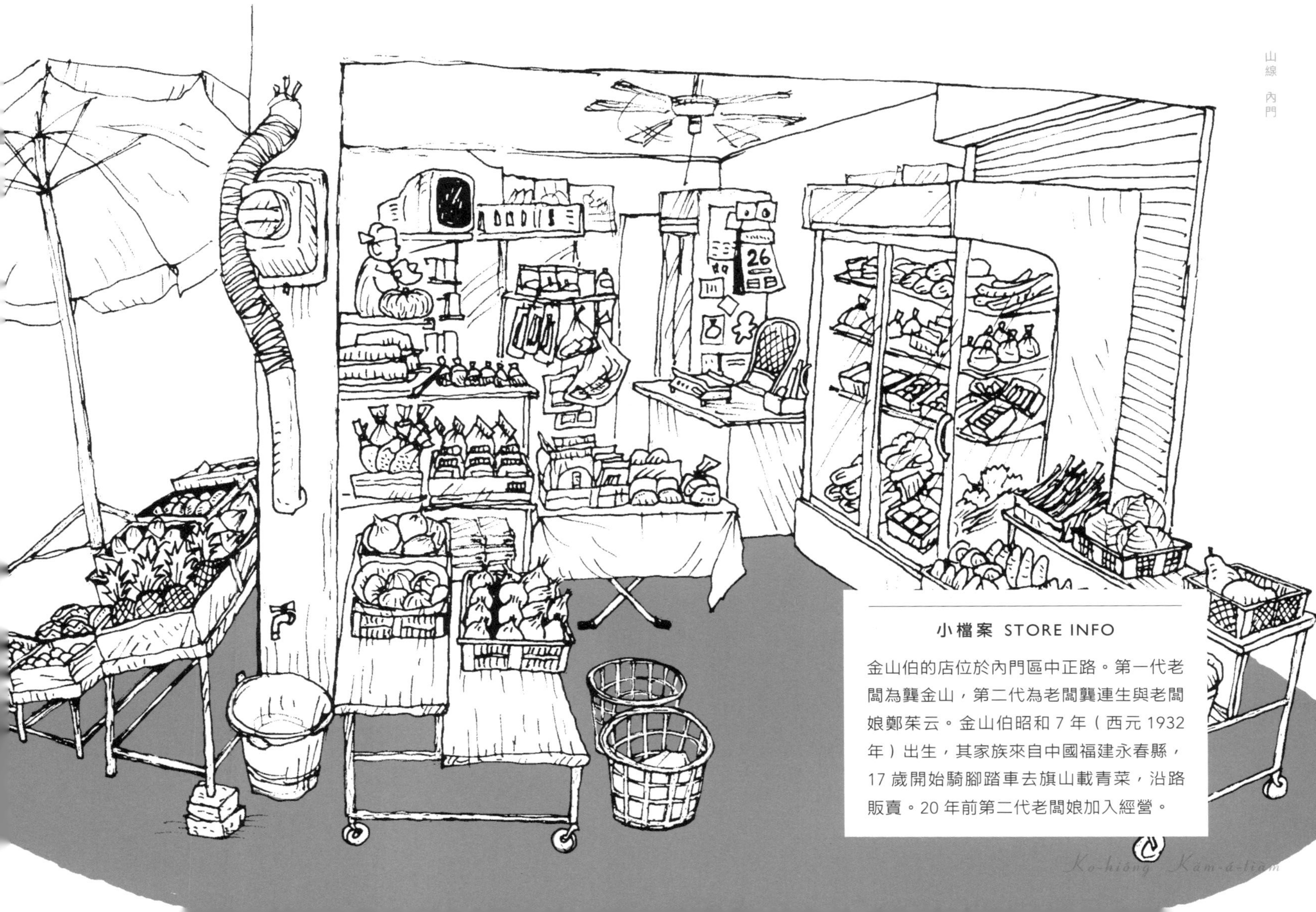

小檔案 STORE INFO

金山伯的店位於內門區中正路。第一代老闆為龔金山，第二代為老闆龔連生與老闆娘鄭茱云。金山伯昭和 7 年（西元 1932 年）出生，其家族來自中國福建永春縣，17 歲開始騎腳踏車去旗山載青菜，沿路販賣。20 年前第二代老闆娘加入經營。

1

1. 老闆龔連生與老闆娘鄭茱云鶼鰈情深 2. 鄰里都是好主顧

年），其祖先來自中國福建永春縣。17 歲那年，他騎腳踏車至旗山，起意採購青菜，然後沿路販售，此為事業之始。民國 40 到 50 年代，紫竹寺旁興建起石棉板的菜市場，金山伯遂徙至市場內擺攤。數年後，市場改建，在環繞農田的中正路上，蓋了 12 間樓房。金山伯眼光獨到，進場購買鄰近紫竹寺的三角窗，並將菜攤移至店鋪銷售。這 12 間房子堪稱當時地方上店鋪之翹楚，有金山伯的菜攤、西點麵包糕餅店、製衣布莊與手編竹器店等。竹器店，因內門竹子場盛產竹木，竹簍製品滿足當年農家裝菜、裝作物需求，故銷量甚大。那年代內門外環道路尚未開通，中正路是人人出入必經之路。因農婦自家烹飪、當地辦桌文化，以及因應砍竹工人飲食需要，讓金山伯店裡生意昌隆，蔬菜水果供貨銷售穩定。

年輕時龔老闆，早早離家外出就業，他在中央電台枋寮分台擔任工程師職務。老闆娘為枋寮人，曾任職於飛利浦電子公司。婚後他們原本定居枋寮電台宿舍，後因老闆母親身體欠佳，孝心驅使，老闆娘返回內門，加入店鋪營運。不久後，聰慧的老闆娘已然獨當一面。她接手每日批貨工作，凌晨 3 點半獨自前往旗山果菜市場，至今長達 20 年之久，而龔老闆直到 4 年前退休，夫婦才共同經營。

吸睛的超市冰櫃與一隻「雞蛋保全」

幾年前，求新求變的老闆娘順應潮流，欲將店鋪轉型複合式經營如超市型態，偕同老闆到旗山訂製超大冰櫃。老闆娘說，冰箱裡賣的、架上擺的，樣樣產品皆應客人需求而來。無論哪項，他們都盡量滿足。例如臘肉、肉鬆，與冷凍海產，是街坊鄰舍最愛，常賣到缺貨。冰箱內旗山沙拉，也同樣熱銷，熟客皆知其存放位置，不用多語，自取結帳。當酷暑來臨，店裡尚有整桶老字號手工仙草，也賣到強強滾。

最吸睛，莫過於閒聊之餘，店裡晃過的輕柔小嬌客身影，那是隻毛色白黃交錯的小貓咪。牠喜歡蹲在雞蛋籃旁邊，睜大眼睛看著來來往往挑雞蛋的客人們。老闆夫婦見其討喜，遂將封名為「雞蛋保全」。

自金山伯上街賣菜，至今已超過一甲子。回首過往，老闆娘只覺莞爾，而

2

後悠悠回答，這些年，客人來這兒說心事，讓他們看盡人間種種，亦更懂得人情世故與珍惜當下。也的確，道別之時，老闆娘還提議尚可參觀金山伯老祖厝。她牽來自己的摩托車，咕噥著山間小路廂型車開不進去，可以騎著她的機車前去。於是，意外開啟阡陌小徑之旅。老祖厝建地寬闊，周遭環繞結實累累的菠蘿蜜、香蕉，少見卻茂盛的鹿角蕨。再次辭行，老闆卻又熱切地執意送上香蕉園的蜜蕉。就這樣，豔陽下老闆揮著鐮刀，割下串串飽滿香蕉。

兩落蜜蕉，亮黃閃耀、又耀眼奪目。原來金山伯的店之所以遠近馳名，數不清豐富商品外，還有他們的無限熱情，以及那說不盡的人情滋味。

1

2

常備與特選雜貨 GOODS

肉鬆、乾魷魚、油條、罐頭與調味瓶，生鮮類有火鍋料、蝦仁與各式青菜、當令水果。另有饅頭、紅龜、發粿等熟食與麵包、餅乾、美濃來的甜米糕等。老闆娘特推鹼粽、肉粽、臘肉、隱藏版的海鮮，以及豬肉攤新鮮配送當日豬排。

流動風景 SURROUNDINGS

金山伯的店位於高雄的內門山區。南方比鄰內門紫竹寺與紫竹公園，西南為觀亭國小，東邊是內門區農會。附近有第四代米店、香蕉冰、外省麵、觀亭餅舖與多處辦桌師傅餐館。

1. 老闆在烈陽下熟練地採收芭蕉　2. 蔬菜們躺在冰箱裡以保新鮮　3. 紅龜、麵龜等粿類，以及豆扁包、美濃來的甜米糕等　4. 架上陳列一包包裝好的餅乾與各式泡麵

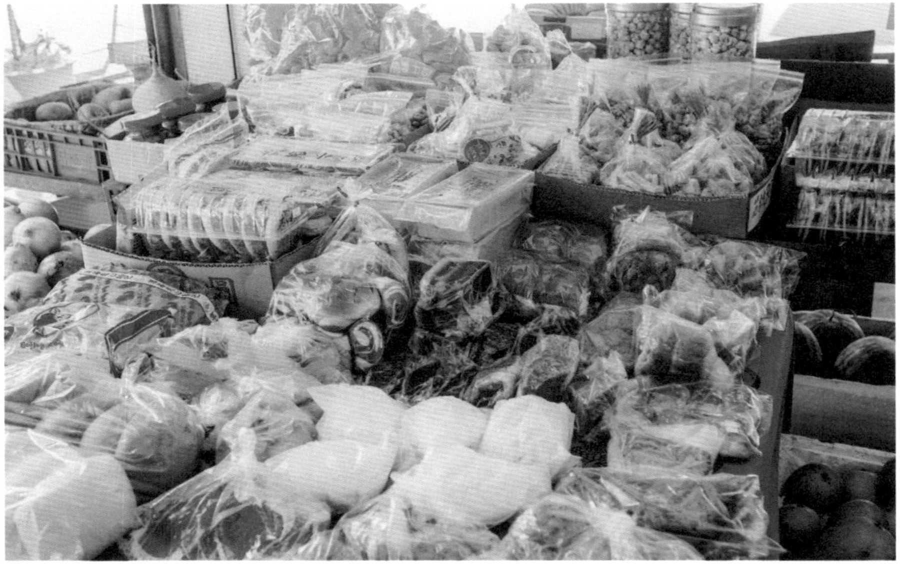

3

4

12 —— 內門

天成商店

沒利潤也要開！風土黏住的人情與淑世情懷

文 妍音、攝影 鍾舜文

「內門的土黏，內門的女人勤儉。」

以詼諧台語說出的俗諺，而且是由幽默風趣的天成商店店主陳大哥口中說出，座中所有人都忍俊不住了，一時音頻不同的笑聲，隨著疾駛而過的砂石車，快速奔馳在市道 182 號。

內門的土質有其特殊性，沒下雨時堅硬如石頭，下了雨後則濕滑不易推開，有黏性的土質非常肥沃，此地生產的芭蕉、芒果、鳳梨、珍珠芭樂和龍眼，拜這種土質所賜而能遠近馳名。而在這種環境裡掌理營生的女子，可想而知不僅勤奮而且儉約。

採訪車方才抵達，陳大哥和許里長伉儷業已站在店門口等候我們。守著藍天守著陽光守著來人，這若不是台灣最美的風景，什麼才是呢？一下採訪車，陳氏伉儷熱情招呼，一行人或周邊走走拍照，或依序落坐店外一方長桌，陳大哥隨即煮水泡茶款待眾人。熱氣蒸騰的茶湯搭配陳大哥自我陶侃的論述；一早朋友送來已切好的澄黃香甜菠蘿蜜；擁有中餐乙、丙級廚師證照的許里長精心燉滷的苦瓜；以及店內販售的杏仁酥和麻花捲，滿滿一桌招待，人人無不眉開眼笑，惹得市道對首那排竹林頻頻搔首弄姿，作勢要撥些我們的笑聲去。

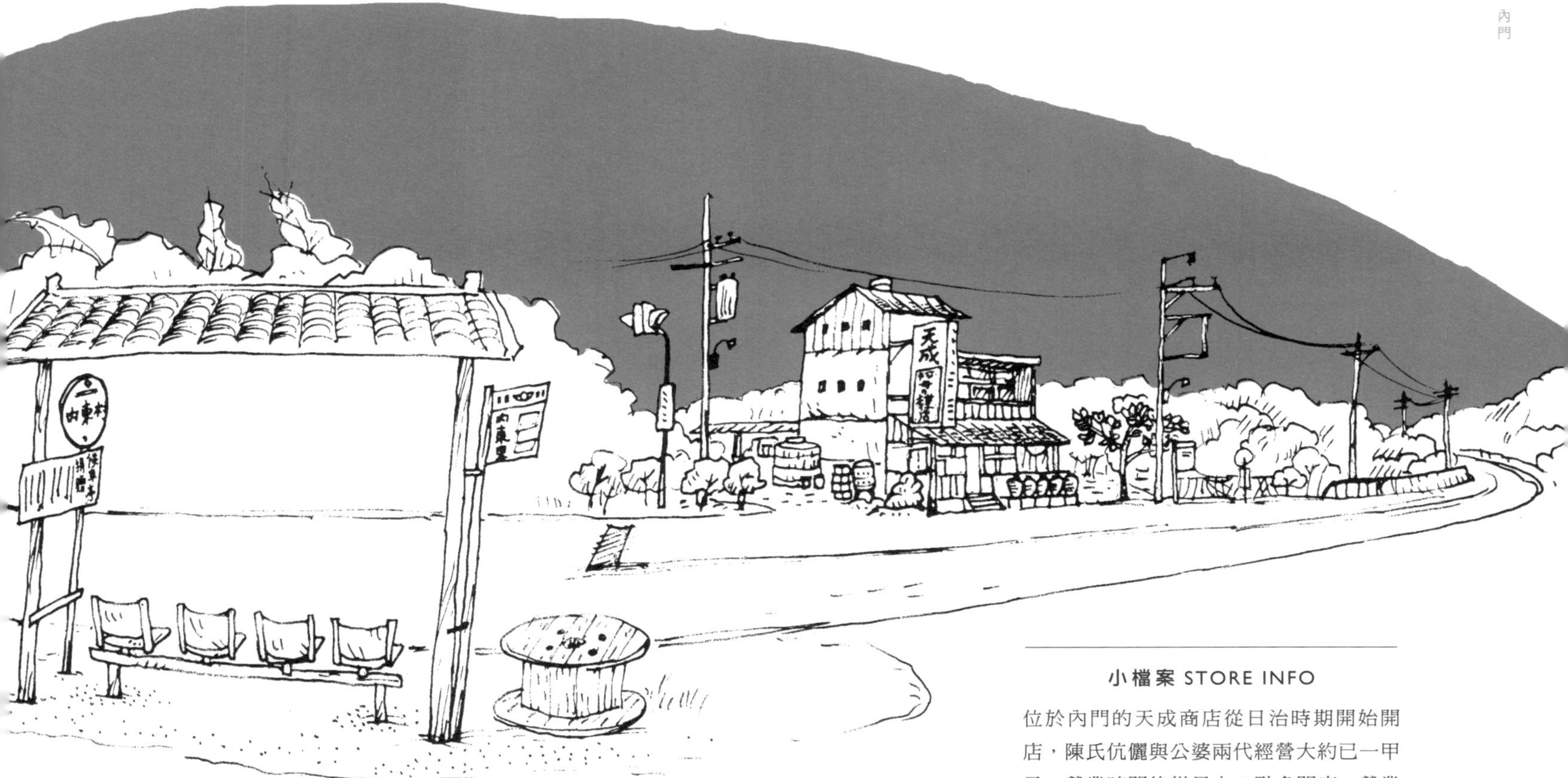

小檔案 STORE INFO

位於內門的天成商店從日治時期開始開店，陳氏伉儷與公婆兩代經營大約已一甲子。營業時間約從早上 6 點多開店，營業至晚上 10 點過後才歇息。

1

2

1. 天成商店老闆伉儷 2. 櫃台上與貨架的秤與商品擺放整齊 3.4. 店內的艾條是驅小黑蚊的聖品

3

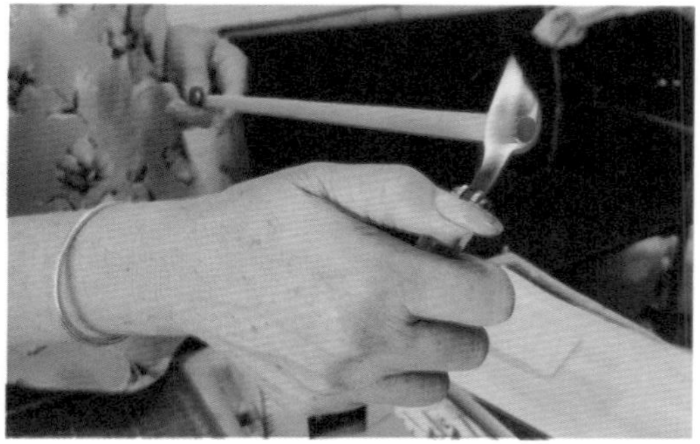

4

日治時期開始經營，還曾跟著公公逐戶賣魚

愛說笑的陳大哥滿腔俠義情懷，關心地方關心住民關心來客，訪談過程，隨時都有住民路過，暖心一句「來坐喔！」「騎慢一點啊！」所有關懷盡在其間。陳大哥不僅這樣落實生活的噓寒問暖，他還是更生保護協會的輔導員，體內流動一股盼著人人都好的暖流，流向每一個需要的人，以及他想照顧的人。

天成商店雖以陳大哥的名諱（陳大哥後來改名陳宥成）為店招，但卻是父祖輩自日治時期便已經營，最初只是現今住家右側停車場位址一間草厝仔小店，慢慢拓展到今時規模。身為獨子的陳大哥隨父母經營柑仔店的同時，其實全神關照家中的畜養事業，許里長註解說明民國 75 年他們結婚當天，陳大哥還是一早餵食完所有豬隻，才換裝啟程迎娶新娘，許里長說著眉眼帶笑，那將是一則可傳說後代子孫的生命記憶生活記事。

由台中東勢嫁來內門的許里長，婚後跟著公婆經營柑仔店，柑仔店販售品項，舉凡日常生活用品、雜貨、水果蔬菜等應有盡有。每日清晨 5 點起床，隨即開始進行一天的工作，生活雖清苦但踏實。許里長說公公有養魚，魚池有大頭魚、吳郭魚，公公都挨家挨戶去販售，還親自進入客戶廚房宰殺，她則是亦隨著公公逐門逐戶去賣魚。

原籍客家，初來乍到時許多日常台語不明所以，比如短褲節仔（四角褲）、剾刀仔（香蕉刀），隨著時日流轉，早已融入生活，無違無礙。

隨著時代發展，雜貨店漸成夕陽行業，但為了提供內門在地年長者生活上的便利，天成商店——阿母ㄟ柑仔店仍會持續經營，無非是希望在地住民需要鹽、糖、醬油時，有個供應的地方可滿足眾人需求，即使毫無利潤可言。倒是疫情期間，店裡販售的薑黃粉和萬能薯銷路奇佳；萬能薯乃在地物產，保健食品養肝清道夫。許里長回憶民國 75 年時期萬能薯一斤 8,000 元，後來被驗出用藥種植，價格因而大跌，如今一斤約 3、500 元。

常備與特選雜貨 GOODS

店內除一般日常用品，也販售自家栽種的芭蕉，早期也販售檳榔，這兩年薑黃粉和萬能薯粉異軍突起多人問津。另有一物——艾條，乃驅蚊聖品，住民常用來薰除小黑蚊。

讓雜貨店也成為社區老人泡茶的「客廳」

天成商店目前外客很多，有重機車友、慢跑人士、腳踏車車隊，馳騁市道182號28.7公里至31.8公里區段者，都會來此處休息，天成商店可算是中繼站。這些外客最喜歡陳大哥自家栽種的芭蕉，可以補充能量，有些人則是點用咖啡，甚至也有人建議可以賣些甜點。關於販售小點一事，里內長者表示如果可以提供一小方空間，他們要做草仔粿、鹹粿、粽子、湯圓、包子等來活絡市場。

競選里長原不在陳大嫂生涯規畫之內，因緣際會朋友鼓勵之下在民國107年參選，選上之後更感覺在地一定要有一家商店，許里長說里內300多戶，多數長者不擅騎機車、腳踏車，出入皆是步行，幅員不小的內東里，需要有個場地讓長者可歇腳泡茶聊天。所以老人福利是目前的目標訴求，社區能有個給老人供餐、促進老人健康的活動中心是最好不過了，所幸目前也營運得不錯。有了這個社區活動中心，讓老人有所依賴，讓年輕人可以放心外出工作，更讓大家毫無負擔，因為完全不收取任何費用。

許里長的計畫藍圖是以古早儲藏室的建築型態呈現，在天成商店前方以復古的竹編糊以在地黏性土質的竹管厝。未來理想若能成形，便能在這樣一個簡易的建築裡面，也設置解說圖、解說資料，安排解說員，假日並可提供給里內老人，在這裡做個小買賣，賣些飽含鄉土氣韻的小點食品。怎樣的水土，長養濃濃情味的內門人？怎樣的淑世情懷，支持陳大哥伉儷堅守著市道182號美好的人情？

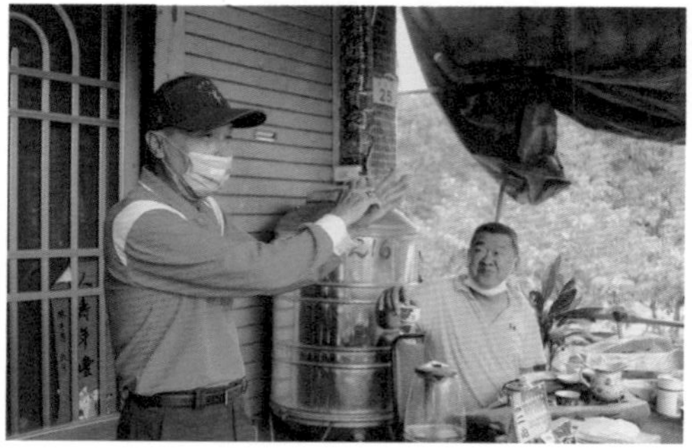

1

流動風景 SURROUNDINGS

坐落在茄苳崙25號的天成商店，方圓五百公尺沒有其他住家，店前為市道182號大車小車絡繹不絕，跨越市道182號對首有一客運候車亭，候車亭左側道路前行一公里處則是西門國小。

2

3

1. 陳大哥與蔡主委好友互動
2. 薑黃粉和萬能薯粉在疫情期間銷售很好
3. 店內販售的麻花捲與杏仁酥

順路逛

內門猶閣有

旺昌商號

內門區觀亭里中正路124號

開店將近一甲子的旺昌商號，位在內門紫竹寺東側牌樓入口的對面，第三代老闆劉旺昌熱心地方事務，曾任內門鄉代會主席、紫竹寺主委，現任農會理事長、萃文書院社福基金會常務董事。店內商品有各式民生用品、食品飲料、蜜餞麵包、金香紙燭等，店面雖經整修翻新，秤重零售的雞蛋、肉鬆、豆麴和米鹽糖等南北雜貨，仍保留了早年雜貨店溫暖獨特的氣味。

觀亭購物中心

內門區觀亭里中正路146號

觀亭購物中心由黃老闆在民國 80 年開設，隔壁為傳承三代的順安冰菓室，對面有內門知名景點七星塔、內門紫竹寺和觀亭國小。購物中心的招牌上寫明商品項目有食品百貨、家用五金、罐頭禮籃，最具特色的是老闆自己搭配好整組小盤裝，方便香客信眾到廟裡向神明祝壽的「五果六味」，有金針、木耳、冬粉、昆布、紅棗、柿餅、桂圓等乾貨。

新富發商店

內門區中埔里中埔75號

中埔派出所對面路口的新富發商店，是間有近60年開店歷史的土磚屋，現任的第二代老闆蘇振在2、30年前回鄉，接手父親和四伯一邊務農一邊經營的雜貨店。目前售有日常民生用品、菸酒飲料等，店門口還張掛有各式零食玩具 。每天早上5點半至6點間開門，第一批客人除了有從隔壁豬肉攤順道而來的在地人，還有在上工前過路來買冷飲茶水的外地人。

榮期商店

「關店難交代。」務農為本業，顧店則是守家的使命

文 蘇福男、攝影 鍾舜文

從旗山走省道台29線到甲仙、那瑪夏，會途經杉林一處「小份尾」村落，有趣地名總是引來旅人好奇打探：「什麼是小份尾？」、「小份是有多小？」、「那有中份尾、大份尾嗎？」各種千奇百怪無厘頭的發問，惹得眾人一陣哈哈大笑，意外增添旅途的樂趣。

幾年前，小份尾在地社區組織新和社區發展協會向高雄市文化局申請社造點計畫，邀請筆者前往傳授「社區資源田野調查」課程，從此與這個僅有百來戶的偏鄉小村落結下不解之緣。這幾年來，小份尾一路從社區文化地圖、故事繪本、在地故事集《盜林．樹薯．憶當年》、《砍材．扛材．放材》，到今年的《甘願來做山老鼠》社區劇場，當地居民逐步喚回自己的內心深處記憶，透過文字、繪畫和劇場述說庄頭這百年來的美麗與哀愁。

小份尾的第一家店，服務只有30戶人家的聚落

關於小份尾的地名由來，可參考文獻並不多，目前只知可能與土地鬮（音：ㄐㄧㄡ）分有關；「鬮」就是用紙條做成的籤，參與者憑運氣抽取以決定做法。昔日農業社會大家族分家產，就常見以抽鬮決定分到多少田地、房子和現金，小份尾極有可能就是那位手氣背的仁兄抽到的土地。

小檔案 STORE INFO

榮期商店位於小份尾台 29 線旁，於戰後民國 34 年開店， 是小份尾第一間柑仔店，至今已有 77 年歷史，目前由第二代、現年 82 歲的楊萬古經營。楊萬古每天一大早 6 點起床會先開店，7 點上山農務，柑仔店暫時關門，等到 9 點下山回來再開店到晚上 8 點。

1

1. 楊萬古的母親開這家店時小份尾只有30戶人家 2. 楊大哥介紹自家雜貨店，從開台祖歷史細說從頭

清代的小份尾已有人跡開墾，日治後期被會社買收開墾為農場，當時僅有兩、三戶人家，由杉林新庄、崁頂移入。戰後因當地甘蔗栽種歉收，糖廠於是將農場開放給百姓承租耕種，果然引來許多外地移民前來開疆闢土，而逐漸形成聚落；主要族群有閩南、客家、平埔族、原住民和外省籍，早期並有嘉義和彰化先民移居現今司馬路 384 巷 49-4 號到 49-12 號。而從 384 巷 42-1 號到 42-13 號共有 22 戶人家（屬於新庄里第 22 鄰），因此這條街道在地人又暱稱為「嘉彰街」。

小份尾外來人口漸增，供應居民日常生活必需的雜貨店也應運而生。小份尾第一間柑仔店是在戰後民國 34 年開設，至今已有 77 年歷史。雖然位於台 29 線司馬路上，但由於沒有店招，不是在地人，開車往往很容易就路過錯過。第二代老闆楊萬古現年 82 歲，聽說文化局要書寫柑仔店的故事集結出書，特地從山上務農趕回來開店迎客。

「我們楊家開台祖來自中國廣東省，起先在美濃竹頭角落腳，我阿公那代再遷居杉林月美，直到日治昭和 16 年（西元 1941 年）搬來小份尾定居，民國 34 年母親開這間店我才 5 歲，當時小份尾只有 30 戶人家。」即使已是熟識多年的忘年之交，楊萬古大哥介紹自家柑仔店歷史，仍要從開台祖細說從頭，充分展現美濃客家慎終追遠的登真（客語：認真）精神。他回憶說，小時候未拓寬的台 29 線是一條泥土路，雜貨店以茅草屋簡陋搭建而成，當時物資匱乏，居民沒什麼收入來源，小小一間柑仔店剛開始只賣粿仔（粄條）、麵條和糖果。

2

遇到年輕人買菸酒，店老闆還會「阿公上身」

母親離世後，由他的老婆接手經營，為販售菸酒商品，將雜貨店名登記為「榮期商店」，「柑仔店工作平時大都由我老婆發落，我忙著山上農務，10 幾年前牽手去世，我忙不過來，一度想結束柑仔店生意，但想到這是小份尾的第一間柑仔店，關店會對母親難以交代」，幾經考量，年邁的楊萬古毅然接下開店的使命。

榮期商店店面不大，販售的商品倒也算齊全，從菸酒罐頭、零嘴飲料到金紙香燭、毛巾襪子、文具用品等應有盡有，而賣最好的是飲料，「一瓶飲料我只賣 20 元，有學生丟 25 元給我，我再退 5 塊錢給他。」不只是飲料便宜賣，其他商品也薄利多銷；楊萬古說，他平日幾乎沒甚麼生活開銷，「一天賺 100 塊就好」，唯獨菸酒不便宜賣，因為對人體有害。年輕人上門買菸酒，楊萬古還會「阿公上身」勸年輕人不要抽太兇、喝太多。

開店是楊萬古的使命，上山農作則是他的興趣、本業。每天一大早 6 點起床，楊萬古會先開店，7 點上山農務，柑仔店暫時關門，等到 9 點下山回來再開店到晚上 8 點。在偏遠的杉林小份尾山村，楊萬古以柑仔店延續母親和老伴的在地情感，也以一間小店守護著家園。

常備與特選雜貨 GOODS

從菸酒罐頭、零嘴飲料到金紙香燭、毛巾襪子、文具用品應有盡有，賣最好的是飲料，飲料便宜賣，其他商品也薄利多銷。榮期的商品價格廉美，唯獨菸酒不便宜賣，因為楊萬古認為菸酒對人體有害，年輕人上門買菸酒，他還會雞婆規勸不要抽太兇、喝太多。

1

2

流動風景 SURROUNDINGS

榮期商店前台 29 線，往北可通往甲仙、那瑪夏，往南可達旗山，沿著司馬路 384 巷往上可到 408 高地、枋寮（金興社區）。

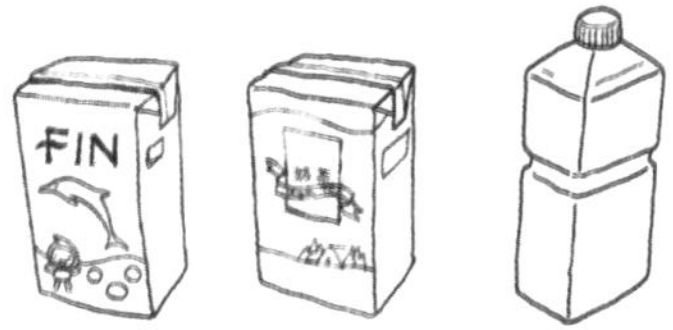

1. 雜貨店初期以茅草屋搭建，僅賣粿仔、麵條和糖果 2.4. 榮期店面雖小，商品卻很齊全　3.5. 上山農作是楊萬古的興趣，開店則是延續母親與老伴情感的使命

3

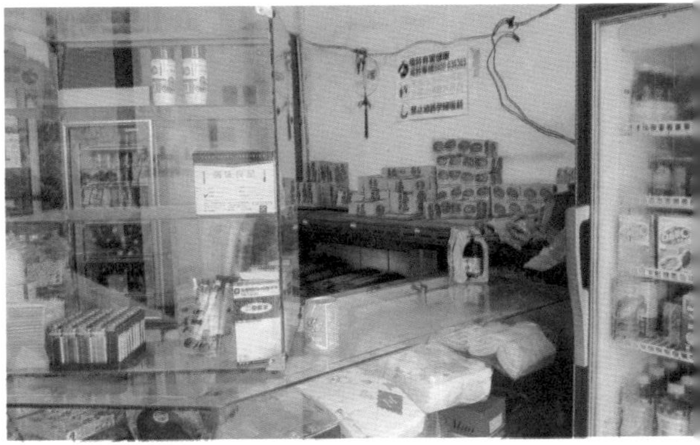

4

5

永新雜貨店

依著時節飄散香氣，陪伴小份尾日常安穩地永恆如新

文 林芷琪、攝影 盧昱瑞

循著月桃葉在日頭下發散的香氣，步入司馬路384巷，巷口雜貨店掛著菸酒牌的飲料冷藏櫃旁，從天而降一大團繽紛喜氣的物體，形似一弓香蕉，或是一串鞭炮，走近才發現是串連在一起的飽滿零食袋。各式各樣、熱鬧迎賓，總吸引過路人拍照留念。

進到店裡，右邊有三層蔬菜架，上方鐵網吊滿富有童趣的玩具；正前方冷凍櫃前的地板疊放了幾箱啤酒、汽水和礦泉水，上頭有多樣水果和糖果蜜餞，旁邊的水箱中還有幾尾鮮活的吳郭魚；依著牆設置的幾排木櫃、幾張桌子陳列食物、食材、調味料以及日常生活用品，分門別類、自有其序，讓客人一進門就容易找到自己需要的東西。

雜貨店的第一代老闆黃貴升原籍山東，一路逃兵輾轉到了台灣，改名黃有福在台服役，輪調各地時與來自小金門的妻子結識，兩人婚後到杉林的粗溪開墾種樹薯。民國55年在小份尾接手一間雜貨店，用自己的名字將店名取作「有福」，直到第二代老闆黃鳳運在20幾年前做商業登記時，將雜貨店改名為「永新」。開店至今，沒有設置過招牌，原來是在對面的三角窗位置，近30年前因為旗甲公路拓寬工程，住家兼店面的三層加蓋樓房被部分拆除後，搬移到現址，原址今仍作為廚房使用。

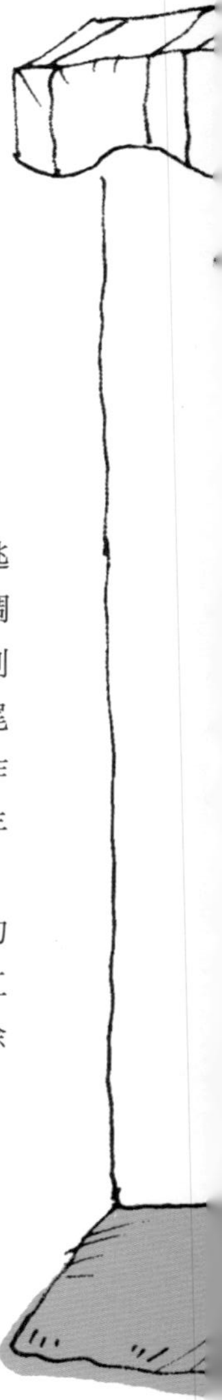

小檔案 STORE INFO

杉林小份尾巷口的永新雜貨店，民國 55 年由原籍山東的黃貴升創店，目前經營者為第二代黃鳳運，原來是位在台 29 線旗甲公路與司馬路 384 巷間的三角窗位置，近 30 年前因道路拓寬，搬移到對面的現址，營業時間為早上 6 點半左右到晚上 9 點。

1

1. 第二代老闆黃鳳運當兵後就跟著父母經營雜貨店，每天會到旗山批購生鮮回來販售 2. 店門口一串飽滿零食袋非常引人注意

不只蔬果生鮮，連溫熱早點也從臨庄一同備辦回來

民國 5、60 年代，種植樹薯接續伐木成為杉林小份尾最主要的產業，盛極一時，吸引許多外來人口移住定居。生於民國 52 年的第二代黃老闆也曾經跟著父母上山種樹薯，從山上採收樹薯回家，要敲打外皮、刨籤、曬乾，裝好袋後會有人來收購作為飼料。樹薯產業沒落後，小份尾人仍沿著司馬路 384 巷上山耕作，現在以種植果樹和竹筍為多。

當完兵就跟著父母經營雜貨店的黃老闆，除了休市日外，每天清晨 4 點會到旗山果菜市場批購當季新鮮蔬菜、水果和豬肉、鮮魚等食材，回到杉林整理好，6 點半左右開店，中午休息大概 1 個小時，到晚上 9 點結束一天的營業。小份尾居民一大早往上下左右方向去工作前，會來店裡買老闆從旗山備辦回來的早餐——飯糰、三明治、水煎包樣樣都有，再順手帶罐消暑提神的飲料；接著會有準備午餐的人來採買，雞蛋、馬鈴薯、蒜苗、蔥頭酥，順便買包香菸；近中午，一早放在桌上方便客人選購的豬肉、豆腐、豆乾、貢丸、黑輪、嫩薑等，就要一一收進冷藏櫃內保鮮，待上山工作回到家的居民為晚餐需要採購。等到老闆午休過後再度開門，收銀桌上同樣採買自旗山的麵包和粉圓、粉條、粉粿，便成為客人進門尋覓點心的首選。

雜貨店內有需要放入冷藏櫃低溫保鮮的食材，悉心一看，散置在木櫃的角落，也有需要等待時間熟成的美味，像是鳳梨豆醬、醬筍、高麗菜酸、鹹菜、醃苦瓜、醃蘿蔔等，都是黃老闆親手製作，引人尋寶般驚喜發掘。黃老闆的好手藝不只這些，他繼承了父親做饅頭、包子、豆漿的功夫，曾經每天製作供應早餐，從只能全靠人力手工揉製麵團的年代，做到有電動攪拌機可用。前幾年母親過世後，他一個人顧店忙不過來，已經好久沒有做過。

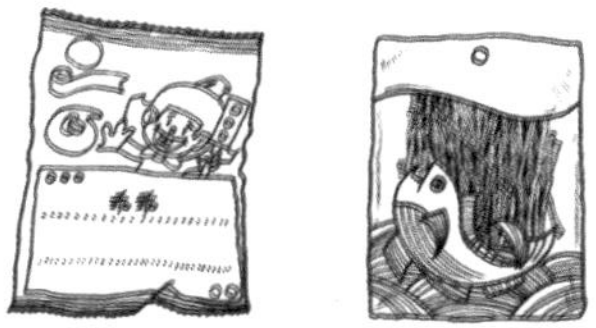

2

每年熱銷千顆粽、40斗米量年糕，最初「只是手癢跟著學」

而在離端午節還有兩個月的春日，市場休市時，黃老闆還會上山到 408 高地採割月桃葉，處理好、曬乾準備綁粽子，幾乎每年都有超過千顆粽子的訂單，大概要用到五、六斗米。他有點無奈地說，綁粽子的手藝原來是妻子向他同學舉琇的阿媽學來的，他一時手癢也跟著學，就變成都他在綁了。過年時他也會做年糕，最多曾經做到 40 幾斗米的量，他回憶道：「以前蒸年糕，小孩要是問媽媽這熟了沒？能吃了嗎？媽媽就拿棍子出來打了，這樣一問就差不多還要再多蒸一兩個鐘頭。」

一邊說著，到了向晚時分，暑意漸消、微風輕徐，小份尾的老人家三三兩兩走出家門，緩緩地沿著路散步下來到巷子口，剛好走進永新雜貨店坐下休息、閒話家常，自在地像自家的客廳；等到氣力恢復，帶著隨手在店裡買的東西，再慢慢地往上坡走回去，這時家裡的晚飯也快煮好了。照顧了居民一整天的三餐需要，連下午茶點心也貼心提供，並分享自家手藝的永新雜貨店，這幾十年來佇立在巷子口，依著時節飄散的香氣，陪伴小份尾的日常安穩地永恆如新。

1.2.4. 黃老闆有好手藝，每年都有超過千顆粽的訂單，粽葉也是親自上山採割月桃葉　3.5. 店內除了雜貨、玩具、蔬菜生鮮，早餐熱食也是黃老闆一早從旗山備辦回來

1

2

常備與特選雜貨 GOODS

主要商品為熟食、食材、調味料，有如小型綜合菜市場，也有盥洗用品、免洗餐具、金香紙燭、打火機、蚊香、手套等生活用品。過年端午自製年糕、粽子，還有鳳梨豆醬、醬筍、高麗菜酸、鹹菜、醃苦瓜、醃蘿蔔等手作醬菜。

3

4

流動風景 SURROUNDINGS

永新雜貨店沿司馬路 384 巷往上可到 408 高地、枋寮（金興社區），向下接台 29 線左至旗山、美濃，右到甲仙、那瑪夏。因為位在巷口，居民外出返家時多會經過採買吃食和烹煮用食材，傍晚常有老人家走進店裡坐下休息聊天。

5

普門書局

素樸普門，返山走踏尋找湯姆生之路

文 妍音、攝影 盧昱瑞

「日照甲仙埔，月湧仙溪水。」

位居高雄東北，東鄰桃源、六龜，北接那瑪夏，南連杉林區，且位居南部橫貫公路西端要衝的甲仙，客家人占三成多。祖籍福建紹安的游永福老師亦是客家族群，父母於民國 36 年由嘉義縣梅山鄉瑞里村，受鄉親委託，南下瑪雅鄉（今那瑪夏區）採收他標到的野生愛玉——從此落籍甲仙這處楠梓仙溪河谷地，或許便是好山好水好地氣的召喚吧！

游永福老師是手足中的最小男丁，備受家人關愛，高中畢業後北上受雇於書局，於此同時開啟了佛緣，25 歲從煮雲法師修習佛法，26 歲於淡水開設普門書局。老師曾於民國 88 年 2 月 12 日於中華日報副刊發表了一篇〈書香墨香永遠香〉，該篇散文記述了於老師而言，人生精華期與轉捩點皆不出淡水此地。

由淡水返鄉養病，以歷史踏查再續普門精神

後於 36 歲那年 2 月因胃出血回到甲仙養病養身養心，該年 9 月甲仙的普門書局開張營業，一樣的店號一樣的營生一樣的修行，這便是淡泊謙卑懷抱人間的游老師。47 歲詩作《花邊剪刀》出版，在此同時因一個契機，由醉心現代詩創作轉而踏查溯源在地歷史，從此開啟了一扇美麗的窗。18 個春秋專心致志走著湯姆生走過的路，仔細整理比對現下路徑，此項浩大工程之結晶《尋找湯姆生——1871 臺灣文化遺產大發現》，讓後之來者穿越時空回到 19 世紀，見識到甲仙素樸的美采之餘，也了

小檔案 STORE INFO

普門書店於民國 77 年 9 月於甲仙復業，迄今 34 年，每日上午 6 點半開店，晚間 9 點休息，一般而言無固定店休，只在帶團體導覽與講座分享時才機動休市。

1

1. 游永福老師36歲那年由淡水返鄉回甲仙開張普門書局 2. 游老師著作《尋找湯姆生》是鎮店之寶 3. 店內販售許多文具、玩具

解到在地物產的優質，更肯定了歷史文化的底蘊。

游老師表示，因應時代變化與導覽講座需求，現今普門書局營業項目亦與時並進隨機有所調整。目前營業商品除少量特選辭典與文化書籍，還有一般文具紙張用品、玩具、毛筆、隨身碟、乾電池與大武壠繡片，另外甲仙農會有機梅精糖及竹崎福荔旺荔枝乾，也是書局內販售大宗。

游老師強調毛筆有修心養性功能，所以特別置放明顯處，吸引來店賓客目光；大武壠繡片則是可供認識大武壠族刺繡精神與傳統文化之藝術及特色；有機梅精糖以善待土地、守護大眾健康與保障農民永續經營為初心。民國98年莫拉克風災導致全線中斷的南橫，歷經近13年逐段修復，4月30日完成最後梅山口到天池段的修護。5月1日正式全線通車後，有來自台東的機車四人團前來購買《尋找湯姆生》一書與梅精糖；另外還有分居高雄、台南、台北的機車三人團，來到甲仙之後特意走訪普門，也購買了梅精糖。

台灣人也應體會
湯姆生所品味過的在地美好

游老師更是津津樂道於荔枝乾，讚嘆是如實呈現清治同治10年（西元1871年）湯姆生品嚐過的台灣好物，這在游老師所著的《尋找湯姆生》第76頁有詳實記載，並佐以彩色圖片為證。游老師小有遺憾表示，吳寶春已用荔枝乾來製作特色麵包，然而十分之九的台灣人卻尚不知此一甜中帶酸的台灣特色農產。游老師期許文化工作者應肩負歷史文化傳承為己任，且有義務讓更多台灣民眾知道在地美好事物。

關於普門書局的經營型態，游老師謙稱或許走的不是正統文化脈絡，但卻是山村裡別具特色的店家。而在推廣在地或台灣特色物產的同時，更讓人歡欣的就屬歷史文化書籍《尋找湯姆生》，仍然吸引著慕名而來的外客，此書依然是普門販售最大宗。所以老師樂觀看待普門的未來，深信只要堅持上述有意義項目，普門會持續存在甲仙，尤其普門還是擔負走訪湯姆生馬雅各之路的重要交流站。

2

3

採訪當天，老師便領著龐大採訪團隊走了一小段，沿路更介紹了朱槿（扶桑花）、咬人狗等山花野果，並引導品嘗朱槿花口感平和的花瓣，及咬人狗的清甜小果實，且殷殷提醒「優良可」的三步食用原則，先優而良再可，此種有所選擇、有所取用、有所保留，是野地求生準則，同時也為山林的生生不息略盡個人綿薄。

是怎樣的心思怎樣的修行，這般及人及物？

寒時
我心溫熱
缺時
我心圓滿
如如的心啊
不動
更迭的
是四周景觀

——〈我心〉
（出自《花邊剪刀》第 90 頁）

從湯姆生到而今，151年過去了，尤其莫拉克風災後地景、地貌、地況更是改變良多，然而因為游永福老師的鍥而不捨，為我們建構了一條「線性文化遺產」之路。

朋友，如果您到了甲仙，請走一趟和安街99號，經由普門書局游老師的點撥，必能在心裡迴盪久久、久久。

常備與特選雜貨 GOODS

普門雖是書店，店內販售物有少量特選辭典、文化書籍、文具紙張、玩具、毛筆、隨身碟、乾電池與大武壠繡片，以及梅精糖、福荔旺荔枝乾。書局內販售大宗為游永福老師著作《尋找湯姆生》。

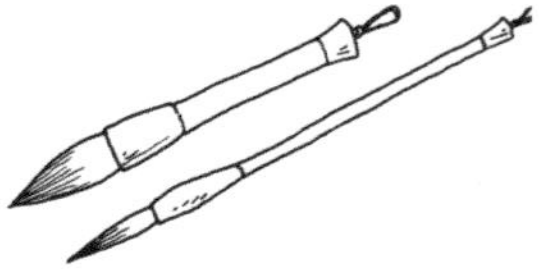

1

2

1.2. 游老師僅在有導覽活動時店休，帶領大家通往鹽霜仔坑、前往白雲仙谷途中解說野生植物　3. 普門書店招牌具歲月感　4. 老師推廣書法能修心養性，將毛筆懸掛顯眼處

3

4

流動風景 SURROUNDINGS

位於和安街的普門書局，左側隔一家即是甲仙市場，對面則有藥局、電信行、家具行等，人來人往中自有一份寧靜安詳，最宜放鬆交流。

錦昌超市

山城裡，貨品最齊全的百年籤仔店

文 林芷琪、攝影 鍾舜文

4 月仲春，高雄的青梅新鮮上市，以芋、筍、梅三寶自豪的產地甲仙，也見一番蓬勃生氣。過了芋紫色的甲仙大橋，右手邊有間偌大的錦昌超市，我們到訪時，櫃台前的鄭老闆正招呼年輕的店員幫客人秤醃梅子所需要的鹽，再幫另一位客人找裝梅酒的玻璃罐；同時間，紮著馬尾的女孩在櫃台邊挑選好五顏六色的糖果等著結帳，另一頭冷藏櫃前的客人照著指示，找到她要的六罐裝清涼啤酒。鄭老闆和我們侃侃而談家裡開雜貨店種種的同時，也眼觀四面耳聽八方，沒有錯失掉任何一位客人的需求。

錦昌超市的開業歷史始自鄭添進的外公陳學老，日本時代因採樟工作從苗栗客庄移居到甲仙，大概在日昭和 6 年（西元 1931 年），鄭添進的母親出生之後，外公在甲仙街區開了一間小雜貨店「錦昌商店」，當時都是挑著扁擔步行到旗山批購糖果、餅乾、金紙等貨物，外婆也會做紅龜、甜粿、鹹粿賣給從外地來工作的人。

而鄭添進的爸爸鄭金海因父兄早逝、家運不濟，一路從美濃、杉林輾轉到鳳山、甲仙的木材工廠工作；結婚後，加入岳父的錦昌商店，因妻舅年紀尚小，便一肩扛起家計重擔。去山上砍月桃葉，賣給在店門口租用攤位的豬販包豬肉；割鹹草綁要賣的鹹魚；增加販售棉織品等貨物，更以從事木材業累積的人脈，得到很多幫忙，後來買賣砂糖棧單（可至糖廠領用砂糖的單據）和樟腦油賺了錢。鄭金海認為「有土斯有財」，開始在甲仙投資土地，並承租山坡地種水果、麻竹筍等作物，雜貨店則交由妻子和妻舅經營，直到長子鄭添進返鄉接手。

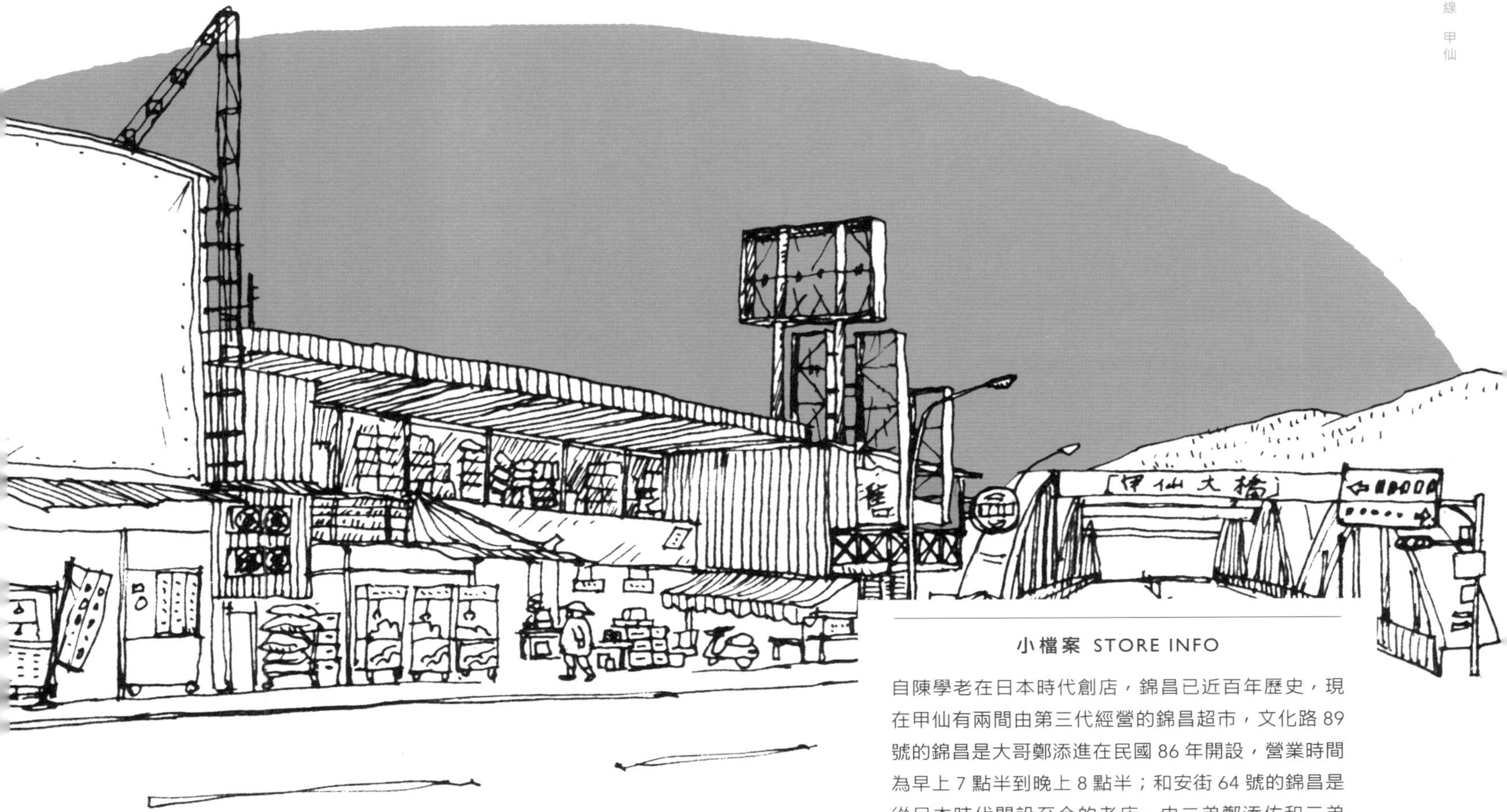

小檔案 STORE INFO

自陳學老在日本時代創店，錦昌已近百年歷史，現在甲仙有兩間由第三代經營的錦昌超市，文化路 89 號的錦昌是大哥鄭添進在民國 86 年開設，營業時間為早上 7 點半到晚上 8 點半；和安街 64 號的錦昌是從日本時代開設至今的老店，由二弟鄭添佐和三弟鄭添騰接手，每天早上 7 點多開店到晚上 10 點。

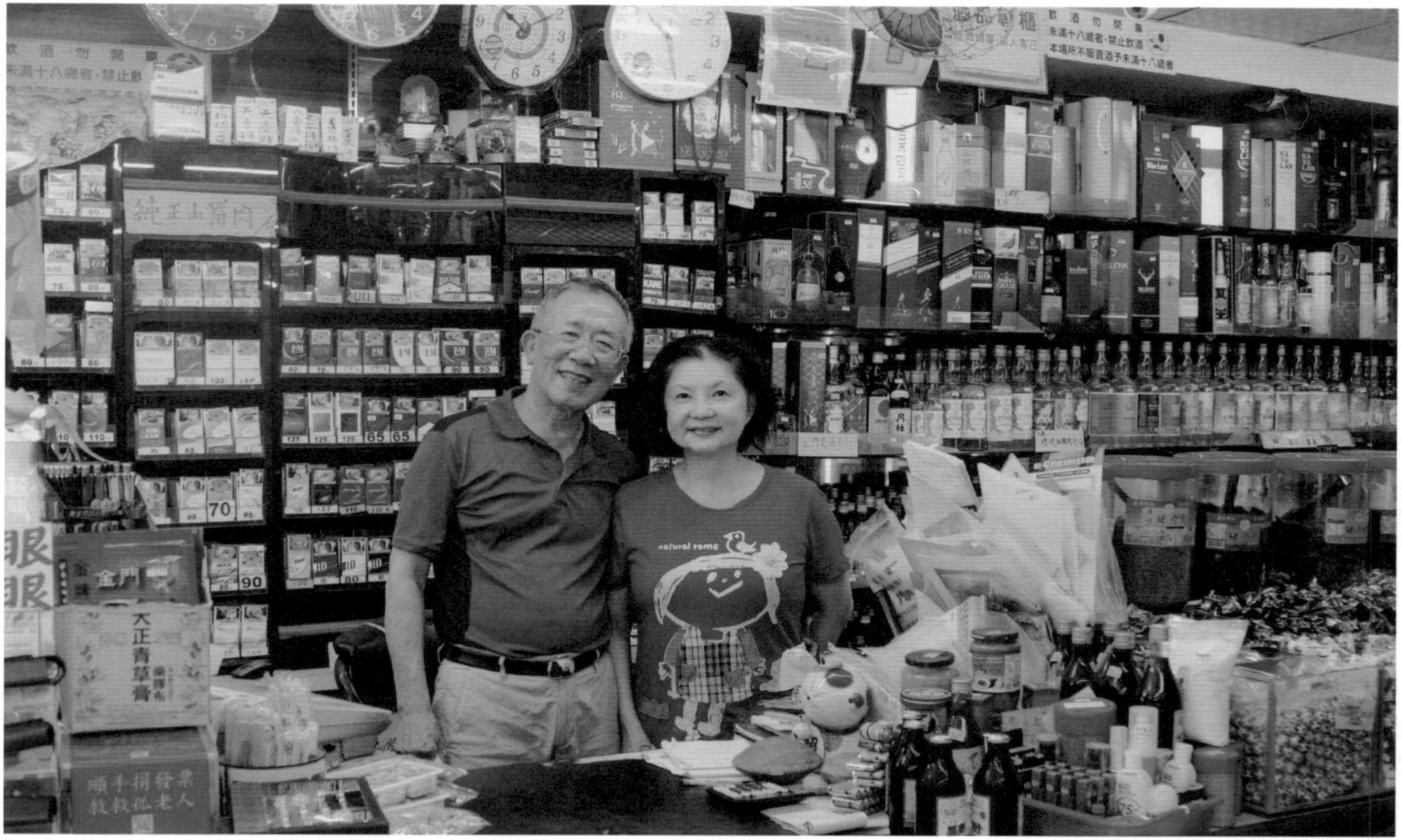

1

1. 老闆鄭添進從小在店裡長大，在七個小孩中對經營雜貨店最有興趣 2. 店裡還有販售蔬菜種子，商品齊全到令人驚嘆

想吃糖就有糖，雜貨店養大的孩子很幸福

鄭添進從小在店裡長大，在七個孩子裡對經營雜貨店最有興趣。小時候，下午放學回到家，媽媽會要他們幫忙掃地、搭油（台語：分裝油品）、秤東西，用作業簿摺成紙袋裝糖、裝鹽巴給客人。他一直覺得家裡的孩子很幸福，想吃糖果就有糖果，從他學走路的時候就有印象，爸媽的床底下有整箱的蘋果；那個年代一般人家連看到蘋果都相當難得，他們家的孩子是想吃就有。他說從有記憶以來，店裡的生意就都很好，爸媽每天都很忙，在甲仙和旗山間的產業道路開通之後，一台卡車進到甲仙，送往錦昌的貨就佔一半以上。

從嘉義農專畢業，鄭添進先到新竹食品研究所工作一年多，跟同學在台南東山種木耳、香菇，卻遇乾旱，造成損失；這時爸爸跟他說：「景氣安怎好、安怎歹，攏嘛是愛食、愛用。」鼓勵他回甲仙經營家業。鄭添進回鄉專心投入錦昌的營運，生意蒸蒸日上，爸爸常跟朋友說：「阮後生是生理跤數！」稱讚他是天生做生意的人才。

南橫公路通車後，帶動甲仙的觀光人潮和經濟發展，芋冰城一家一家的開，在甲仙人口最興盛的時期，鄭老闆在文化路另外開了一間錦昌超市，原來和安街的錦昌則由兩個弟弟接手。錦昌超市除了日常用品、五金百貨、家用電器，也曾有賣生鮮蔬果，鄭老闆還曾請美濃的麵包師傅在店裡附設烘焙坊，幾乎是只要你開口，就會讓你買到手，什麼東西都有。經常有遊客進到錦昌超市時發出驚嘆：「哪會雜貨店仔物件遐濟！」除了在地居民和遊客，那瑪夏的原住民也是錦昌的主要客源，因此鄭老闆在客語和台語之外，也會說布農族語。早年爸爸在店門口還設置有板凳並奉茶，讓遠途來採買的那瑪夏人可以歇過一夜再踏上歸途。

2

店招被莫拉克風災「沒收」，但服務精神仍在

甲仙在民國 98 年莫拉克風災中受到重創，錦昌超市因所在地勢較高，門口有高起的斜坡，當時楠梓仙溪暴漲的溪水只到店門前的走廊，沒有淹進店裡，且錦昌沒有停電也因此沒有停業，已是不幸中的大幸。然而在地人口逐年漸少，風災後南橫不通，遊客不來，為了因應日用品雜貨的市場萎縮，錦昌積極拓展糖、鹽、麵粉、油等原物料的批發，主要供應給甲仙當地的芋冰城，並更加重視送貨到府的服務。

走出店外，鄭老闆望向甲仙大橋的方向，用一貫謙和誠懇的語氣說：「我們的招牌被莫拉克沒收了，一直還沒重做。」風災過了10幾年，錦昌承續三代人幾十年來陪伴在地、服務山城居民的信念，調整經營內容，生意穩定成長。而在邁入耳順之年後，鄭老闆說他嘉農的同學在聚會時經常問他在忙什麼？怎麼還不退休？在繁忙充實的雜貨店經營生活裡，他總是回答「樂在其中」。

1

常備與特選雜貨 GOODS

商品包羅萬象，從日常生活用品、五金百貨、家用電器、農業資材、南北雜貨、蔬菜種子，以及秤重零售的糖、鹽、麵粉、糖果、肉鬆等皆有販售。

流動風景 SURROUNDINGS

錦昌超市近甲仙大橋，位在芋冰城林立的文化路上，正好是台 20 線和台 29 線的交會點。往北至那瑪夏，往南至杉林、旗山，向東經南橫公路可通往六龜、桃源、台東，店裡經常可聽到南來北往的客人和老闆使用各種語言交談。

1-4. 南橫公路通車後帶動甲仙觀光人潮與經濟發展，是甲仙人口最鼎盛時期；後因莫拉克風災受重創，錦昌因而積極擴展原物料批發，供應當地芋冰城，商品仍不減其多樣性

2

3

4

潛海線

乾貨留住鮮味，港風吹拂年華

林園珍良商行開店近半世紀，專賣糖果餅乾與抽牌組，曾經一天收入2、30萬

82歲柯陳秀蓮站在「阿嬤柑仔店」前迎接客人

雜貨店連接著休息空間，收銀台也貼滿家人照片

“中秋節一天生意可做到 2、30 萬元，鞭炮賣到缺貨，賽洛瑪颱風過後許多房子被吹倒，到處都在重建，維士比飲料賣到搶搶滾，但自從發生 921 大地震之後，好像大家都很沉悶，鞭炮生意從此一落千丈。”

——林園珍良商行

雜貨店的乾香菇、雞鴨蛋秤斤論兩賣，方便顧客採購需要的量

許多上游廠商多會贈送零售商日曆，兼做型錄打廣告

林園忠義商店見證風華，然對面的復美大旅店早已人去樓空

永安德美號與其說是雜貨店，
看起來更像是社區型的小藝廊或茶藝館

“初枝小姐販賣著涼水、雜貨，還有他們最愛的菸酒。當然也聆聽著他們的傳聞軼事。男人們春風飄ㄌ，來來去去，騎著偉士牌機車瀟灑馳騁；小姐們或哭或笑，屢屢在這個雜貨店裡訴說身世遭遇時潸然淚下。”

——林園忠義商店

海線

鹽埕、左營、梓官、永安
茄萣、旗津、林園

依偎大海的城鎮，流轉出百百種人客，百百款商店

這趟北至茄萣二仁溪口，南至林園高屏溪出海口的台17濱海路線，就宛如一場公路電影，沿途海岸風景忽隱忽現。而座落在這個濱海線上的大大小小村鎮，隨著港口發展、軍事基地的設置及工業區的興建等，與舊有的港邊環境，相互影響，交織出今日生猛且多元的生活與文化樣貌。

沿岸便能走訪時代的興衰起落

從北高雄行經——茄萣、永安和梓官，三個位在漁港旁的傳統庄頭，我們所拜訪的雜貨店皆是在地開設超過6、70年以上的老店，與村莊生活緊密連結，高齡的老闆仍每日堅持開店，服務老主顧。往南走來到高雄舊市鎮中心：左營、鹽埕和旗津，它們分別代表高雄不同階段的城市面貌：有海軍眷村與本地人共居的左營、曾經代表港都最繁華的鹽埕，以及由海軍廠區與造船業形塑的今日旗津。因地方產業及人口需求，不同型態的雜貨商店也於此而生：包含依附在批發採購市場旁的南北什貨店，如早年做海軍伙食採購的左營哈囉市場、販售魚翅、鮑魚等高檔食材為名的鹽埕示範市場。而位在活絡商圈周邊，則出現專門經營糖果玩具的雜貨店，販售各種趣味童玩及懷舊古早味。最後，還有典型的社區雜貨店，它們或許在城市中較難與大型連鎖的便利超商或賣場競爭，但與老顧客的相互默契與熟悉感，卻也發展出獨特的經營之道。而當海線走到高雄最南端——林園，過去因附近軍營區的駐紮以及石化工業的建置，將林園的人口與商業發展推向另一個高峰；在老街上與舊戲院旁的雜貨店，就是往日榮景最好的見證。

這一趟海濱線的雜貨店走訪，從不同類型與風情的店家，感受到屬於各地的生活與樣貌，有在漁村中的老店、市場旁的批發商、社區中的老鄰居……與店家的對談，帶我們重溫了地方昔日的風華——這些依偎在大海旁的城鎮與人們，見證了高雄以一個小漁村轉變到一個繁華都市的歷程。（文 曾愉芬）

臺南
二仁溪
白砂崙
24 新德號
茄萣
17甲
17
28
興達港
永安
高20
阿公店溪
梓官
23 錦益麵豆商號
赤崁
19甲
21 泰盛商號
20 錦常商號
22 永吉玩具行
蓮池潭
左營
左營軍港
左營高鐵站
半屏山
10
18 田利商行
壽山

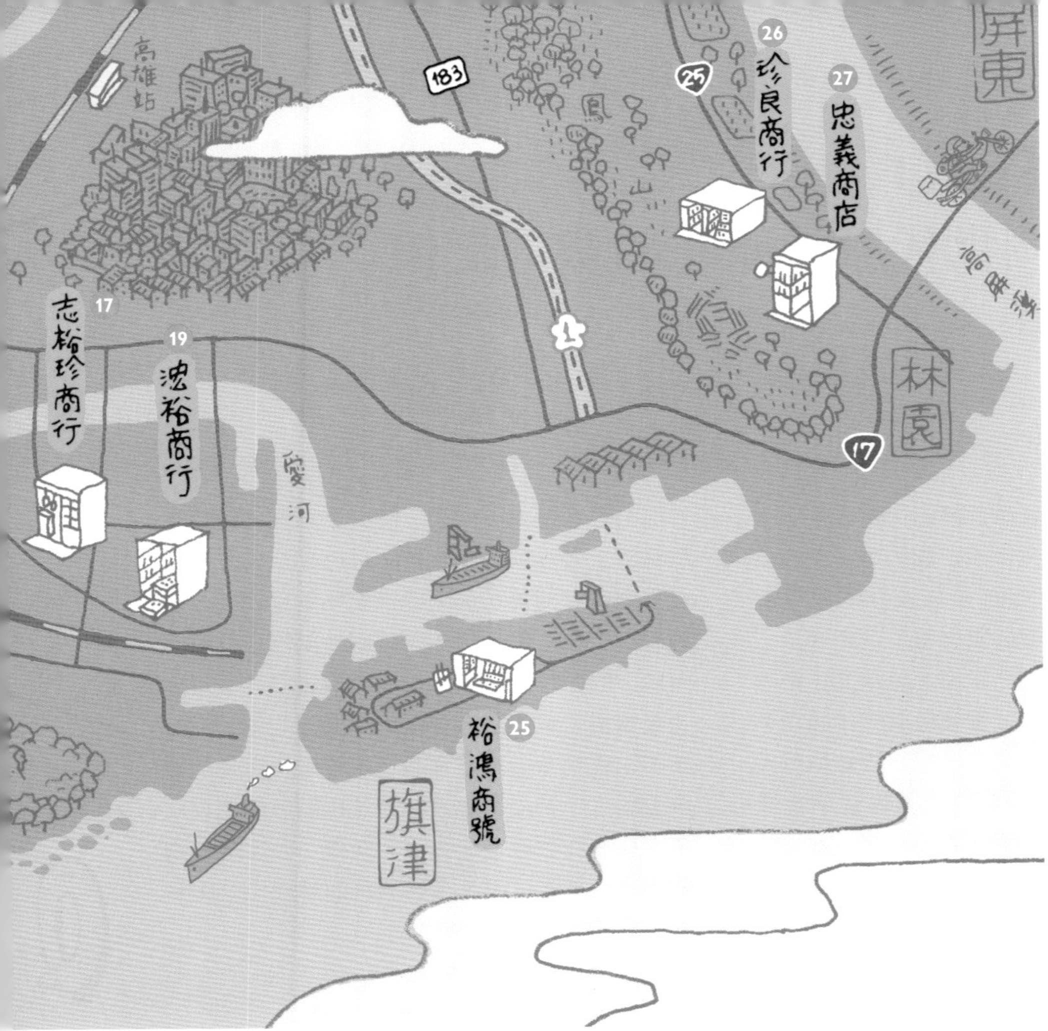

海線雜貨店地圖

鹽埕	17 志裕珍食品行 18 田利商行 19 泓裕商行
左營	20 錦常商號（阿嬤柑仔店） 21 泰盛商號 22 永吉玩具行
梓官	23 錦益豐商號
茄萣	24 新德號
旗津	25 裕鴻商號
林園	26 珍良商行 27 忠義商店

志裕珍食品行

匡留住上個世代原汁原味的童年記憶

文 林佩穎、攝影 鍾舜文

鹽埕區建國四路上具有時代感的街屋成排，一棟接著一棟，是高雄戰後興建的販厝，在高雄這移民城市，開始有整排預先蓋好的成屋出售。經過時間流轉，這排販厝有些重新油漆，有些附上鐵皮，有的貼上磁磚，而這間志裕珍食品行在連排的街屋中，倒顯得原汁原味；外牆上有抹了又抹的水泥痕跡，招牌鐵鏽橫行，正面的鐵皮招牌，用厚實的顏體書法字寫上「糖果、蜜餞、口香糖批發零售」，「志裕珍食品行」的紅字，穩穩當當地置中。

看店的是老闆夫妻兩人，阿公坐竹製的藤椅，藤椅綁上各種軟墊、竹片，自己改造成一張適合長期待坐的椅子。阿媽坐在收銀桌後面，鐵製的辦公桌，壓上的透明塑膠軟墊已經泛黃，而底下的照片，黑黑白白之間摻雜了幾張彩色的全家福，桌上還有秤糖果、蜜餞的電子秤，讓客人要吃多少自己拿取。收銀桌背後是瑤池金母的小小神壇，擺設紫色黃色艷麗的花束，電視機掛在收銀台的對面，頭家、頭家娘一邊顧店、一邊看電視，人物話語的聲音不時充斥在小小暗暗的店裡。

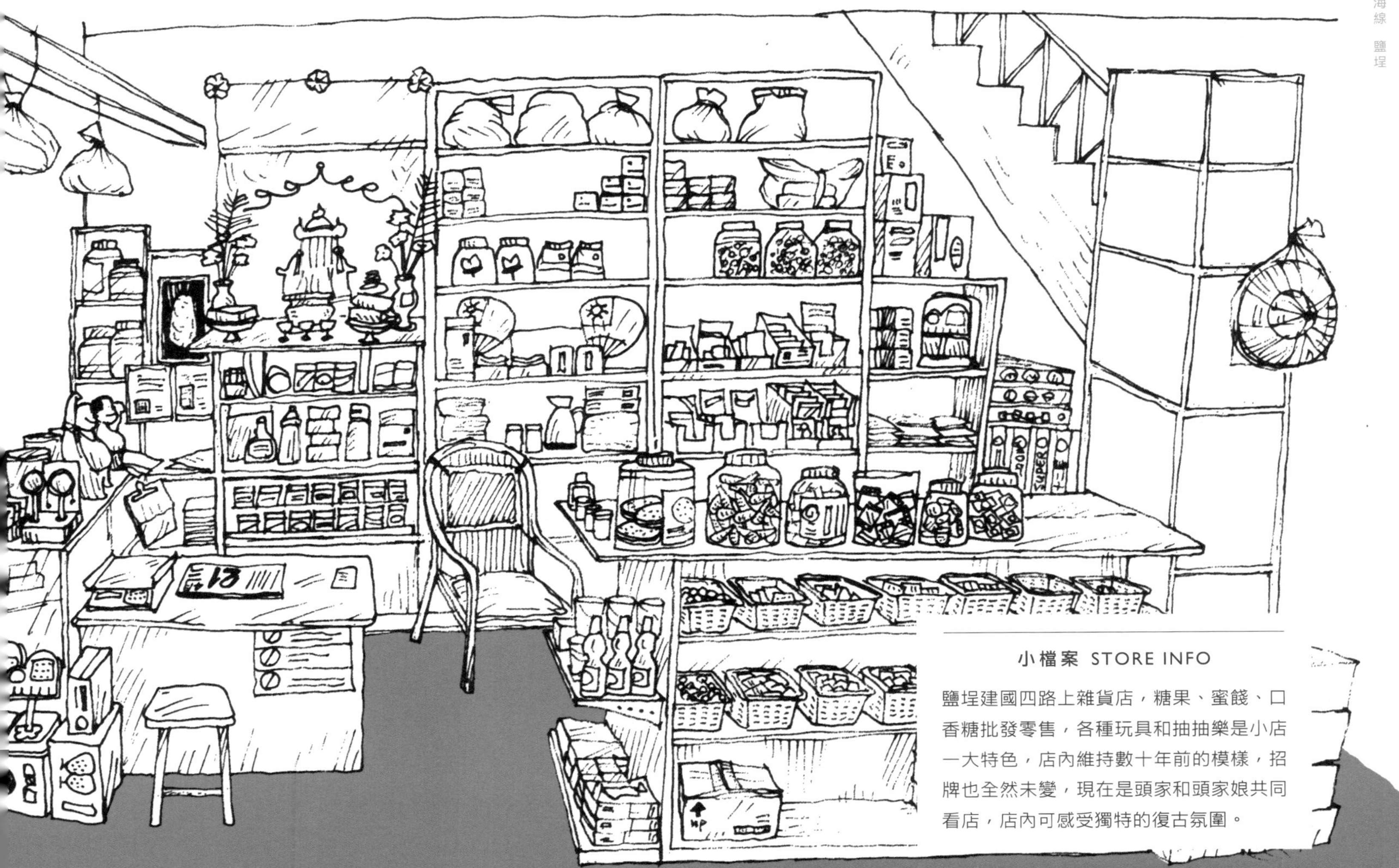

小檔案 STORE INFO

鹽埕建國四路上雜貨店，糖果、蜜餞、口香糖批發零售，各種玩具和抽抽樂是小店一大特色，店內維持數十年前的模樣，招牌也全然未變，現在是頭家和頭家娘共同看店，店內可感受獨特的復古氛圍。

1

1. 老闆夫婦姓張簡，30年前從大林蒲落腳鹽埕開店，見證當時熱鬧風光 2. 店裡仍販售早年風靡台灣的抽抽樂
3. 口碑好的蜜餞開店以來都是由彰化進貨

販賣小孩陌生、大人懷念的童年記憶

夫婦倆姓張簡，民國 66 年的賽洛瑪颱風之後，從大林蒲遷居鹽埕，當時候小兒子才 6、7 個月大。透過表姊的介紹，夫婦倆落腳這棟街屋，定下來時已經是這棟街屋的第三任屋主，算一算也搬來 30 幾年了，頭家娘今年正好 70 歲。

剛剛搬到鹽埕的時日，附近的大舞台戲院風光一時，大菜市場人潮洶湧，鹽埕的公車北站只隔了幾條街，人潮來來去去，正是鹽埕的大好時光，附近的小孩子也多。店裡賣著各式糖仔餅、囡仔物、蜜餞、抽抽樂，倒也可以安穩度日。

頭家說：「現在不一樣了。人家三民區一個里就 2,000 多人，不能比，鹽埕落伍了。」生意越來越不好做，現在人生了小孩都綁著，小孩不能自己跑出來，玩具也不是什麼新奇的玩意。這些風靡一時的盒組、簽組、脫洞、抽抽樂和小零嘴，現在看來，反而停留在某一個年代，成為大人懷念童年的出口，真正的小孩反而不太熟悉。不過，朋友說：「這間的蜜餞很好吃。」頭家說，是從彰化進的啦，都古早味，從以前就賣到現在。

綠豆糕上還畫著王哥柳哥遊台灣

如今，店裡仍然擺著長銷的綠豆糕、麥芽餅，綠豆糕上還畫著王哥柳哥遊台灣，放糖果用的玻璃櫃，還是初初做生意時的模樣，有著圓形的鐵製開口。各種顏色的塑膠小豬，在長長的塑膠袋中堆疊，門外的騎樓不管日曬風沙，仍然有幾個貨架放上大大小小的獅頭，和東方臉孔的芭比；如果芭比缺了哪裡，老闆娘會再看情況湊成一組便宜賣。門口盆栽越長越高越茂盛，頭家娘說：「來的客人交關久了都是朋友了。」這間小小的店面，在鹽埕的建國四路上，仍然為某些固執的靈魂，留下些許空位，等待偶然的到訪。

2

3

1

2

3

常備與特選雜貨 GOODS

販售各式糖仔餅、囡仔物、蜜餞、抽抽樂，蜜餞來自彰化，一賣數十年，現在仍有客人指定購買，店內綠豆糕也是長銷商品，抽抽樂封面的王哥柳哥遊台灣，已經是民國 48 年上映的電影。麥芽糖棒棒糖，是中間有酸梅的那種。

1.2.《王哥柳哥遊台灣》包裝的綠豆糕、大豬公等懷舊點心是許多人的童年回憶 3. 放糖果的玻璃櫃是古董，前方有鐵製圓形開口 4. 志裕珍招牌保留時間的痕跡，在一排販厝中顯得原汁原味 5.6. 除了糖果餅乾，亦有凌波鼓、氣球等玩具

4

6

5

流動風景 SURROUNDINGS

位於鹽埕區建國四路上的具有時代感的街屋之中，小店鄰近過去的客運北站和大舞台戲院，現在客運北站搬遷，大舞台在 10 多年前拆除，附近仍有大菜市場每日營運，但人潮已不如過往。

田利商店

亭仔腳一組桌、櫃台邊一尊神，愛河畔的人情味

文 蘇福男、攝影 鍾舜文

「我 7 歲就搬來高雄，當時的鹽埕埔很熱鬧，那時沒有七賢橋，也沒有公園、違章建築，愛河的水很乾淨，我們都是直接跳到愛河去游泳……」現年 72 歲的唐緄田移居鹽埕埔逾一甲子，經營柑仔店已有 36 年時光，幾十年來親眼目睹鹽埕埔從繁華興盛走向衰退沒落。

唐緄田的父母都是台南麻豆人，早年鄉下生活困苦，聽說高雄卡好賺食，民國 46 年舉家遷來高雄討生活。當年台南北門、學甲、將軍和澎湖人都是呼朋引伴前來高雄打拼，麻豆人因人單勢薄，大多孤身隻影單打獨鬥，「阿爸在電力公司燒炭打零工，收入很有限，為了節省生活開支，我們七個兄弟姊妹每天跑到鹽埕埔果菜市場撿剩菜回來吃」，憶及童年艱苦生活，唐緄田不禁感慨，「為了養活一家子，阿爸開始四處跑菜市場擺攤賣柑仔店貨，白天在南華路的新興市場擺攤，中午休息片刻，傍晚再趕往內惟黃昏市場續攤。」當時貨源都是到三塊厝的三鳳中街補貨，衛生紙等體積、數量較龐大的貨品，則有廠商專人運送；市場跑攤生意雖然不錯，但貨品都要依靠人力載運，往返兩處市場奔波將物品上架、下架，對體力是一大負荷。

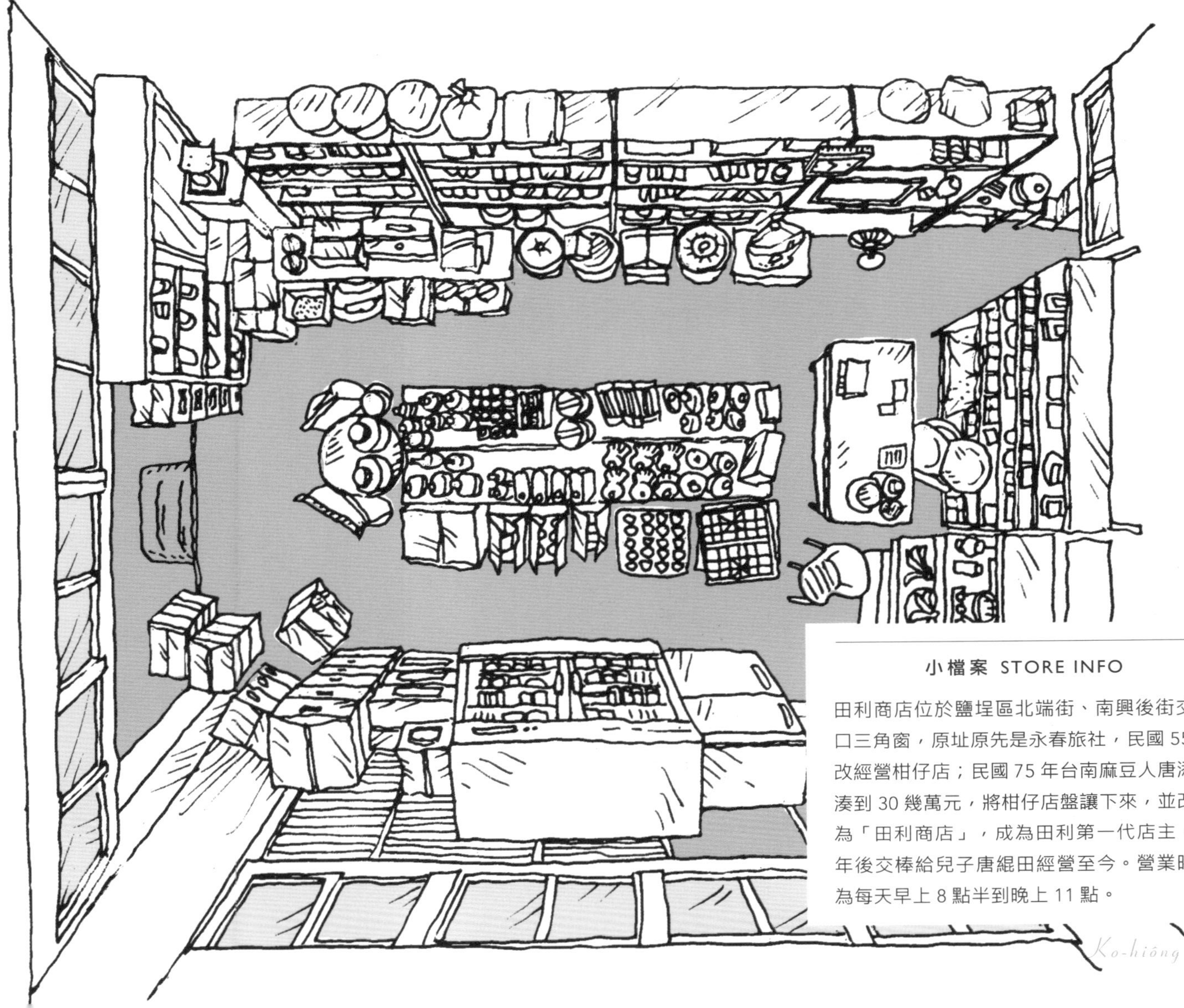

小檔案 STORE INFO

田利商店位於鹽埕區北端街、南興後街交叉口三角窗，原址原先是永春旅社，民國 55 年改經營柑仔店；民國 75 年台南麻豆人唐添舜湊到 30 幾萬元，將柑仔店盤讓下來，並改名為「田利商店」，成為田利第一代店主，幾年後交棒給兒子唐緄田經營至今。營業時間為每天早上 8 點半到晚上 11 點。

1

1. 第二代店老闆唐緄田的父親以30萬盤下這間準備歇業的雜貨店，並改名田利商店 2. 小包裝酸梅與油炸花生方便客人下酒

頂下一家店鋪，父子得以不再辛苦過市集跑攤生活

民國 75 年唐緄田的父親唐添舜聽說鹽埕埔北端街、南興後街交叉口三角窗的柑仔店無意續租準備歇業，於是想盡辦法、克服萬難湊到 30 幾萬元，將柑仔店盤讓下來，並改名為「田利商店」；父子倆打拼多年，終於有了自己的柑仔店店面，不必再飽受風吹雨打、日曬雨淋的市集跑攤生活。幾年後唐添舜將柑仔店交棒給兒子唐緄田經營。

「盤讓這家柑仔店之前已經開店 20 年，所以這個店面做柑仔店已經有 56 年的歷史。房東是一位先生娘，聽說這棟房子是她的嫁妝，老夫妻長年旅居美國，幾年前先生娘返台想來看看她的房子，打電話問我，房子是不是要經過『那條溝仔』（指愛河）才能到達？」令唐緄田感到啼笑皆非！

田利商店是一棟兩層樓的老房子，約興建於日治末期昭和 15 年（西元 1940 年），屋子內外滿布歲月痕跡，一樓梁柱水泥斑駁脫落、堆砌的紅磚外露，二樓的格狀木窗玻璃有好幾塊破損未補，柵欄木條長年飽經日曬雨淋嚴重褪色，「老房子更早之前是永春旅社，早期鹽埕埔很多外來人口。小時候鹽埕埔有許多小旅社、很熱鬧。」

田利販售商品全部擺放在一樓 36 坪的空間，品項和一般傳統柑仔店大同小異，像是家庭主婦煮飯必備的鹽、糖、醬油、雞蛋，大人小孩的餅乾零嘴、飲料，以及菸酒、罐頭應有盡有。比較特別的是，店內的菸酒數量和品項明顯多樣，酸梅和油炸花生也分成一小包一小包銷售，顯然柑仔店有一群特殊顧客。

小包裝酸梅、油炸花生，服務一群特殊但忠誠的顧客

唐緄田苦笑說，他在柑仔店亭仔腳擺放一組桌椅，方便客人歇腳休息聊天，結果引來一批酒友，就像蝙蝠般每天下午固定時間從四面八方趕來這裡聚集喝酒、練肖話；小包裝的酸梅、油炸花生和罐頭適合當下酒菜，他們也會外帶餐飲來加菜同樂，往往不到夜深人靜、酒酣耳熱不肯罷休散去，柑仔店晚上太早關門打烊還會被罵，所以唐緄田都是從早上 8 點半開店到深夜 11 點多。這項額外服務雖然延長營業時間，但酒友交關的菸酒、零食

2

卻也是田利很重要的營收來源。

一般店家在店裡大多供奉財神爺或土地公，但唐緄田卻在柑仔店收銀台旁供奉著一尊地藏王菩薩神像，令人感到好奇。他說，神尊原來是附近市場的神明，起初由攤販信眾每年輪流擲筊請回供奉，10 幾年前地藏王菩薩透過擲筊指示要在柑仔店長駐，唐緄田受寵若驚，遵照神旨誠心安座供奉，早晚三支香奉茶祭拜。每年市場舉辦中元普渡，都要迎請地藏王菩薩坐鎮，普渡法會搭棚架、租桌子、買花籃、請師父誦經和辦桌請客，樣樣都要錢。有幾次經費不足，地藏王菩薩暗示幾支明牌，果然讓唐緄田發了幾筆小財，圓滿解決普渡法會開支捉襟見肘的窘況。

台南麻豆是文旦主要產地，唐緄田在麻豆故鄉的親戚種有大片柚子田，每年農曆 6、7 月麻豆老欉文旦就在田利柑仔店熱鬧開賣。由於文旦是經過麻豆內行人挑選，好吃且風味獨特自不在話下，有老主顧一次下單就是 200 斤，每年光是文旦就能賣出 10 多萬元的佳績，成了田利柑仔店的另一項特色。

1

常備與特選雜貨 GOODS

販售商品和一般傳統柑仔店大同小異，比較特別的是，店內的菸酒數量和品項明顯多樣，酸梅和油炸花生也分成一小包一小包銷售，以滿足酒友的需求。另每年農曆 6、7 月開賣麻豆老欉文旦，有老主顧一次下單就是 200 斤。

1. 不同於大部分店家供奉財神爺或土地公，田利商店內擺著一尊地藏王菩薩 2. 房子的房東是醫生娘，老夫妻常年居住美國，而不知店旁的愛河已經不只是條「溝仔」 3. 4. 為滿足酒友，店內菸酒明顯多樣，但零食餅乾與鹽、糖、雞蛋等基本商品仍很齊全

2

3

4

流動風景 SURROUNDINGS

田利商店鄰近愛河畔，附近有高雄北港蔡筒仔米糕等排隊美食，柑仔店收銀台旁供奉一尊地藏王菩薩神像，曾有幾次暗示明牌，讓老闆唐緄田發了幾筆小財，圓滿解決中元普渡法會開支捉襟見肘的窘況。

浤裕商行

見證港埠時光流轉的賣貨三代人

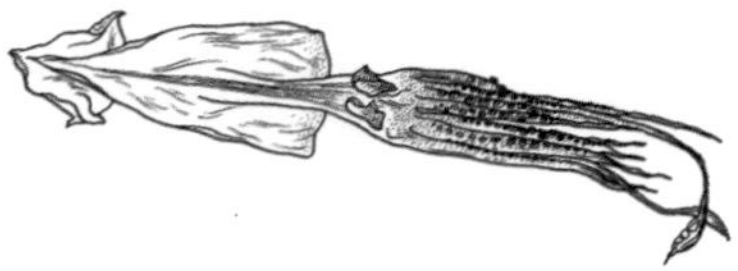

文 楊路得、攝影 盧昱瑞

「你知道鹽埕的意思是什麼？無非就是曬鹽的海岸。後來因鹽場沒落，航運興起，日治時期明治 41 年（西元 1908 年）高雄港築港完成，以港底泥沙覆蓋在這塊土地，才從鹽田澤國搖身成為海埔新生地。」

「……至於我們的經營理念嘛，」浤裕商行的崑旻大哥摸摸頭，笑了笑，「其實也沒有什麼特別。就是持續努力經營而已。我們也不會想要圖個什麼或要達到什麼。不過就是價錢公道，維持對客戶信用度。斤兩一定要足，千萬不能減斤偷兩。這樣客戶才會一直回來，路也才能走得久遠。」

崑旻大哥是鹽埕公有市場旁新興街浤裕商行的第二代。56 歲的他，神色開朗，精力十足，念書時專業是電子，談起當初接任過程，「我爸就問我願不願意接？如果沒有要接店，店就可以收起來了。我就乾脆接起來做，想說做到沒辦法負荷為止。」說完崑旻大哥哈哈大笑起來。而挾帶此等使命，一做就是 30 載。

公有市場攤販、商船船員都是老客戶

崑旻大哥父親，78 歲的洪國和老先生，台南鹽水人，年輕退伍時，便跟著哥哥在鹽埕區新興街做南北貨，兄弟二人，齊力斷金，在民國 50 到 60 年代，鹽埕最繁華的時刻，便在業界做出響亮名聲。直到 20 多年前，因第二代孩子成家，他們才正式遷至現址，開始第二代經營。

小檔案 STORE INFO

浤裕商行位於鹽埕區新興街。營業時間為早上 8 點至晚上 6 點。第一代洪國和老先生是台南鹽水人，年輕時便跟著哥哥在鹽埕區新興街做南北貨；第二代洪崑旻念書時學電子；第三代洪柏裕中山大學財管畢業，準備大展鴻圖。

1

1. 第一代洪國和、第二代洪崑旻夫婦與即將接班的第三代洪柏裕 2. 老闆特選新鮮肥碩的魷魚，打在桌上會有扎實的「啪啦」聲

根據高雄市民政局人口統計資料，民國 56 年鹽埕區人口數佔高雄市之 10%，是此地人口數最巔峰的時期。民國 50 年代鹽埕新興街，南北貨商店眾多，魚翅、鮑魚等高檔產品更是屢見不鮮。「那時鹽埕很熱鬧。整條街（新興街）很多店家都在做。然後大仁路過去就是五金街；新樂街是金子街；到了公園路那裏，很多都是賣馬達零件的，因為是要因應高雄港的拆船行業……」崑旻大哥說明著。「但現在整個型態都改變，年輕人也都外移，我們這裡變成老舊社區，賣一些民生必需的南北貨，魚翅鮑魚那類海洋保育食品，以前都是經濟能力好的家庭，才會來買。但後來因為環保因素考量，我們也沒有賣了，但我們就是堅持品質，所以都是服務一些老客戶。」

浤裕商行緊連鹽埕示範公有市場，市場內「賣油湯的」，自是崑旻大哥熟客。而好些賣鹹酥雞、炸雞的，同為固定客人。「市場裡面那間賣春捲皮的，很好吃耶，常常賣到沒貨，來不及做，他們的麵粉就是跟我們拿的。」市場攤販外，港區商船靠岸時，許多船員也會定期到此補貨。這些船員，不僅添購較易存放如豆類，義大利麵條、橄欖油、義大利番茄醬、或咖哩醬罐等亦為榜上名單。也因此，店裡商品在一般傳統南北貨之外，也多了些西餐料理食品。

緊接著，崑旻大哥又介紹店裡其他商品。「我們這裡的麵線，是半手工麵線。因為完全手工的麵線，會粗細不一，煮起來受熱程度不一致，所以我們都是賣半手工的麵線。然後這個皮蛋，是有得神農獎的，品質較好。如果客戶要吃品質好的，我們就會介紹他買這種皮蛋。再過去是金桔乾與酸梅，金桔是因為可以止咳化痰，泡熱茶很好，所以我們都會賣。酸梅是南投信義鄉的，我們有港務局的客人一次進貨都是十包。」

靠近海，就要認得海裡最好的味道

門口處，整齊置放著整桶甫炸好的油蔥酥、用以烹煮滷白菜或肉羹的炸豬皮、自東港撈上岸的櫻花蝦與白蝦。崑旻大哥解說著，這等櫻花蝦乃為純正櫻花蝦，是漁船到較深海域捕撈的。倘若從淺海域捕獲的，因海水污染之故，油耗味會較濃厚。而一隅的丁香魚，挑選上亦有學問，得挑選魚頭、肚腹完整，毫無破損的，乾度良好方能稱為上等貨。另外摸起來身長肉厚、肥滿完整的乾魷魚，表面有白色粉末的乾魷魚，那是在接觸空氣後鹽分結晶的自然結果。在透光下檢視

2

魷魚，是依稀可見其自然紋路，甚至打在桌上會有「啪啦」聲，不會軟綿變形。

走訪商品時，老闆娘正分裝幾包紅豆、綠豆，準備給事先預定船員們。在客人來往熙攘的浤裕商行，可以看到走過 56 個年頭的店舖，依然生氣蓬勃。而商行也即將由崑旻大哥的兒子，即第三代洪柏裕來接手。現年 27 歲的柏裕，已然是頂天立地的有為青年，在中山大學財管畢業的光環下，他也效法當年父親，選擇跟隨父親腳蹤行。相信他必能走出不一樣的第三代鹽埕風華，在港都這個曾經是曬鹽的海岸中，發光發熱。

1

2

3

常備與特選雜貨 GOODS

主要以南北貨為主。包含香菇、金針、木耳、炸豬皮、蔥酥等乾貨；紅豆、綠豆等豆類，以及雞蛋、麵條，冬粉、調味品、罐頭等。老闆推薦干貝、魷魚、丁香、櫻花蝦等乾貨海產，以及得過神農獎的皮蛋。

4

5

1. 浤裕商行緊鄰鹽埕示範公有市場，供應原料給許多市場中「賣油湯的」 2.3. 深海來的白蝦（左）與櫻花蝦（右）皆來自東港 4. 店內的 9 號花生米、半手工麵線、 機械製麵線、鹹蛋皮蛋、葵花子與養生果 5. 罐頭種類多樣、擺放整齊，還有早餐吐司常用的果醬 6. 麻布袋裡有各式各樣的米、粉、糖

6

流動風景 SURROUNDINGS

緊鄰鹽埕示範公有市場、舊大舞台旁。東為七賢三路，西為建國四路，南是公園二路，北是五福四路。附近有哈瑪星鐵道文化園區、鐵道園區天空雲台、駁二藝術特區、駁二蓬萊倉庫群、舊崛江商圈等。

20 —— 左營

錦常商號（阿嬤柑仔店）

迷走蓮池潭聚落找老紅瓦厝

文 林佩穎、攝影 盧昱瑞

左營蓮池潭旁的聚落，又稱七甲，開拓歷史最早可追朔至明鄭時期，至日本時代的保甲制度，才更為明確的分為七個甲，每個甲各自有主要奉祀的神明與宮廟。在七甲舊聚落之中穿梭，不時會在時間與空間中迷路，紅瓦厝交互綿延成一小區，不時又有開路計畫開腸剖肚劃過，難以用一個邏輯貫穿，定位其方向與現在位置。

我們的車在聚落中一度迷途，一陣找尋之後，才停在一棟蓋上鐵皮的紅瓦厝外，繞過長形的紅瓦厝，才看到小小的店面。店面沒有招牌，只在鐵捲門的最上方，用黃色的貼字：阿嬤柑仔店。阿媽剛剛拉開鐵門，笑臉迎人的在門口等我們。阿媽說：「紅瓦厝年紀大了，生了白蟻。」店內幾乎沒什麼木頭製品，收銀台前是各式菸品、打火機，還有個透明塑膠罐裝了猴牌的番仔火。小店旁邊有個簷廊，簷廊下有小桌，午後附近小廟的幾個年輕人開始聚集。

阿媽白白淨淨頭髮花白，瘦瘦小小穿著花色衣裳，細細的手腕上有翠綠的玉鐲。柯陳秀蓮今年剛好 82 歲，她囡仔時住在廊後，在舊城派出所附近，當時日軍徵地，只好全家搬遷。「走慢就無命喔。」一家人搬到西陵街附近，當時的西陵街人真多啊，家裡賣冰、賣綠豆湯，附近的人都捧場，西陵街有戲院、撞球間，海軍來來去去，人多就好做生意。17、18 歲時，阿媽去學了裁縫，秀蓮記得學裁縫的時候，總是很少休息，「越休息越生病啊。」秀蓮這麼說。

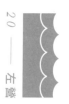

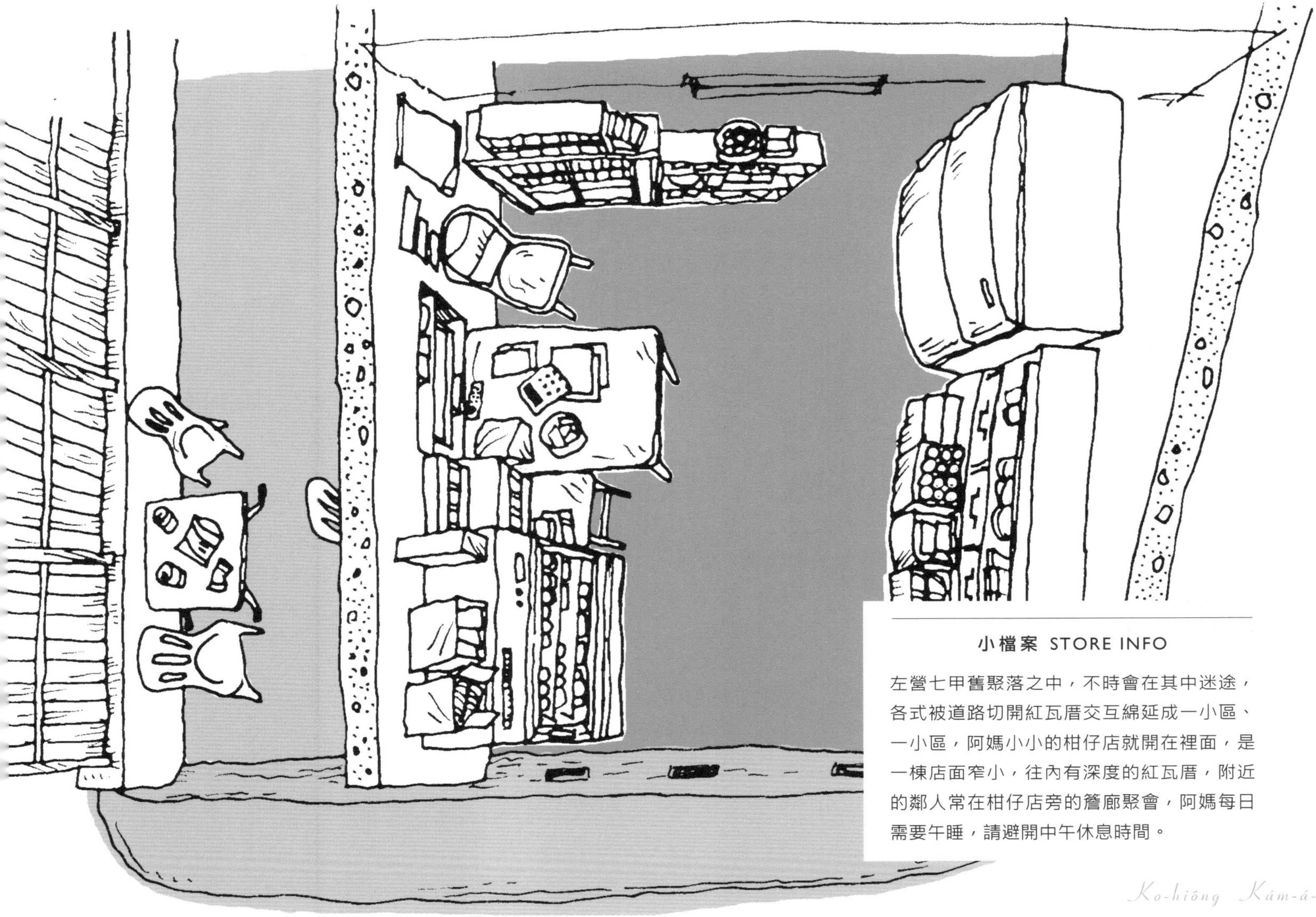

小檔案 STORE INFO

左營七甲舊聚落之中，不時會在其中迷途，各式被道路切開紅瓦厝交互綿延成一小區、一小區，阿媽小小的柑仔店就開在裡面，是一棟店面窄小，往內有深度的紅瓦厝，附近的鄰人常在柑仔店旁的簷廊聚會，阿媽每日需要午睡，請避開中午休息時間。

1

1. 秀蓮阿媽站在門口有活力地招手迎接 2. 雜貨店後面隔出午休的小床，牆上貼滿照片

小小店面養大五個孩子

秀蓮 20 歲的時候嫁來三甲，先生在氣象局，嫁來兩三年後才開始做生意，過後拿到公賣局的菸酒牌，在小店裡賣些香蕉、油、芋仔冰、零食或當時有點新奇的南僑水晶皂。小小店面養大五個小孩，小孩都大了點，秀蓮也曾將店關起來，到附近的後勁加工出口區當作業員，在生產線上拼組音響的喇叭，在流水線上度過每一日，跟著加工區的姊妹們坐遊覽車四處遊玩。當時的蓮池潭還有遍佈的菱角田，時節一到家家戶戶都在採收菱角、剝菱角。

秀蓮的收銀台旁貼著各種相片，有她自己秀麗的模樣，小孩年幼的稚趣、有小孩的小孩，有被菸牌廠商嘉獎的場面，也有她左營國中時候的舊照。秀蓮阿媽畢業已經許多、許多年了，老師還在的時候，每到教師節她都會打個電話問候。秀蓮說，以前紅瓦厝還有個小閣樓，每到下午可以上樓睡個午覺，現在年紀大了，直接將店面縮小，用鐵櫃隔起來，後面就是她的小床。

「現在很不好做，人太少了。」秀蓮阿媽這麼說。一邊聊天，不時有人進來換零錢、買菸、買酒、買飲料，小店面的貨架現在也沒有被塞滿，許多地方空了下來，秀蓮阿媽也沒有補得太齊。倒是每年過年，她的兒子、媳婦、女兒、女婿、孫子、孫媳婦、曾孫子都回來了，小店一下子就被塞得滿滿。

2

1

2

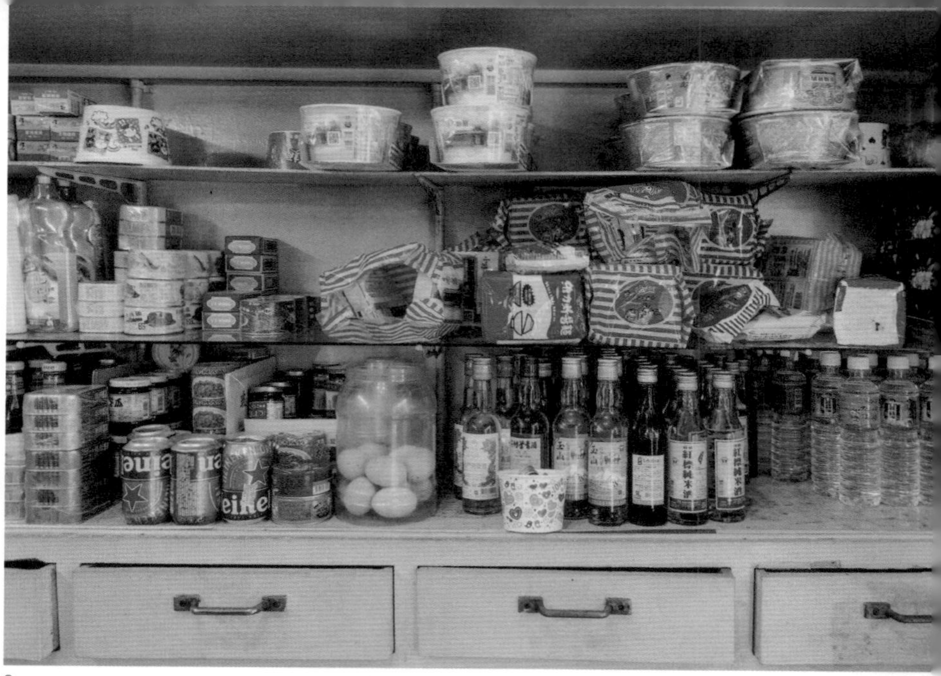

3

常備與特選雜貨 GOODS

阿媽的熱銷商品該是左鄰右舍常購的菸酒，賣到和洋菸品牌的區域經理合照嘉獎。店內也備有屏東來的醬油和義美的各種長銷零食，譬如小泡芙。另外就是麥香紅茶和礦泉水。

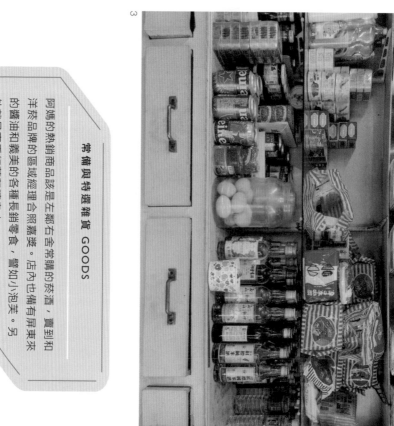

4

6

5

1.2. 小小店面養大五個小孩，收銀台上貼滿自己年輕時和家人的照片，每年過年店裡就塞滿返鄉探望的兒孫 3. 老房子有白蟻，店內已經少有木製品 4.5. 午後店外簷廊就會聚集聊天休憩的人，菸酒也就賣得特別好 6. 雜貨店藏身容易迷路的小聚落裡

流動風景 SURROUNDINGS

三甲巷位於「左營庄」，於舊城北門外，一甲至七甲之範圍，是明鄭萬年縣時期「宣毅左衝鎮」於所駐的墾地，因此而得名。目前所在大約以左營大路兩側、勝利路以北、蓮潭路以西、海功路以南所圈劃的區域。

21 —— 左營

泰盛商號

雲遊四海春風少年兄的返鄉接班路

文 楊路得、攝影 鍾舜文

「要我說實話，在雜貨店長大的孩子，都不會想回來接棒。」今年 56 歲的老闆林清隆面露苦笑地說，「因為工時不僅很長又累得要命，對小孩子來說是很辛苦的。你知道我們幼年都是怎麼過的嗎？……」他頓了會兒，搖搖頭。「我們啊……我們都是直接被放在桌上，看著大人忙來忙去。然後每個阿兵哥進來，看到可愛就抱一下，抱一下，這樣抱一下抱一下就長大了……」

民國 47 年，泰盛商行前身，由一對膝下無子女的老夫婦設立，因年紀老邁忙不過來而盤讓。當時第一代林龍泉與林翁彩燕夫妻跟老夫婦談好盤價，即變賣所有，身帶五個孩子來到此地。抵達後老夫婦卻說盤價只是店面價，還得額外支付店裡設備費用，如果沒有錢就免談。

「我媽就覺得，說好的價錢呢？怎麼改了？結果那天晚上我們因為沒錢，全家就睡在店門口的亭仔腳。」因為睡在亭仔腳，讓林老闆有了難以忘懷的經驗。

儘管如此，不管何等大的艱難，都打不倒這家人。「後來我媽媽隔天一大早就坐車回嘉義跟我外公借錢，借到了才終於成功盤下這間店。」

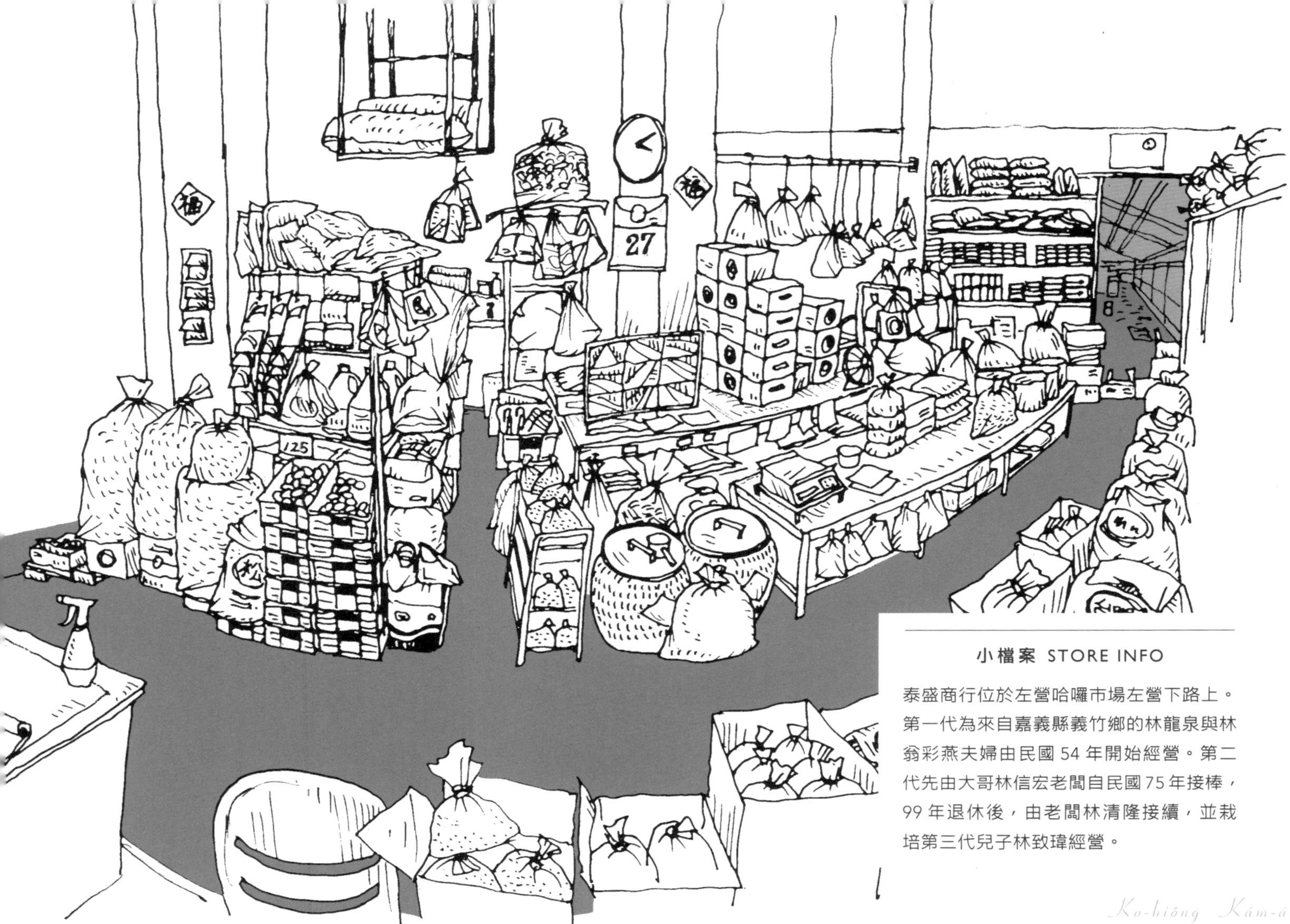

小檔案 STORE INFO

泰盛商行位於左營哈囉市場左營下路上。第一代為來自嘉義縣義竹鄉的林龍泉與林翁彩燕夫婦由民國 54 年開始經營。第二代先由大哥林信宏老闆自民國 75 年接棒，99 年退休後，由老闆林清隆接續，並栽培第三代兒子林致瑋經營。

1

2

3

1. 老闆林清隆夫婦與兒子林致瑋 2. 民國90年泰盛商行老照片（林清隆圖片授權）
3. 攝於約民國72年，當時每家店都有放貨品的竹簍，上面漆著自家標記（林清隆圖片授權） 4. 店內有包裝復古的獅牌甘草粉末

在雜貨店被養大，畢業離家打定主意不碰店務

盤下這間店，日子並沒有因此風平浪靜。民國 66 年，林龍泉老先生因積勞成疾得肝病猝死，留下妻子與五個就學孩子。鄰居友人都覺得一個弱女子，絕對撐不了兩年。「哥哥姊姊們每天都是 5 點起來幫忙，7 點再趕緊出門上學。孤兒寡母齊心奮鬥，才將生意穩定下來。我長大畢業後，覺得店鋪太累太辛苦，想說給哥哥經營就好，我選擇離開，盡量都不要碰。剛開始，做我的專長，機械製圖，而後我發現自已的興趣，就到旅行社上班，幾十年來，帶團雲遊四海，上山下海，當領隊，當導遊，向大家解說各地民情風俗。直到現在，還很多人指名要我帶的團。」林老闆說完，露出一抹微笑。也許對林老闆說，遠離雜貨店這般生活，當個快樂做自已的春風少年兄，比任何事都來的重要。

泰盛商行第一代林氏夫婦原是嘉義縣義竹鄉人，因雙方家庭都有為數眾多的弟兄姊妹，無多餘田地可耕，於是舉家來到鳳山。白日林老先生擔豆渣販售，利潤微薄，有一餐沒一餐，直到林老太太到鳳山兵仔市外賣水果，生活才稍有起色。後經友人介紹到龍泉陸戰隊營區開豆漿饅頭店。店開在營區旁大水溝上，用木板拼湊簡陋房子，收入方逐漸穩固。

民國 54 年，他們在哈囉市場盤下這間雜貨店，取名泰盛商行。以海軍單位為主要銷售對象。那年代這地帶生意相當興隆，周遭盡是雜貨店。當時每家店都有自家放貨竹簍，為了辨識各家也會在籃上標記，泰盛商行記號是一個紅色大 A。林老闆說他大約 10 歲時便主責竹簍上補漆工作，如果籃子破損還得用鐵絲固定。倘若如海軍陽字號驅逐艦來採購時，他們就將大小東西放置竹簍中。林老闆會把這放滿貨物的竹簍推到停車場的兵仔車旁，然後阿兵哥們再將竹簍運上車。早期泰盛尚有碗盤租賃業務，如美耐皿碗盤、燉湯瓷甕等，專供阿兵哥年節慶典加菜用。

少了海軍生意，仍有總鋪師將南北貨、罐頭搖身變做辦桌菜

民國 75 年，大哥林信宏結婚後接手店鋪。因海軍採購業務興隆，兩旁店家清晨做完生意後便拉下鐵門休息，只有泰盛林老太太，始終抱著「因為苦

4

過，所以珍惜」的信念，堅持下午繼續開店。附近眷村婆婆媽媽們只要有人上門，味噌十元也賣，醬瓜十元也秤，零售小賣市場持續營運。民國79年，左營副食站成立，阿兵哥對外採購一夕收回，對左營專做阿兵哥生意的雜貨店造成很大衝擊。但泰盛卻在洪流中靠著散客支撐過來，爾後又加入餐廳與總鋪師的訂單，奠定屹立不搖地位。

泰盛店內鎮店之寶，是裝了紅糖與白糖的二大陶甕，以及擺設貨物木架。這三樣老件自盤下店鋪前便保存至今。銷售貨品主要為南北貨，油米糖粉、數桶極具特色的手工製作甜麵醬、豆瓣醬、甜嫩薑，與鳳梨豆醬等，這幾桶可是當前已極為少見的古早味醬料。

除此，店內尚有早期廚子師（台語：廚師）使用的罐頭食品與調味料。如特選洋菇、金茸、香蘭鮮草菇三種罐頭，此為辦桌菜中第二道「魚翅羹」專用的。南海食品的星球 KHIN HAI 螺肉罐頭，打開倒出即是一盤菜。FUDA 什錦水果罐，主要妝點龍蝦肉。蜜蓮子罐則為甜湯專用。不只這些，涼麵的芝麻醬、蚵仔煎的工研海山醬、老一代廚師愛用的鬼女神牌味原液醬油、五賢醋、蜂牌胡椒粉、獅牌甘草粉、肉桂粉等。

返鄉接手，只因：「如果今天我不做，誰可以做呢？」

數十年後，春風少年兄也結婚生子。到了中年，雖然依舊帶團踏遍各大山河，卻又再次面對抉擇。「後來我哥退休，只為了能更專心照顧失智的母親，那時我便思想，我哥哥已經接棒做了23年，這店又是爸媽當初辛辛苦苦盤下來的。這店鋪對我的意義是什麼呢？思想過後，我明白這裡是維繫我們這個家族情感很重要的地方。所以我反問自己，如果今天我不做的話，是不是店鋪就此結束……如果不希望看到這間店結束，那麼，如果今天我不做，誰可以做呢？」

因著這句，「如果今天我不做，誰可以做呢？」道盡了林老闆心中的家族辛酸與五味雜陳。

終於，憑藉對家族的使命與情感，以及老母親的「因為苦過，所以珍惜」的諄諄教誨，林老闆於民國99年毅然決然告別之前導遊職務，接棒經營。母親堅定的話語和背影仍記憶猶新，這些形成一個強大意念，在林老闆心裡不斷滋長。他是雜貨店老闆兒子，曾經是那個被阿兵哥抱一下抱一下就長大的孩子，也是那個暗自決定「都不會想回來接棒」的年輕人，更是個嚮往無限自由不受拘束的春風少年兄，這條返鄉之路既長又遠，他在外繞了一大圈，最後選擇回歸。如今他也著手訓練兒子，期望將這裝載兒時記憶，與父母胼手胝足打拼的老店，一步一步推向更光明的未來。

1

2

3

1. 兩個裝紅糖與白糖的甕是鎮店老件 2. 洋菇、金茸、草菇罐頭是辦桌第二道菜「魚翅羹」專用食材 3. 手工製的鳳梨豆醬與嫩薑是現在少見的古早味醬料

常備與特選雜貨 GOODS

香菇、花生、干貝等南北貨、油米糖粉，另外有數桶極具特色的手製甜麵醬、豆瓣醬、甜嫩薑，鳳梨豆醬等。當地總鋪師必買的商品有特選洋菇、金茸、香蘭鮮草菇、南海食品的星球 KHIN HAI 螺肉罐頭與鬼女神牌味原液醬油等。

流動風景 SURROUNDINGS

位於哈囉市場內。南方附近有孔廟、蓮池潭、萬年縣公園，東邊為台鐵新左營站，東北為壽山自然國家公園。往北則為屏山國小與 左營高中。

永吉玩具行

尋味童年夢幻逸品，與生命中的鹹酸甜

文 蘇福男、攝影 盧昱瑞

每個人的童年記憶都有一間柑仔店，店裡的糖柑仔、鹹酸甜就像走馬燈，伴隨著每個主角走過人生甘味。

南台灣 4 月天的午後，仍然艷陽高照，位於左營老街區的永吉玩具行，門口騎樓擋西曬的遮陽帆布緩緩拉下，即使火傘高張，上門採買糖果餅乾的顧客依然絡繹不絕。一位年輕正妹雙手抱著一大包糖果，喜氣洋洋地來到櫃台排隊結帳，她輕聲細語靦腆地探問老闆娘：「我可不可以跟妳合照？因為我這禮拜就要結婚了，我小時候慶生都來這裡買乖乖桶和糖果～」老闆娘爽快欣然接受邀請，合照時不忘雙手比讚，衷心祝福這位老顧客新嫁娘婚姻幸福美滿。

永吉玩具行約於民國 61 年開店，店裡琳琅滿目令人眼花撩亂的糖果餅乾零嘴，一起陪伴高雄人度過半世紀的歡樂時光。第二代老闆郭沐松表示，父親郭德雄 10 幾歲即揹著芋冰桶四處叫賣，由於姑姑嫁到左營埤子頭舊聚落經營「雙吉利商行」，是高雄市第一家專賣糖果餅乾的食品店，郭德雄前往打工當學徒，學成後就在附近店仔頂街另開一間永吉玩具行。因為店裡初期不只賣糖果餅乾，還販售當時十分時髦的玩具遙控汽車，因此招牌就以「玩具行」登記為名，但後來營業項目轉以蜜餞、糖果餅乾為主。

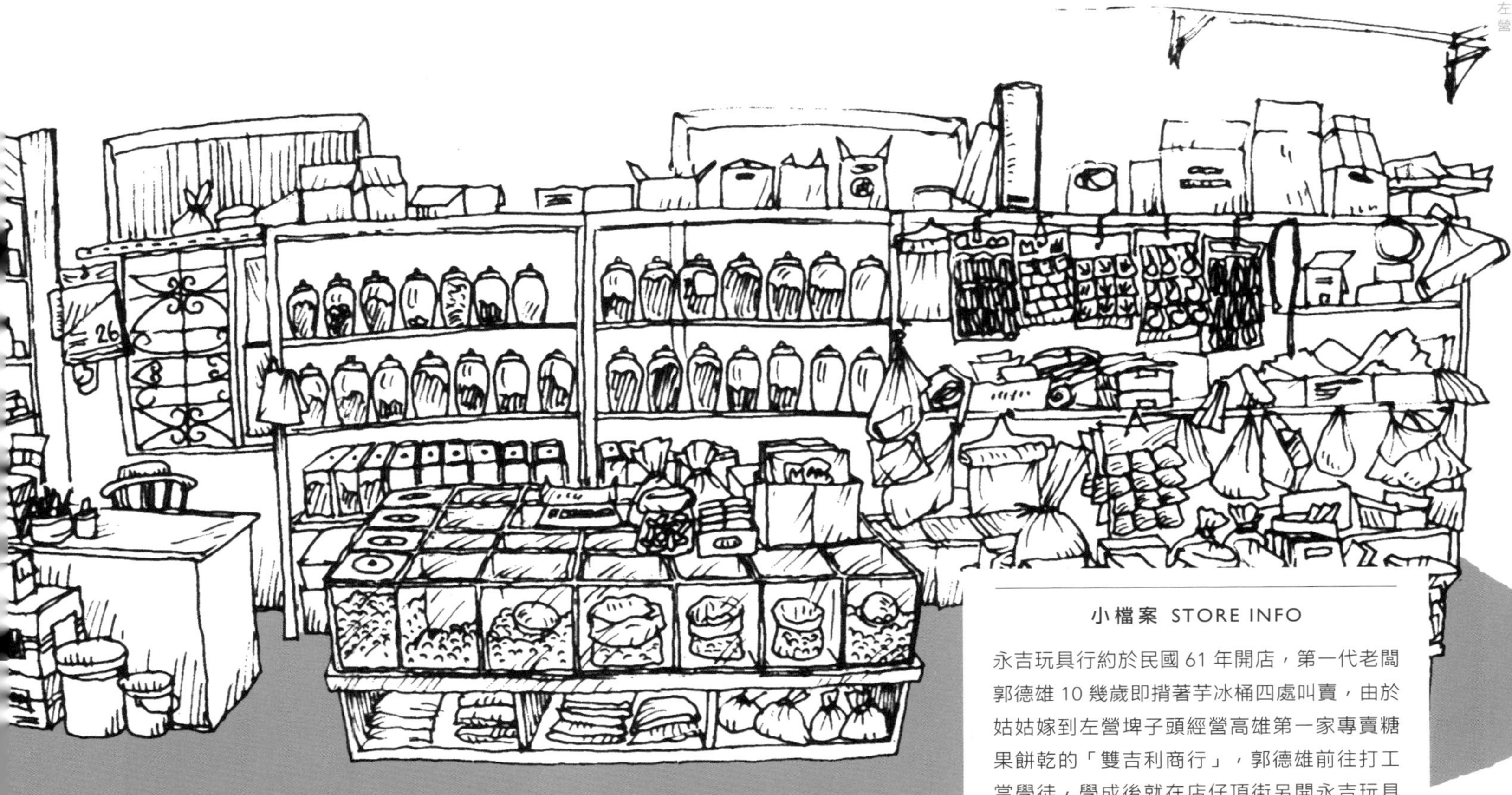

小檔案 STORE INFO

永吉玩具行約於民國 61 年開店，第一代老闆郭德雄 10 幾歲即揹著芋冰桶四處叫賣，由於姑姑嫁到左營埤子頭經營高雄第一家專賣糖果餅乾的「雙吉利商行」，郭德雄前往打工當學徒，學成後就在店仔頂街另開永吉玩具行，目前由兒子郭沐松接手經營。營業時間為上午 9 點至晚上 8 點半，無固定休。

1

1. 第二代老闆郭沐松10幾歲就騎腳踏車幫忙送貨 2. 店裡也會有許多信徒來買糖果餅乾作為祭品拜拜

綠豆糕、三色古早軟糖，包羅所有童年夢幻逸品

「小時候同學都很羨慕我家有很多糖果，我每次上學都會抓一把糖果放進書包，帶到學校跟同學分享。後來有同學跟我下單，我就做起小小生意。」54年次的郭沐松和父親一樣，也是10幾歲就開始騎腳踏車幫忙自家柑仔店送貨。永吉的蜜餞、糖果餅乾以批發為主，但早期仁武、大社、鳳山、梓官蚵仔寮等地有超過50間的阿婆店零售商，都是跟永吉下單補貨。郭沐松當兵退伍回來，柑仔店生意好到僱用兩名人手仍忙不過來，他因此繼續留在家裡幫忙，直到35歲才正式接棒經營。

憶及昔日店裡繁忙景象，每天採買人潮川流不息，少說也有上百人進出，尤其過年前一個禮拜，結帳人潮經常大排長龍，整間店幾乎都快被扛走了。郭沐松說，附近眷村老伯伯一大早就來光顧，放暑假會有小朋友來批發綠豆糕、番薯糖抽牌子的零嘴去賣，賺點零用錢。為了服務大小客人，永吉一大清早6點半就開門迎客，直到晚上10點半才關門休息。

永吉的糖果餅乾供貨廠商，遍及台北、桃園、台南、高雄、屏東等地，熱賣商品很多，其中一款有紅白綠三色的古早軟糖，由高雄三民區一家工廠生產，至今仍十分受歡迎。另麻花捲、菜脯餅、芝麻荖等傳統口味餅乾也出奇熱賣，現在過年糖果則以巧克力為主，永吉的巧克力商品口味就多達1、20種。

鹹酸甜蜜餞更是永吉的長青招牌商品，以前農業社會農產品生產過剩，就會醃漬起來做蜜餞，因為當時民生物資匱乏，沒什麼零嘴產品，吃起來酸酸甜甜又鹹鹹的蜜餞因此很受大眾青睞。永吉的蜜餞約有20多種品項，都是由彰化員林三、四家工廠長期供貨，彼此已配合超過半個世紀。其中，古早味的番茄「靈魂配料」化應子和甘甜梅、與葉子醃漬的紫蘇梅和茶梅，都是歷久不衰的人氣鹹酸甜。比較可惜的是，另一款有初戀酸甜滋味的土芒果乾，雖然令很多老顧客懷念不已，但因製作成本高，蜜餞工廠早已不再生產供應 。

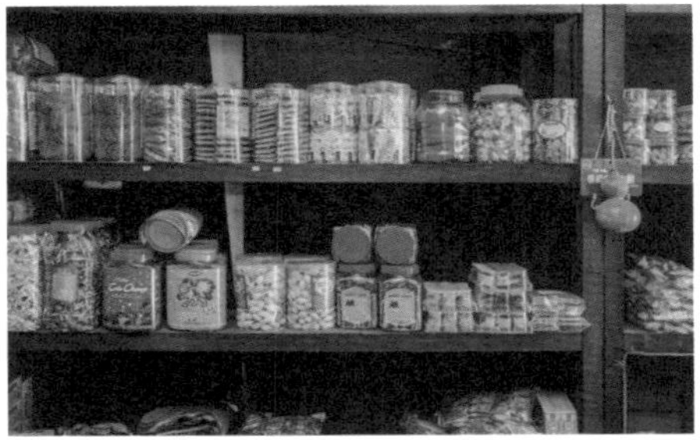

2

父親到台南訂製，純手工吹製的玻璃糖果罐

永吉店面另一個吸睛的場景，就是櫃子上那兩大排搶眼的大型糖果罐；透明的玻璃罐裡盛裝著各式各樣色彩繽紛的糖果，郭沐松表示，玻璃罐是當年父親向台南工廠訂製，完全由師傅純手工吹製而成，目前還保存 27 個糖果罐，擺放在店裡展示供顧客回味。

左營店子頂老街附近昔日有五間柑仔店，因不敵連鎖超商、大型賣場競爭陸續收攤。永吉雖有固定客戶，但生意也已大不如前，營業額逐年遞減一到兩成，尤其這幾年受到疫情衝擊，生意硬是夭折一半；郭沐松說，冬天餅乾銷路較好，信徒到太子爺廟（左營天府宮）拜拜會來買棒棒糖、餅乾當祭品，另外三五好友卡拉 ok 歡唱、公司行號開會會買糖果餅乾當茶點，也有買回家打打牙祭，老年人回味懷舊滋味。

由於家裡在楠梓區高雄大學校園後方有一分地菜園，早年母親以有機肥種植芒果、荔枝、龍眼、榴槤、香蕉、熱帶蘋果和菠蘿蜜等蔬果，收成的蔬果就擺放在店門口販賣，與顧客分享、吃健康。郭沐松接手經營後也延續這項傳統，每天一大早就先去菜園巡田灌溉，再趕在 9 點前回來開店，直到晚上 8 點半才打烊。

1. 糖果種類之多，光巧克力就有1、20種　2. 初期店裡不只賣糖果餅乾，還有玩具，故名為永吉玩具行　3. 純手工吹製的玻璃糖果罐是父親到台南訂製　4. 20多種蜜餞皆是由彰化員林三、四家工廠供應　5. 永吉玩具店就在車水馬龍的店仔頂街口

1

2

常備與特選雜貨 GOODS

初期不只賣糖果餅乾，還販售當時十分時髦的玩具遙控汽車，因此招牌以「玩具行」為名，後來營業項目轉以蜜餞、糖果餅乾為主，熱賣商品不勝枚舉，其中不乏古早傳統口味，像一款有紅白綠三種顏色的軟糖、麻花捲、菜脯餅、芝麻荖，至今仍十分受歡迎。

3

4

流動風景 SURROUNDINGS

永吉玩具行位於左營老街區店仔頂街和左營大路交叉路口，鄰近知名觀光景點蓮池潭、國定古蹟鳳山縣舊城（又稱為「左營舊城」）見城館、眷村明德新村、台灣眷村文化園區與高雄物產館。

5

23 —— 梓官

錦益豐商號

承載著廟埕市場裡流轉的舊時光

文 余嘉榮、攝影 鍾舜文

人的記憶是在時間和空間的相互交錯之間累積起來的，有的片段如同夢境一般已經和現實有了模糊不清的距離，有的則是清晰而明確的承載在某些還殘存著的場域裡。對於從小在鄉下長大，年少時離鄉多年又返鄉的我而言，家鄉公廟赤慈宮前的大廟埕與菜市場，就是這樣能喚起我許多兒時記憶的場域。於是當我跟隨著赤西里里長劉英凱的身影穿越過赤慈宮下方的菜市場，信步到隱身在市場另一頭的錦益豐商號時，舊時美好的童年時光一一湧現。

很久以前，
曾因海港貨物集散與船運吞吐熱鬧

劉英凱里長說：「錦益豐商號以前座落在赤慈宮廟埕前菜市場與一條大排溝渠道的交接處，從我的祖父（劉錦川）手上開始經營，當時的錦益豐商號還是瓦房的型態，南北貨物陳列在店門前，外部有用竹子搭建的棚架遮陽保護貨品。我祖父劉錦川是在梓官區公所上班、也是梓官地方上的文人仕紳，「錦益豐」這個店號就是祖父自取的，這三個字不管是拆開或是合起來，都蘊含著吉祥富貴之意。」；「我們這

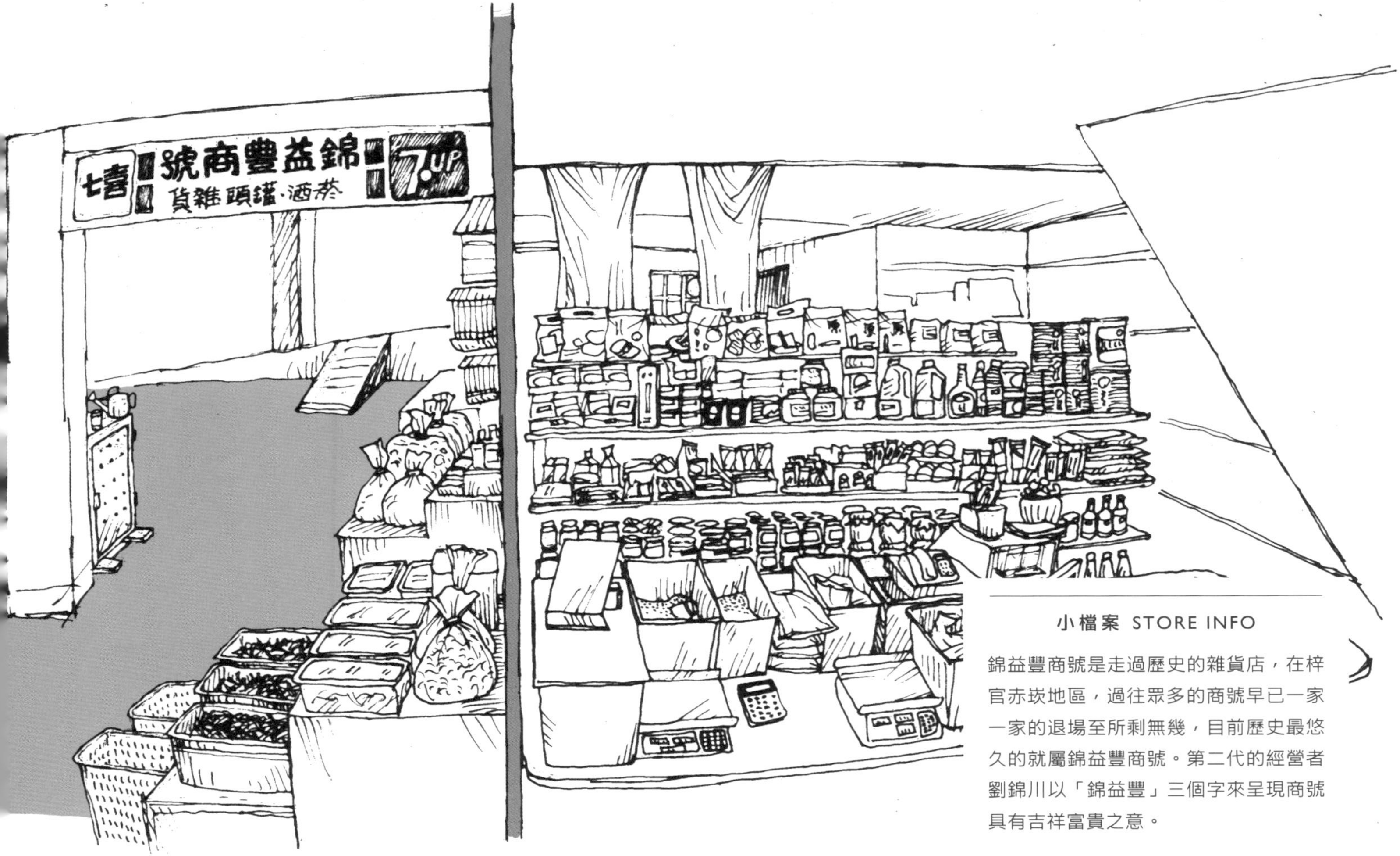

小檔案 STORE INFO

錦益豐商號是走過歷史的雜貨店，在梓官赤崁地區，過往眾多的商號早已一家一家的退場至所剩無幾，目前歷史最悠久的就屬錦益豐商號。第二代的經營者劉錦川以「錦益豐」三個字來呈現商號具有吉祥富貴之意。

1

1. 父親過世後，雜貨店目前由劉凱英里長的母親陳金葉接手經營至今 2. 錦益豐原址赤慈宮廟埕菜市場，民國69年廟宇重建，店也隨市場搬遷

家店有營利登記證是民國51年，可是早在有營利登記證之前就已經在營業了，因而推估至少有60多年的歷史。從前廟埕前也是有很多人在擺攤做生意的，非常熱鬧，直到民國69年赤慈宮重建，由於店面為赤慈宮的廟產都得進行全面的拆除、於是菜市場臨時遷至赤崁保生宮前方廟埕、錦益豐也隨著菜市場遷至附近空屋繼續營業。民國72年赤慈宮廟宇重建竣工、攤位以及店面再遷回赤慈宮廟宇下方菜市場，也就是現在我們雜貨店落腳的地方。」

在赤崁這個地方，老一輩的人都知道錦益豐商號，也都知道順著里長講的那條如今已經隱藏在道路下方的大排溝渠往西，就可以抵達海邊。過去那裡有個叫做「港仔門」的小港口，是岡山、橋頭以及梓官等鄰近鄉鎮貨物集散與船運吞吐的重要地方。因而我們也可以推測，那時候的錦益豐商號是位在熱鬧的交通要道上。「姓劉的」是我們地方上的大家族，經營商號的劉錦川出生於日治時期的大正6年（西元1917年），受的是日本教育，到了台灣光復後也曾經擔任教職，最後到鄉公所上班。劉錦川的另一項專長是關於土地方面的學識，因而民國66年也在赤崁的街上創立「劉代書館」，轉身成為赤崁與蚵仔寮地區的第一位土地代書。

市場轉型，供應總鋪師辦桌文化

錦益豐商號在劉錦川年事漸高之後，曾經一度由長女劉瑟琴接手經營，直到劉瑟琴結婚嫁到外地之後，又交由她的弟弟劉澄賢延續。劉英凱里長說：「民國86年我的祖父過世。雜貨店由我父親劉澄賢接班負責雜貨店的生意，我的父親為人和善，對雜貨店的經營很有自己的想法。經營到了後期，面對市場的轉型以及受到總鋪師辦桌文化興盛的影響，我們的雜貨店生意轉為以經營廚師外燴乾貨為主，提供南部地區廚師辦桌便利性的南北乾貨服務。很可惜父親在44歲那一年因車禍意外離開了我們，後來由母親陳金葉接手經營至今。」

經歷了歲月沉澱的錦益豐商號，如今以另一種安詳而寧靜的姿態依舊如常運作著，貨架上陳列的南北貨、長桌上隨興擺放的紅豆、綠豆、雞蛋、柴米油鹽醬醋茶罐，都在向你述說著商號的陳年舊事；隨著時光的流轉，歲月改變了斑駁的商號店招、褪色了菸酒招牌，卻沒有改變市場熙熙攘攘的喧嘩與親切的人情味。

2

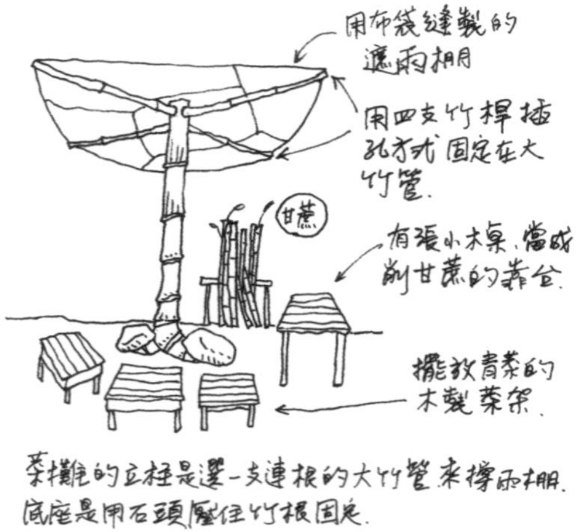

1

2

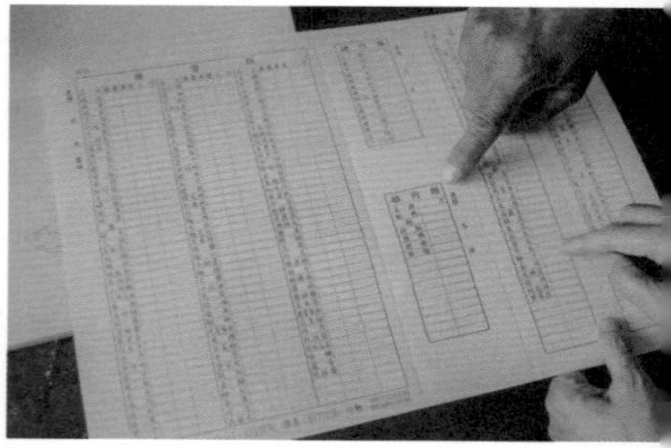

3

4

1. 劉里長記憶中阿公掌店時期菜攤的樣貌 2.3. 受辦桌文化興盛影響，錦益豐轉型經營總鋪師需求的南北乾貨 4. 劉里長在里民服務時發掘到的居民自製辣椒醬

常備與特選雜貨 GOODS

商號常態提供各式調味料、雞蛋、紅豆、綠豆、糖、米等家庭用品，也可以在這裡採買到總鋪師辦桌用的南北貨、頂級香菇、素食乾料、中藥包……等琳瑯滿目的商品。劉里長在里民服務中發掘的居民自製辣椒醬就擺放在櫃台的醒目處，這也是目前商號十分熱賣的推薦好物喔！

流動風景 SURROUNDINGS

錦益豐商號位於赤慈宮下方菜市場的入口處，赤慈宮是赤崁地區重要的信仰中心，廟內奉祀的天上聖母媽祖神尊距今 200 餘年、聖母神像原本漂流在海上經由先民漁夫林回捕魚而得，屢顯神跡、香火鼎盛。

順路逛

梓官猶閣有

王三福懷舊童玩店

梓官區赤崁南路142之5號

位在蚵寮國小旁的王三福懷舊童玩店，是梓官區歷史最悠久的童玩店。創始老闆王三福是赤崁在地人，早年往返台南關廟、旗山批發竹筍回赤崁販賣，退伍後開始自製花生酥、龍鬚糖等，開設此雜貨店後漸成為玩具及零食的批發商，並逐步增加日常民生用品等商品。今日店鋪內外仍擺滿戳戳樂、尪仔標、彈珠、蜜餞糖果……充滿懷舊氣氛，更是赤崁人的兒時回憶。

順路逛

永安猶閣有

德美商號

永安區永安路96號

德美商號隱身永安區公所附近街道上，商號主人黃阿公熱愛藝術創作，運用漁村角落撿拾來的廢木料等各式媒材創作藝品，與其說是雜貨店，看起來倒更像是社區型的小藝廊或懷舊的茶藝館。黃阿公今年87歲，民國60幾年從父親的手上接手這家商號之後就再也沒有離開過永安。黃阿公說：「這家商店的名字是我爸爸取的，名稱的意思是『以道德經營，自然就會有美麗的好名聲』。」

新德號

緊鄰台南的漁港小鎮，舊時能讓討海人賒帳的店仔

文 蘇福男、攝影 盧昱瑞

從小對茄萣白砂崙故鄉的印象，就是空氣中總是瀰漫著一股令人不敢恭維的濃厚魚腥味，和蜿蜒曲折「進得去、出不來」有如迷魂陣的街道巷弄。

長大後當記者跑新聞，偶爾路過故鄉，總會順道繞進來舊地重遊，捕捉日漸模糊的童年身影；只是物換星移、人事已非，昔日令人退避三舍、敬謝不敏的魚腥臭味已不復聞見，只有狹窄多曲折的巷弄，依然捉弄著外地人有如誤入迷霧森林，總要折騰一番才得以全身而退。聽說巷弄間隱藏著一間傳說中的「新德號」，是白砂崙庄最早的柑仔店，但逐漸被村人所遺忘，這間古早柑仔店完全不在我的兒時記憶簿，故鄉的父執輩也大多凋零，在無人可口訪追憶下，決定親自跑一趟尋訪。

5 月天的白砂崙海風習習，再度踏進萬福宮菜市場旁有如蜘蛛網的巷弄迷宮，沿著曲折巷道尋尋覓覓一番，總算找到在地人口中的「公埕仔」，「新德號」就在公埕仔舊址。

昔日繁華漁港與酒家，今日奼紫嫣紅自栽花

公埕仔是白砂崙庄最早的市集，在興達港尚未闢建之前，全茄萣只有一個白砂崙漁港，漁港始建於清朝年間，民國 40 年起擴大闢建為避風漁港，可停泊上百艘 20 噸以下漁船。昔時漁港周邊熱鬧繁華，依港而生的行業琳瑯滿目，有漁行（魚市場）、油行、製冰廠、木材廠、造船廠等；港口處搭建有一座彎月形鐵橋，連接兩端碼頭堤道，秋潮向晚，景致極佳，曾為著名景點，也是當時孩童想像中的史艷文與藏鏡

小檔案 STORE INFO

由茄萣白砂崙人、綽號「鹹腸仔」郭安順創店，年代、店名不詳，民國 61 年同宗親郭福德（綽號「鹹德」）盤下店面，並改名「新德號」，郭福德的兒子郭勝藏在民國 99 年高雄縣市合併後，從服務長達 37 年的茄萣公所民政課退休，接下新德號家業。

1

1. 郭勝藏由茄萣區公所退休後回家接下店務 2. 雜貨店裡裡外外都可看到郭老闆親手栽植的倒吊蘭
3. 店面後有放置以前賣米的設備，包含秤、米斗和米桶，牆上貼有米的標價

人相約決鬥的「清聖橋」聖地。

公埕仔鄰近白砂崙漁港，當時除有柑仔店、賭間、剃頭店、中藥舖、魚肉菜販、跑江湖賣藥的王祿仔仙、打拳頭賣膏藥的拳頭師，南北二路、三教九流的攤販齊聚一堂，也吃得到剉冰、愛玉、杏仁茶、冰枝、糕餅、米香、土豆糖仔、魚丸湯和外省仔麵等各式各樣傳統小吃，還有一家讓庄頭男人神魂顛倒的「海濱酒家」；聽說早年新來的酒家女坐三輪車抵達酒家，酒家老闆會在門口燃放鞭炮熱烈歡迎，「新酒家女的身世」將成為庄頭男人高談闊論好一陣子的發燒話題。

有關公埕仔的風花雪月隨風而去，一間間透天厝取代紅磚瓦厝，唯獨「新德號」默默見證時代嬗遞。新德號第二代老闆郭勝藏在自家店門口的小空地，巧手栽植倒吊蘭、龍吐珠，我們到訪正值繁花盛開時節，古樸的紅磚厝藏身於一片奼紫嫣紅，如果不是掛著「公賣局菸酒經銷商」的牌子，還誤以為是誰家的院子花園。

郭勝藏，38 年次，當年的註冊學費完全來自家中的柑仔店收入，民國 62 年考中公務人員分發至茄萣鄉公所服務，99 年高雄縣市合併，郭勝藏從服務長達 37 年的茄萣公所民政課退休，接下新德號家業。他回憶說，柑仔店原先是一名人稱「鹹腸仔」的郭安順創設，原店名不詳，後來父親郭福德（綽號「鹹德」）在 50 年前盤下店面，並改名「新德號」，「柑仔店占地 70、80 坪，印象中販賣的物品相當齊全，從早餐配糜的醬菜、糖鹽醬油等調味料、菸酒飲料、糖果餅乾到白米一應俱全，比較特殊的是，還賣家庭五金。」

2

竹筏擺渡到台南批五金，直到「西瓜大橋」興建

郭勝藏表示，早期白砂崙沒有一家五金行，父親為了解決地方鄉親需求，於是前往台南批貨，「台南灣裡就在對岸，但在南萣橋尚未興建之前，兩地往來只能依靠竹筏擺渡，到台南補貨要走水陸運並不輕鬆」，現年 79 歲的地方耆老李進國還記得，52 年南萣橋通車後，庄裡有人駛牛車幫柑仔店和庄民到台南運補貨品；老一輩的白砂崙人又戲稱南萣橋為「西瓜大橋」，

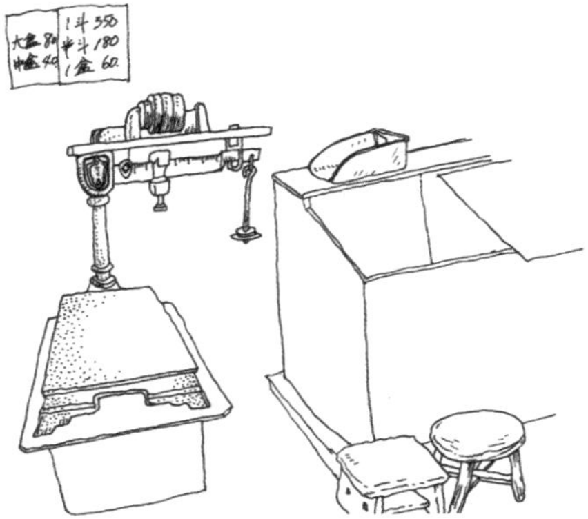

3

原來昔日南北往來交通不便，時任省府主席周至柔南下視察，茄萣鄉親陳情興建橋梁，據說周至柔在溪畔渡仔頭品嚐西瓜時，當場允諾興建，由省府撥款 300 萬元（另台南市、高雄縣府合資 300 萬元），「周至柔食一塊西瓜 300 萬」因此成為地方趣談。

討海人的手氣都在茫茫大海，以前到柑仔店買東西都是先賒帳，等到有抓到魚過年前會主動前來結帳，「阿爸阿母青瞑牛不識字，阿爸載米回來後，都會在店裡牆壁用簽字筆畫上只有他看得懂的記帳暗號，後來我長大念書時就幫忙筆記。」郭勝藏說，以前柑仔店一大早 6 點開門，就有早起的老人團聚在店門口椅條聊天，至今門口仍擺放一只椅寮，紅磚厝也保持原樣貌，只有加強鋼骨結構；以前買賣使用的磅秤、農具也都保留下來，鄰近的砂崙國小、幼稚園有時會前來校外教學，茄萣舢筏協會也不定時舉辦導覽活動。

走出白砂崙巷道迷宮，陽光燦爛，海風拂面，驀然回首，發現童年的身影似乎更加清晰可人了。

1

常備與特選雜貨 GOODS

因早期白砂崙庄沒有五金行，新德號還兼賣家庭五金，目前販賣商品有糖鹽醬油等調味料、菸酒飲料、餅乾麵條等；由於冬季曬製烏魚子需要用到鹽巴，店內精鹽銷路大。

1. 古樸的紅磚厝藏身一片奼紫嫣紅，只能靠菸酒公賣局鐵牌認出雜貨店 2.3. 雜貨店佔地70、80坪，罐頭、醬油等商品齊全 4. 周遭透天厝一棟棟蓋起，唯獨新德行保持原貌

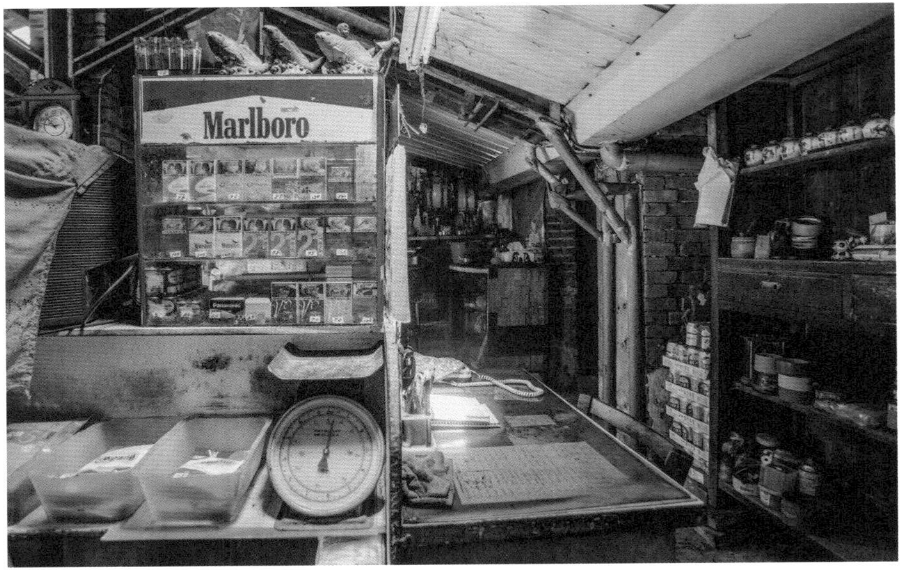

2

4

3

流動風景 SURROUNDINGS

新德號位於曲折巷弄內，屬於白砂崙庄最早市集公埕仔範圍，是白砂崙庄最早的柑仔店。鄰近白砂崙地方公廟萬福宮、白砂崙漁港、二仁溪紅樹林生態體驗步道，與台南灣裡隔著二仁溪，步行南萣橋約 5 分鐘即可抵達。

裕鴻商店

少了造船廠上工的人們，仍舊清晨準時開門

文 林佩穎、攝影 鍾舜文

來到旗津中洲三路上的裕鴻商店，早上 10 點多，頭家娘早已收拾好店內的各項物品，七早八早就開門營業。

店外報紙架上，常見的三大報與地方報外，當然還有彩券相關訊息——台灣唯一專業彩券手冊「鶴仙子」、彩券周報。報紙架的旁邊，則是各式掃把掃帚清潔用具還有搬運用的手套，和其他的雜貨店一樣，裕鴻商店看似什麼都賣，但整間店看起來清爽也開闊。

頭家娘孫王素鶴已經 80 幾歲了，頂著一頭茂密的白髮，店內菸酒、點心、南北貨都擺放的整整齊齊。鐵架上擺放了一艘財源廣進、一帆風順金色船隻，一點點的港口風味。

曾有3,000多人從各地前來旗津造船廠上班

民國 48 年，孫王素鶴從鹽埕嫁來旗津開始做生意，隔了兩年生小孩。當時的中洲三路人口多，附近有大陳人的村落，也有來上工的外省人、原住民，附近有個小小的市場供附近的民眾買菜，大陳村之外更靠近海岸則是海軍第四造船廠；海四廠主要整修船艦，也建造小艇，一時間中洲路上人口興旺，全盛時期造船廠

小檔案 STORE INFO

旗津中洲路上的裕鴻商行，自民國48年經營至今，現在仍兢兢業業每日開店，頭家娘素鶴將店內打掃得乾淨明亮，仍見證著旗津港邊的人來人往。

1

1. 頭家娘孫王素鶴從鹽埕嫁來旗津，娓娓道出印象深刻的一次抓賊經驗 2. 店裡販賣糖果餅乾，供應著大陳人的村落

的員工大約有 3,000 多人，內港與外港都人聲鼎沸。許多人是每日從各地前往造船廠上班，從哈瑪星的新濱碼頭，搭船越過高雄港至廠區。上班行程的人潮聲勢浩蕩。而海岸邊的防風林也隨著造船廠的興盛，相互消弭。那是雜貨店生意最好的時候，人多，門開著生意就自己上門。

開店就是大門開開，偶爾也會遇到意料之外的事。

某天下午 2 點，鄰近午睡時刻，頭家娘眼睛微瞇顧店，有個年輕人來借番仔火（台語：火柴），要點帶來的黃長壽。年輕人看起來乾乾淨淨，像個行船的外省人，這人趁著頭家娘轉頭找東西，瞬間就把抽屜裡的現金摸走。頭家娘一轉頭，人和錢就不見，衝出店外，先是遇到認識的老人，老人指路還說應該還不遠，於是頭家娘借了腳踏車，接著衝上去追人，追著追著就到了渡船場，而船已經準備要開了。素鶴接著也跳上船，看到那位年輕人就直接向前，到了人前，還好聲好氣的問了一句：「有事借問一下，就是你來借番仔火吧？」船接著開了，頭家娘扯住這人的袖子，就跟著安安靜靜的和這人從旗津搭到哈瑪星，再從哈瑪星搭回旗津。

抓賊成記憶裡最奇妙的一趟船程

這大概是素鶴人生中最奇妙的一趟船程，看似平靜又尷尬萬千。直到回到旗津，這人竟然又跑了，這人一路跑過海產街，老闆娘大喊：「抓賊！」一邊追，一邊喊，經過的五金行頭家，說這人躲在榮星麵包廠，這時派出所的警察也到了，一起到了麵包廠才算真的逮到人。

剛開始這人還不承認，直到指證歷歷，警察下手打了兩下，才不得不束手就擒。

後來這件事上了報紙，素鶴也為了這件事上法院，並且重新調整了收銀台的位置，不再讓外人一目了然。後來，才知道這人原來有前科，最終被判刑，而被摸走的 2,000 元之後也才拿了回來。

開店時的風風火火，抓賊的歷歷在目，現在這間港邊的雜貨店聽起來都有點遠，海風吹呀吹，海四廠移走了，大陳人四散，大約 7、8 年前造船所也關了大約一半；素鶴說：「時機歹歹、黑白賣。」她還是將店面整理的乾乾淨淨，每天早上 6 點拉開鐵門。

2

1.3. 裕鴻商店來客雖不如以往，頭家娘仍每天將店打理得整齊乾淨 2. 經歷抓賊事件，頭家娘為此上法院，後來也將收銀台換了安全一點的位置

常備與特選雜貨 GOODS

店內常備各種接受度高的菸、酒、零食、也販售些許小五金，和彩券相關指南，門口也有些許清潔用品，整袋子的棉布手套是給附近造船廠的員工偶爾補給用。

3

1

2

流動風景 SURROUNDINGS

小店位於中洲三路上，過去中洲三路人口多，有大陳人的村落，也有來上造船廠工的外省人、原住民，全盛時期造船廠的員工大約有3,000多人，旗津的內港與外港都人聲鼎沸。

順路逛

旗津猶閣有

福利社

旗津區上竹巷140-131號

位在上竹里的福利社，經營已超過40年，是附近造船場師傅與船員們最常光顧的雜貨店；店家在巷內搭設鐵皮屋頂，方便遮陽避雨，同時也擺放幾張桌椅，讓客人可以歇腳喘口氣。商品架上僅陳列簡單的商品，飲料全部被儲藏在冷凍櫃中，蔡老闆說這樣才可以給客人最冰涼、最解渴的涼水！貼心的店家另提供現煮泡麵與水餃等熱食。

行動雜貨車

旗津全島（上午）

每日上午固定出現在旗津島上的雜貨菜車，是來自大寮的林老闆，一大早從鳳農市場批貨，再一路開到旗津做生意。車子穿梭在各大街小巷，每當車上的廣播放送，社區裡的婆婆媽媽就知道菜車來了。貨車上載滿各類生鮮商品，從蔬果到魚肉、雞蛋、豆腐等等，以及季節性的選物食材，例如：夏季的鳳梨蔭豆豉、粉圓與粉粿涼品，當然還有解嘴饞的餅乾零食等等。

海四廠雜貨店

旗津區中洲三路374巷內

雜貨店位在旗津大陳新村的巷弄中，創立至今已超過 60 年，店主人是來自中國四川的劉伯伯。出生於民國 14 年，劉伯伯 20 出頭歲時，跟隨國民政府來台。年輕時負責修理飛機，輾轉學習修理車與船，最後落腳在旗津造船廠。過去大陳眷村內曾多達 19 間的雜貨店，迄今僅剩劉伯伯這間仍低調經營。

旗津社會開創基地

旗津區北汕尾5巷15之1

「旗津社會開創基地」原為海軍第四造船廠技工宿舍，過去隱身於周邊的造船廠及大陳村中，直至民國 102 年隨著技工與榮民遷出，由市府及中山大學社會學系等教育單位共同合作，進行基地環境改造計畫。目前基地主由中山大學的社會實踐與發展研究中心代為管理，透過 USR 城市共事團隊，帶領師生與社區互動實作；同時與進駐青年組成的技工前進隊，一起推動地方創生。

珍良糖菓玩具行

市境之南，以阿公的豬肉攤為名的柑仔店

文 蘇福男、攝影 盧昱瑞

10 幾年前高雄縣市行政區合併，石化工業重鎮林園變成高雄市版圖，但居住在市境之南的林園人依然以自己的步調過日子，一點也不受合併影響。

5 月的林園已有南國盛夏的況味，才走一小段林園北路，已經讓人汗如雨下，所幸「珍良糖菓玩具」的招牌就在不遠處向我們在招手，進到店裡頭等待頭家嬤伍楊好訪談的空檔，順勢環顧了一下店內商品。架上陳列的魚乾、米香、土豆、花生糖、大麻花、葵瓜子、棒棒糖等零食，都是兒時記憶的難忘滋味，忍不住動手拿起來仔細瞧瞧，重溫一下童年美好回憶。

因臉上胎記而獲得求學機會的頭家嬤

現年 74 歲的伍楊好從家裡趕來柑仔店與我們碰面，「歹勢啦，還勞煩大家跑這一趟，阮只是一間小店仔而已啦」，珍良明年開店剛好屆滿 50 年，半世紀以來以糖果餅乾陪伴林園人度過每一個歡樂時刻。頭家嬤伍楊好是隔壁小港紅毛港人，家裡有五個兄弟姊妹，「因為出生時臉上有一個胎記，父親就說以後要讓我念書識字，長大才會講國語、嫁給外省人好命」，伍楊好因胎記獲得就學海汕國小的特權，其他手足就無念書機會，只是長大後會講國語的伍楊好並未嫁給外省人，但兒女孝順、闔家幸福美滿確實是好命。

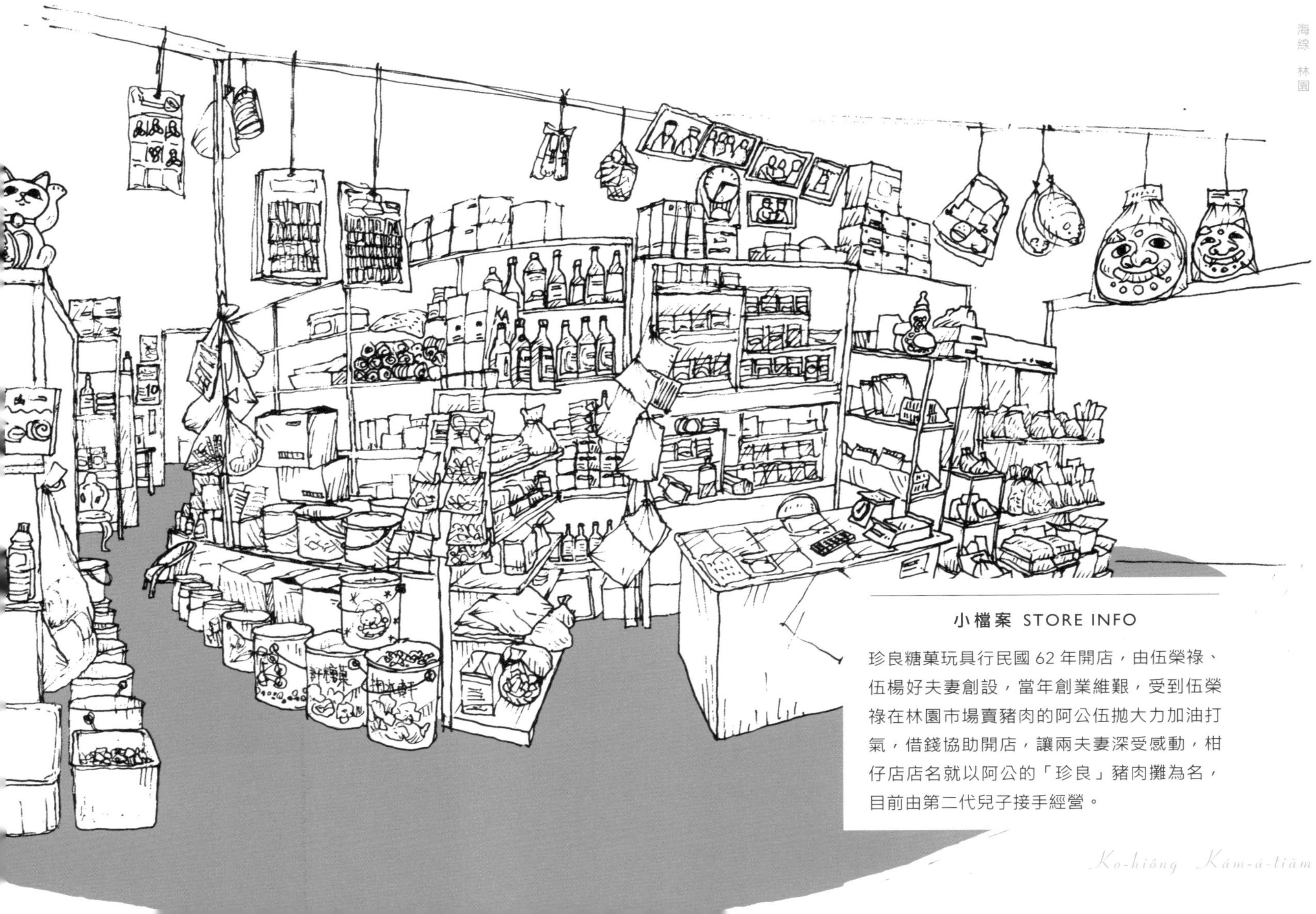

小檔案 STORE INFO

珍良糖菓玩具行民國 62 年開店，由伍榮祿、伍楊好夫妻創設，當年創業維艱，受到伍榮祿在林園市場賣豬肉的阿公伍拋大力加油打氣，借錢協助開店，讓兩夫妻深受感動，柑仔店店名就以阿公的「珍良」豬肉攤為名，目前由第二代兒子接手經營。

1

1. 頭家嬤伍楊好25歲嫁來林園，婚後和先生一起開了這家珍良糖菓玩具行 2. 店裡仍有販售豬公存錢筒、飛盤等復古玩具

頭家嬤說，她 13 歲在林園大舞台旁的公賣局退銷所工作，認識也在退銷所上班的老公伍榮祿，25 歲嫁來林園，兩人婚前就有計畫開店做生意，「那時在林園市場賣豬肉的阿公伍抛，借錢給我們開店還經常加油打氣，讓我們深受感動，所以柑仔店店名就以阿公的『珍良』豬肉攤為名 。」

珍良一開始就專賣糖果餅乾零嘴，民國 40、50 年代的同學應該還記得，小時候經常呼朋引伴到阿婆攤位試手氣抽番薯糖、抽紅包的景況，「我們的囡仔組抽牌都是自己做的，尤其過年前生意特別好，往往都要做到三更半夜，內容物有魚乾、綠豆糕、番薯糖等，後來的戳戳樂也都是自製，」珍良這些囡仔組抽牌和戳戳樂不僅自賣，還批發給柑仔店同業，在那個沒什麼娛樂的年代，滿足了許多小孩人生初體驗小賭的小確幸。伍楊好笑說，「這些古早味和傳統零食現在超商買不到，很多大人都是來買回去憶童年。」

曾經中秋節一天可做2、30萬生意，現則只是「過路財神」

除了糖果餅乾，傳統糕餅和蜜餞也是珍良柑仔店熱賣數十年的主力商品，蜜餞有梅子、芭樂乾、應化子等，貨源來自彰化員林。伍楊好會先秤重、分裝好，一包包擺放在架子上方便顧客拿取，傳統糕餅客群大多是還有在拜拜的老主顧；例如每年的媽祖生珍良會先統計顧客的訂單，再向廠商統一下單，既可保持糕餅的新鮮度，也避免囤貨的困擾。

開店將近半世紀，伍楊好感覺蔣經國執政時期柑仔店生意最好，「中秋節一天生意可做到 2、30 萬元，鞭炮賣到缺貨，賽洛瑪颱風過後許多房子被吹倒，到處都在重建，維士比飲料賣到搶搶滾，但自從發生 921 大地震之後，好像大家都很沉悶，鞭炮生意從此一落千丈」，伍楊好說，珍良在大林蒲、昭明、中厝、中芸、汕尾、港仔埔、港仔嘴、後大厝一帶，都有死忠的老顧客，像中芸力行新村旅居國外的大陳義胞，還專程來買杏仁片、鳳梨酥、冬瓜條，說要帶回美國解鄉愁。

併入高雄市行政區，位於市境之南的林園正在翻轉改變中，高雄捷運小港林園線即將動工，環評爭議長達 10 年的國道七號，最近也塵埃落定、拍板定案確定將在兩年後動工，「小小的林園已有三間全聯賣場，現在賣

2

一箱飲料只賺五元、十元，還要外送到大林蒲、鳳鼻頭的工廠、工地、檳榔攤，柑仔店只能當『過路財神』」，目前珍良已由第二代兒子經營，伍楊好每天仍會抽空過來看前顧後，「柑仔店就交給年輕人了，我們就跟當年阿公一樣，給他們背後支持。」

1

2

常備與特選雜貨 GOODS

早期囡仔組抽牌和戳戳樂不僅自製自賣，還批發給柑仔店同業，除了糖果餅乾，傳統糕餅和蜜餞也是珍良熱賣數十年的主力商品。蜜餞有梅子、芭樂乾、應化子等，貨源來自彰化員林，傳統糕餅接受客戶訂單，再向廠商下單訂做，以保持糕餅的新鮮度。

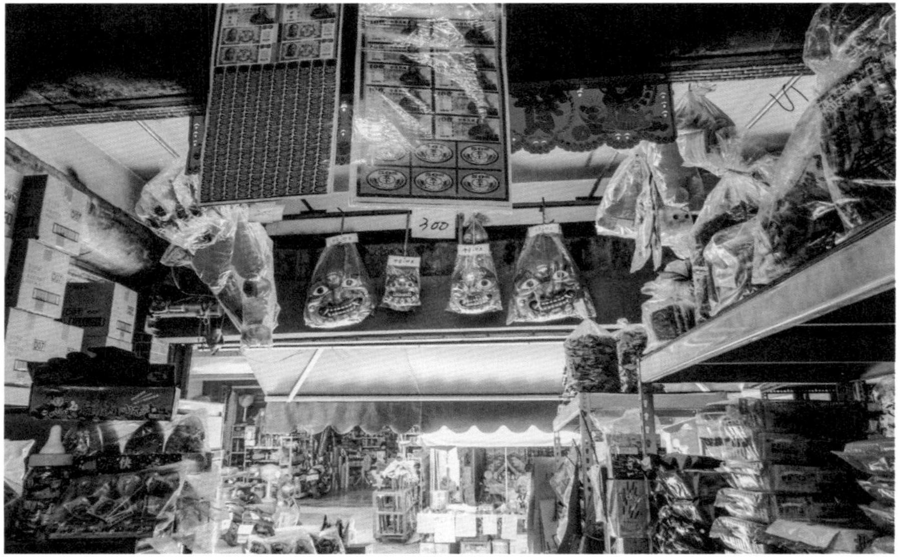
3

1. 古早味的抽抽樂番薯糖和綠豆糕是民國 40、50 年代小孩熱衷的娛樂之一 2.3.4. 早期戳戳樂與抽牌都是珍良自製，還會批發給同業販售；曾經生意好時，中秋節一天可做到 2、30 萬業績，鞭炮賣到缺貨，921 大地震後漸感覺到消沈 5. 小小林園現在已有三家全聯，現在「柑仔店只能當過路財神」

5

4

流動風景 SURROUNDINGS

珍良位於林園北路，左邊靠近王公路，鄰近福興老街，右邊有台 25 線鳳林路，知名景點有安樂樓舊址、原頂林仔邊警察官吏派出所。

27 —— 林園

忠義商店

初枝小姐的嫁妝與輝煌年代

文 楊路得、攝影 盧昱瑞

採訪車開進林園，空氣中開始泛起胭脂味道。

斑駁的大旅社，似乎仍若隱若現地透露當年酒女的一顰一笑。

民國 40 年代，繁華林園是小港、鳳山、紅毛港、東港等區的商賈雅士聚集從事商業文化之地。當時附近是海軍陸戰隊軍營，街道是唱著那卡西的酒家，還有三家戲院，上演著歌仔戲或電影。其一建造於日治時代的林園座，後因改建為菜市場而拆除。其二是大舞台戲院，現址於東林西路小北百貨，民國 40 年代由澎湖建築師蕭佛助所設計。民國 70 年，大舞台戲院因遭人縱火燒毀，導致店東兒子命喪黃泉。其三為玉山戲院，民國 46 年起造，位在開南街，後改為遊樂場，如今也已香消玉殞。

玉山戲院舊址旁，風華一時的復美大旅社早已人去樓空。旅社對面，有間招牌上只掛著「酒」一個字的忠義商店。民國 56 年，一位初嫁人婦的初枝小姐創立了它。初枝小姐之父來自港埔，其母則是在地人。現今店主謝孟峰說，初枝小姐是他的母親。當年這間店鋪就是母親的嫁妝。母親與父親訂親後，外公在母親出嫁前詢問她，嫁妝要地皮還是機車？母親斟酌半晌，考量弟兄姊妹眾多，機車出借機率高，於焉回答：「要土地。」就這樣，拉開這間店鋪的序幕。

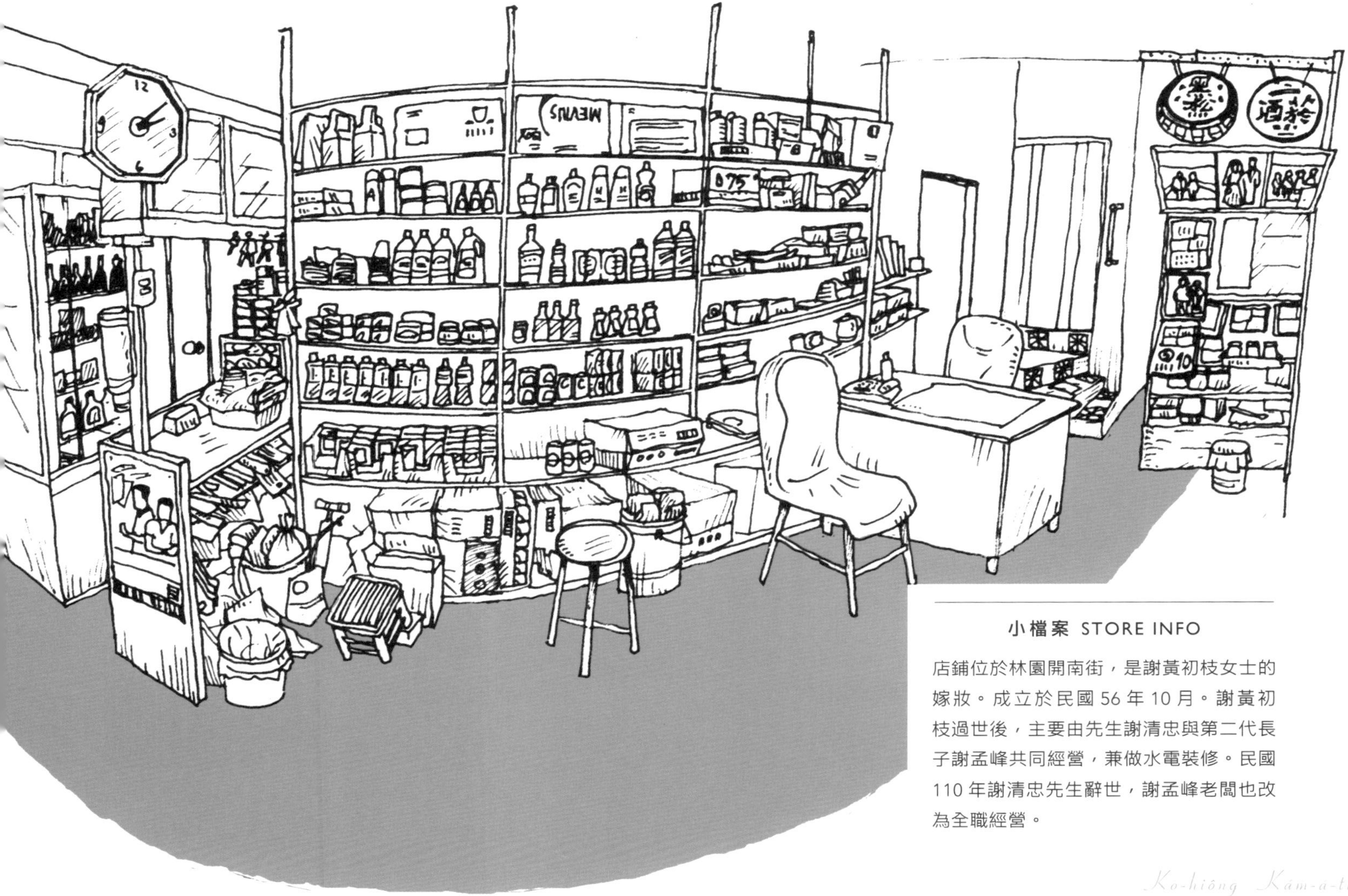

小檔案 STORE INFO

店鋪位於林園開南街，是謝黃初枝女士的嫁妝。成立於民國 56 年 10 月。謝黃初枝過世後，主要由先生謝清忠與第二代長子謝孟峰共同經營，兼做水電裝修。民國 110 年謝清忠先生辭世，謝孟峰老闆也改為全職經營。

1

1. 初枝小姐的長子謝孟峰老闆在父母接續辭世後，接下忠義商店的經營
2. 玉山戲院舊址旁，是風華一時復美大旅社。旅社對面，就是招牌掛著「酒」的忠義商店

雜貨店附設涼水攤，旅社、酒家往來顧客訴情衷

謝老闆繼續說，父親就職於木業公司，婚後母親則經營店鋪。受日本教育的母親，因長女身份自幼需分擔家計，年僅 8 歲即在大舞台戲院打工賣戲票，因此生意頭腦了得，數字、商品過目不忘。那時雜貨店籌備入門快，商品皆屬寄賣，成本較低，遂成了母親店舗首選。菸、酒、油、米、鹽、調味品逐一放進了架上。為增加收入，母親亦添設涼水攤，每天凌晨 2 到 3 點便起來「炕茶」（台語：熬茶）。她會用父親自公司載回的木屑，抓緊實，在灶內文火熬煮，不久濃郁冬瓜茶與紅茶渾成。在那個用塑膠袋裝紅茶的年代，謝老闆說他每天都得幫忙賣紅茶，有空時還需協助「搭油」（台語：分裝沙拉油）。那時店鋪地處菜市場內，麵攤在側。現今燦坤所在舊址為高雄客運總站，周圍是雜貨店、旅社、牙醫、西服、醫院與茶葉店，每週五尚有商展（夜市）。記憶猶新的是，店鋪前有條潺潺溝渠，渠內滿是優游小魚。幸福公園那兒則是亂葬崗。但不打緊，孩子們可樂了，因為那是經典遊樂場。同伴們會用克林奶粉罐手製成燈籠，夜晚時相約去看點點螢火蟲亦真亦幻的熠耀放光。

前頭復美大旅社，早期名氣響叮噹，接待來此洽商商人、阿兵哥或發展石化工業時的長租旅客。而因應當地紅燈綠酒的酒家文化，開南街上美豔花鈿的酒家小姐或站或坐，姿態各異，卻各個輕柔嬌美。他們都是初枝小姐常客群。初枝小姐販賣涼水、雜貨，還有解憂愁悵的菸酒。銷售之餘，當然也聆聽著他們的傳聞軼事。男人們春風飄丿，來來去去，騎著偉士牌機車瀟灑馳騁；小姐們或哭或笑，在愛情與現實的角力下，屢屢在這個雜貨店裡訴說身世與遭遇時潸然淚下。

留一家店，也留下鄰里於店前緬懷記憶的光景

林園夜生活，復刻了北投的夜夜笙歌。初枝小姐的長子謝老闆，自小看盡人世滄桑。國中時他選擇負笈都市求學，長大後在台北當憲兵，學校畢業後一直待在工程界。建設公司 14 年，而後蓋捷運、蓋國宅、蓋地鐵、甚至大林蒲大林發電廠、半屏山高雄煉油廠工程，一做就是 29 年。初枝小姐離世後，先生接手雜貨店，在牆上日曆留下「謝太太離開的日子」。謝老闆遂開始下班後加入顧店，分擔父親經營上辛勞。

2

謝老先生天性熱心浪漫，是鄰里口中的地下村長。村民和解協調、居家修繕皆難不倒他。他在店裡改設卡拉 OK，讓鄰里老人們可以在這裡邊唱歌邊小酌。去年謝老先生辭世，謝老闆毅然接下店鋪。他將店裡貼滿牆面的父母合照逐一收起，銷售商品也減量以公賣局菸酒品為主，另加一些父親年代遺留下來老酒。

訪談當日，謝老闆對所有老酒新酒如數家珍。每一瓶都有它的歷史由來與精采故事。最後問他，為何放棄高薪回來顧店？他稍加思索，而後回答，這是一個甜蜜的負擔。因為直到如今，那些每天清晨與父親同桌喝酒聊天的老人們，還是習慣性地走過來雜貨店問候他。老人們會坐在相同的椅子，說著一樣的故事，緬懷著初枝小姐的輝煌年代—— 林園數十年來承載戲曲、經濟、春宵等舞動漂流的記憶。

話到此處，謝老闆嘴角上揚地笑了笑，語意深長說，「我想，這樣就夠了。」

1

常備與特選雜貨 GOODS

早期販售各類鹽、米、油、罐頭等食品類雜貨與公賣局菸酒，還兼賣冬瓜茶與紅茶。目前主要以公賣局酒類為主，另有罐頭、泡麵、香菸、油、蚊香等。老闆私藏老酒亦是鎮店之寶。

1. 忠義商店對面的復美大旅社早已人去樓空 2. 初枝小姐的結婚照，上面是菸酒牌與黑松牌 3. 店內賣的最好的是米酒與啤酒

流動風景 SURROUNDINGS

忠義商店位於林園玉山戲院舊址與復美大旅社對面，附近有海鮮飲食部。南邊有幸福公園，東南方有林園農會早市；北方過了康樂街與東西林路，有電視劇《一把青》拍攝地點安樂樓舊址。東邊是福興老街、林園溏鐵潭頭車站遺址。

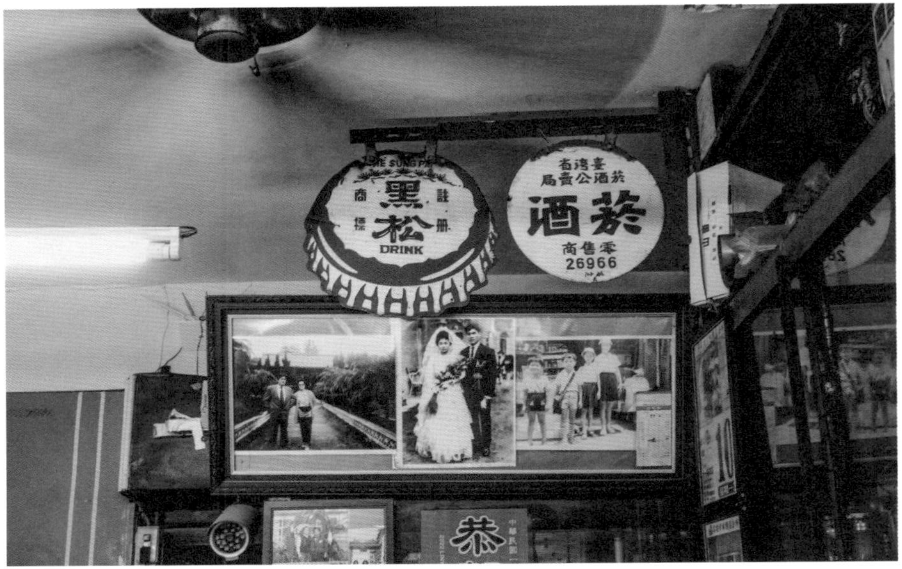

2

3

巡縱貫

鳳山通府城的時空任意門

楠梓震興商號位於當地信仰中心聖雲宮一旁三角窗，保留兩層樓洋樓原貌

雜貨店的飲料冰櫃堆疊儲放著能救急南國熾熱午後的清涼

許多三代、四代接續經營雜貨店的理由——捨不得老顧客無處可去

“創店阿祖名為陳漏糰，來自漳州。據老闆大姊所言，阿祖自麻油買賣生意起家。時逢台南府城繁華，他便肩擔擔子，走路到台南批發麻油回後勁販賣。客源固定後，計算著其他商品買賣。生意日趨穩定，慢慢形成雜貨店。”

——楠梓震興商號

路竹義成雜貨行一包包老闆親自秤重、包裝的餅乾，掛置在古董鐵架上

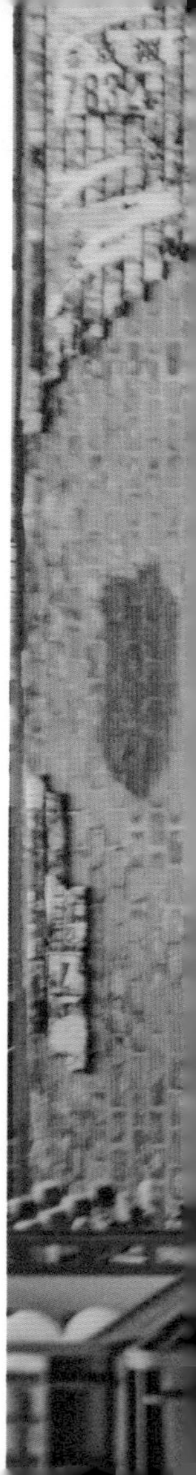

藏身市場裡的雜貨店，是菜籃族買貨購物的最後一站

路竹安發號的創店老闆娘是大戶人家三房的媳婦，婆媳二人協力撐起店養家，為自己爭口氣

橋頭金葉商行頭家娘的先生開過麵包店，因而店裡也販售各式手工早餐

“古舊磅秤蛛網塵封，鐵鏽落了滿桌。果然，點點滴滴盡是時代餘韻。塵封下是艱辛汗水、無奈淚水，卻也襯托闔家圍爐溫暖的滋味。
儘管是飲盡苦杯、獨立撐起家計的三房，但只要全家一起，管它再大風浪，皆能拋諸腦後，奮力興起，迎來豐收。”
——路竹安發號

縱貫線

楠梓、橋頭、岡山、路竹、湖內
阿蓮、田寮、仁武、鳥松、鳳山

一家店，濃縮地方樣貌與聚落發展的記憶

縱貫線區域中，雜貨店的故事，濃縮著地方生活樣貌，商家興衰常常與當地交通發展有著密切的關係。在楠梓和路竹，位處交通要道，聯結周邊庄頭聚落的雜貨商店，附近不是有行政中心，就是有菜市場，周遭多設有公車站牌，早年不少客人都是搭乘省道客運來辦事並順便採購。仁武、鳥松的雜貨店，則隨著道路開通，社區建案陸續興建，為適應聚落發展，逐步調整經營內容。

從日常應急到能供餐的多種變化型

已經傳承到第四代的岡山梁記商行，位在舊市場旁的老街上，一直以來都是當地重要生活商圈，周邊街道商店林立，有米店、五金行、銀樓、診所和中藥房等等，其中不少店家是自清末、日治時期就已創立。鳳山的新福安雜貨店在自由零售市場內，第一代老闆曾參與市場興建工程，並經歷了附近從蓋滿小型工廠到設立捷運站的過程。

在湖內、橋頭與阿蓮，我們拜訪的是屬於地方服務型的店家，客人多半是住在附近的居民，雜貨店內囊括各類型商品，糖果零嘴、米糖油鹽以及各種家庭民生用品，包含燈泡插座等等，一家小店就可以滿足家庭必須或是應急的需求，不用大老遠跑去大賣場。田寮的榮源雜貨店自早以來是居民最常聚集的地方，第四代的年輕掌店人為了服務早上做完農事到雜貨店休息的老顧客，還特別提供餐點。當我們實際走訪這些店家，才親身感受到傳統商店的魅力，並體會雜貨店對地方日常的必要性——保存並延續了聚落發展的歷史記憶，更是居民不可或缺的生活好夥伴。（文 曾愉芬、林芷琪）

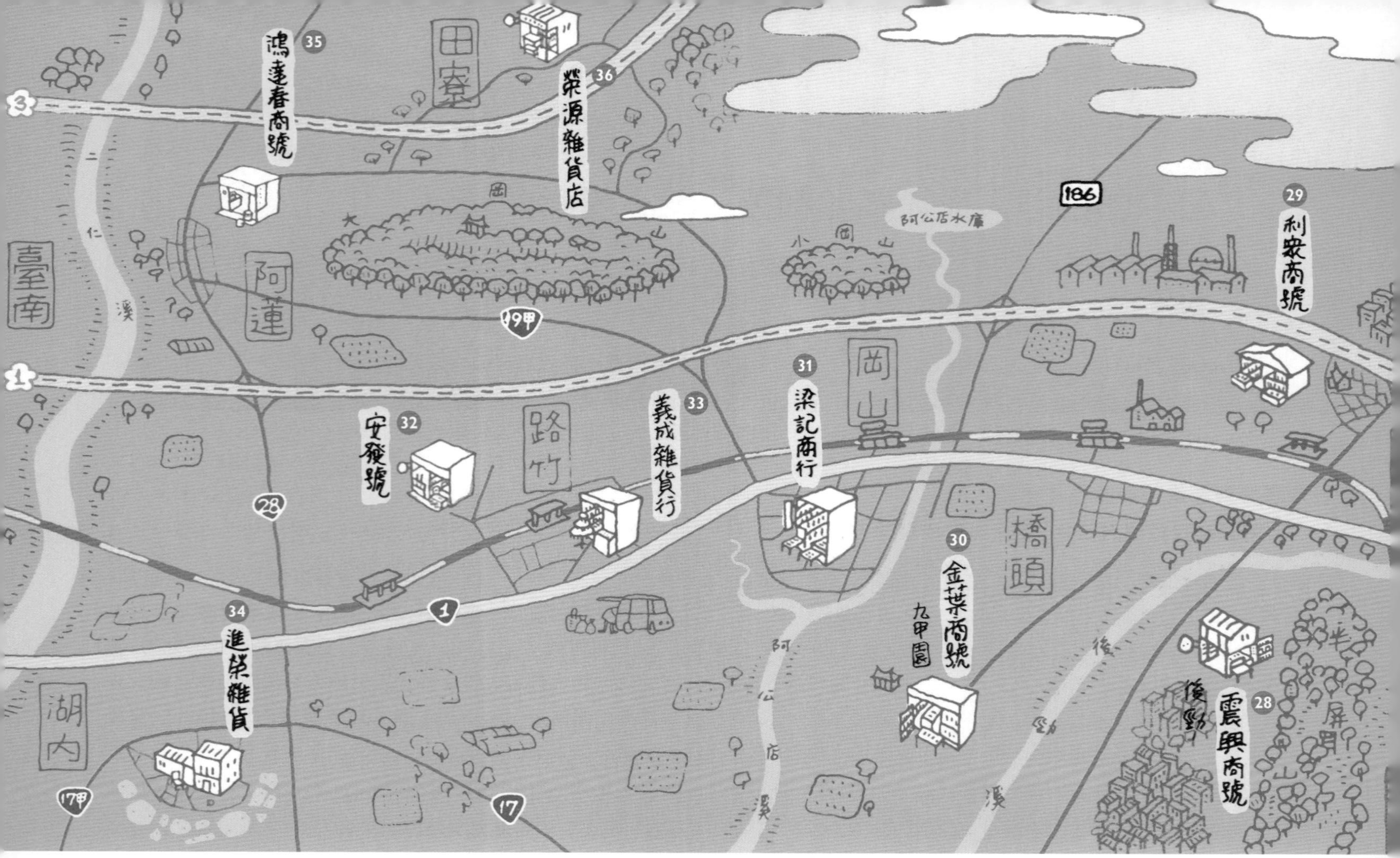

35 鴻達春商號
36 榮源雜貨店
32 安發號
33 義成雜貨行
31 梁記商行
30 金葉商號
九甲園
29 利安商號
28 震興商號
34 進榮雜貨
臺南
阿蓮
田寮
路竹
岡山
橋頭
湖內
後勁
大岡山
小岡山
阿公店水庫
仁溪
阿公店溪
後勁溪
半屏山
186

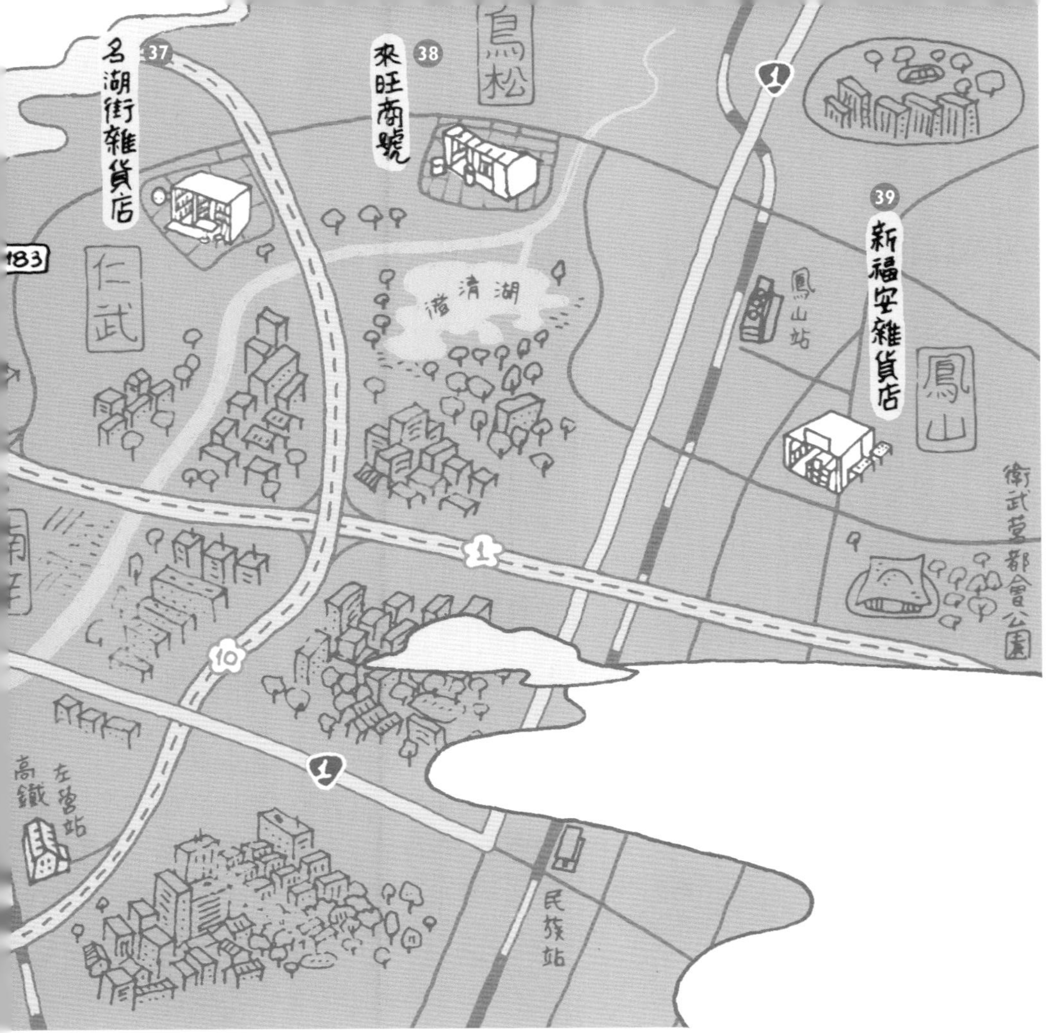

縱貫線雜貨店地圖

楠梓	28 震興商號 29 利眾商號
橋頭	30 金葉商行
岡山	31 梁記商行
路竹	32 安發號 33 義成雜貨行
湖內	34 進榮雜貨
阿蓮	35 鴻達春商號
田寮	36 榮源雜貨店
仁武	37 名湖街雜貨店
鳥松	38 來旺商號
鳳山	39 新福安雜貨店

震興商號

風華不減的兩層洋樓，來自日本保正阿祖的雜貨店

文 楊路得、攝影 盧昱瑞

「欲看水厝，就看後勁厝。」——台灣地方諺語。

楠梓後勁的歷史，可往前追朔至明末鄭成功的抗清「72 鎮」之一。明末，信徒在後勁的聖雲街設立聖雲宮，成當地信仰中心，遂牽動早期後勁商業發展。聖雲宮旁之聖雲街 110 巷子的三角窗，有間兩層樓洋房，那是阿祖開的雜貨店，年代可追溯到日治時代。

雜貨店門窗以木板構成，屋簷下是古味亭仔腳。二樓女兒牆，排列花瓶式鏤空欄杆。亭仔腳柱子，以貝殼砂洗石子為建材，堅固非凡。這些屬巴洛克建築主要特徵。外觀洋溢古色古香，店內數個檜木置物櫃更是大有來頭，同樣自日治時代保存至今，幾乎完美如初，只稍平添歲月痕跡，難得斑駁的藝術美。古色之最，是門口深褐色展示櫃，早期展放味王味精與奶粉罐，櫃子下層亦保留四塊舊時代磁磚，畫著 24 孝——鹿乳奉親，色澤活靈活現，十分鮮明。

創店阿祖名為陳漏粬，來自漳州。據老闆大姊所言，阿祖自麻油買賣生意起家。時逢台南府城繁華，他便肩擔擔子，走路到台南批發麻油回後勁販賣。客源固定後，計算著其他商品買賣。生意日趨穩定，慢慢形成雜貨店。當年阿祖同時亦任職日本保正，在保甲制度上負責地方治安。

小檔案 STORE INFO

位於楠梓後勁聖雲街 110 巷三角窗。創店阿祖名為陳漏柵，曾擔任日本時代的保正。第二代由媳婦陳林怨管理，第三代是陳郭炒阿媽，執掌了 70 多年，期間與兒子陳爭雄協力營運。目前由第四代媳婦張英經營。

1

1. 走過百年的震興商號，現今由第四代老闆娘張英接棒 2. 民國41年的寶島香菸鐵罐子 3. 打牌專用：四色牌、天九牌、骰子
4. 震興商號二樓女兒牆，是花瓶式鏤空排列的欄杆

翻出架上四色牌與天九牌，
「後勁人文獨有特色，就是玩牌。」

阿祖退休後是由第二代媳婦陳林怨接棒，持平成長。到了第三代，陳郭炒阿媽嫁入後，便與阿公共同經營。由於陳家在地方上頗有名望，民國 40 年代，時逢台灣白色恐怖進入戒嚴，阿公便在無預警的狀態下被強行押走，阿媽當機立斷，帶著二個孩子，一手扛起店鋪營運。這一扛，眨眼就 70 多個年頭。她如今已 97 歲，直到去年因為跌倒才正式退居幕後休養。

話說阿公在被囚禁 10 年後釋回，也獲得國家賠償，歸家後得以與阿媽經營雜貨店。40 年代此地為黃金地帶，小賣集中市場環繞，店門口就數來個菜攤。因店鋪是三角窗，交錯兩條路線熱鬧不已，盡是雜貨店、百貨店、麵包店、西藥房、西裝店等。時值農業社會，農民起的早，又常有客人因料理三餐補貨，因此勤勞的阿媽每天凌晨 5 點開店，服務鄰里直到午夜 0 時。

阿媽的兒子第四代老闆陳爭雄原本服務於煉油廠，因煉油廠停建，返回家中幫忙，母子協力經營。民國 107 年，老闆因病過世，於是老闆娘張英獨力承接雜貨店。此時店裡商品已是多得不勝枚舉。菸酒、花生、蠶豆、紅白方糖、豆簽、蒜頭、麵條、冬瓜糖、麥茶、明星花露水、調味料、罐頭、火柴盒、燈泡、電池、文具、蚊香、塑膠繩、衛生紙、無煙鹽酸等日用百貨，以及瓶、罐裝飲料。因商品種類繁多，客人進出絡繹不絕，生意沒有停歇。那日老闆同事王大姊來訪，聊起店內販賣的四色牌與天九牌。她笑說民國 40 年至 60 年代，後勁人文獨有特色，就是玩牌。此乃當地街坊鄰居的全員運動，夜晚獨特消遣。甫來到的老闆大姊，見狀亦回憶說，那些日子自除夕夜玩到天亮，無論外出工作或嫁出去的朋友，都歡聚一堂，好不熱鬧。

2

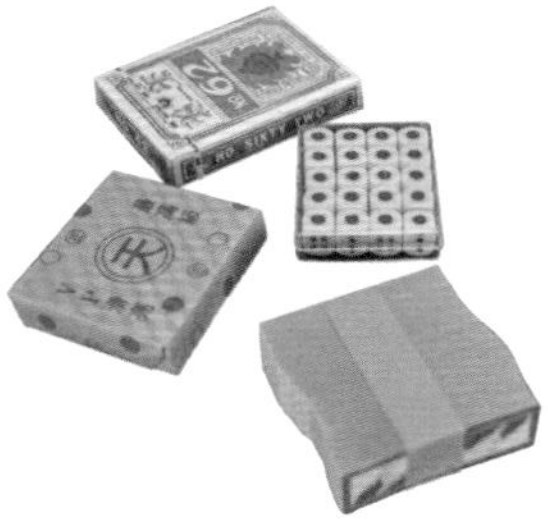
3

4

地方雜貨店就是：「放心啦！啊著啥物攏有啦。」

在店內尋奇時，發現一次性使用的迷你瓶志成醋，可供小家庭使用。冬瓜糖磚，香得不得了，是銷售最好的商品，鄰居的最愛。商品簡介時，老闆娘拿出收藏已久的民國 41 年寶島香菸鐵罐子，說明鐵罐裝香菸年代，之後又東翻西找，抽出古年菸酒公賣局提供圓形鐵牌，專攻販售菸酒，上面標示年零售商編號「24616」。正熱烈說著，隨即她又自櫃內取出古早秤，她說此乃「兩仔秤」，過去當小額買賣時，如秤八角、味精，就用這個秤兩重。

聊得意猶未盡，蹣跚走進一位 93 歲老婆婆，她滿臉皺紋，戴著帽子，手拿電池遞給老闆娘，示意要買這款尺寸電池。問老婆婆，她對這雜貨店有什麼想法。她緩慢地回神，抬頭看了看，不太搭理地說，她這一生都住在附近，從很小的時候就到此買東西，「哪有什麼想法，欠什麼就來買什麼啊？這裡喔！放心啦！啊著啥物攏有啦。」

1

常備與特選雜貨 GOODS

售有菸酒、花生、蠶豆、方糖、豆簽、蒜頭、麵條、麥茶、調味料、罐頭，以及瓶、罐裝飲料等食品。亦有燈泡、電池、文具、蚊香等日用百貨。老闆娘特推薦冬瓜糖磚、明星花露水、猴標火柴盒、四色牌與白兔牌上烏醋。

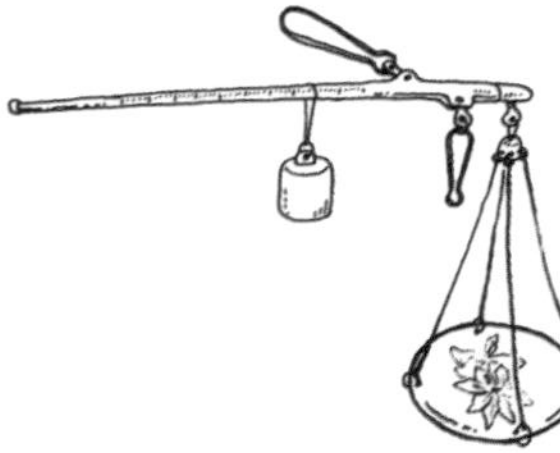

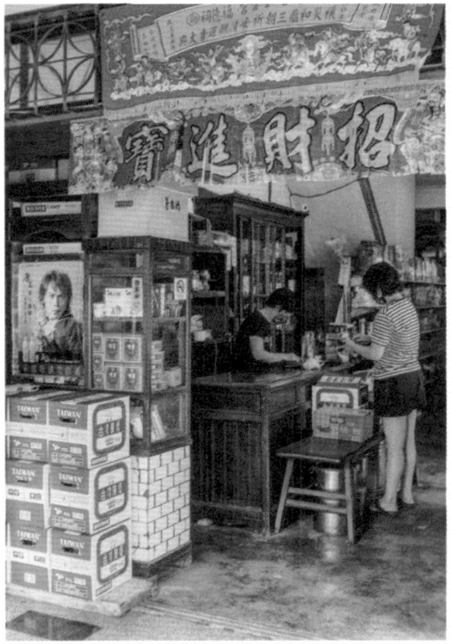

2

3

4

1. 架上陳列汽水、罐頭、白兔牌上烏醋、金松蔭油等調味料等 2. 招財進寶，財源滾滾 3.5. 兩仔秤，當小額買賣時如秤八角、味精，使用這個比較方便 4. 老闆娘正在為客人秤商品、包裝

5

流動風景 SURROUNDINGS

早期此地是黃金地帶，小賣集中市場環繞，交集的兩條路都十分熱鬧，除了攤販，店面有雜貨店、百貨店、麵包店等。周邊有幾間碾米工廠、棉被店等傳統產業，比鄰聖雲宮。附近尚有加昌路、後勁夜市、楠梓加工區等。

利眾商店

百年菜市場裡，一間柑仔店飼 13 個人

文 蘇福男、攝影 鍾舜文

都說「高手在民間」，要尋訪古早柑仔店，找傳統菜市場準沒錯。

跟隨著帶路達人阿芬的腳步，我們在楠梓老街穿街走巷，原本讓人眼睛睜不開的艷陽高照，在鑽入公有市場瞬間，眼前突然一片幽暗，瞳孔得放大好幾倍，視線才逐漸恢復正常。來到一個轉角的三角窗，「利眾商店」老闆張寶文神情略微靦腆地和我們打招呼。

利眾開店至少已有 80 年歷史，柑仔店建築格局仍保持原有樣貌，屋頂紅瓦底下幾根粗壯的竹子橫空而過，努力撐持著老柑仔店安然度過每一次的地震考驗。柑仔店還有一個半樓仔（台語：閣樓），日常生活中不可或缺的柴米油鹽醬醋茶，被井然有序地排列在店面各角落，46 年次的張寶文和另外四個兄弟姊妹就在這間柑仔店出生長大。「小時候我們就睡在柑仔店的閣樓，以前假日一大早 6 點還在睡夢中，就被父母叫起床下來店裡幫忙。」8 年前張寶文從職場退休，接手柑仔店從不在她的退休生活規畫，但因高齡老母疾病纏身且日漸失智，為了讓母親安心養病，不再每日掛心柑仔店生意，張寶文勉為其難接下柑仔店經營，繼續服務老顧客。

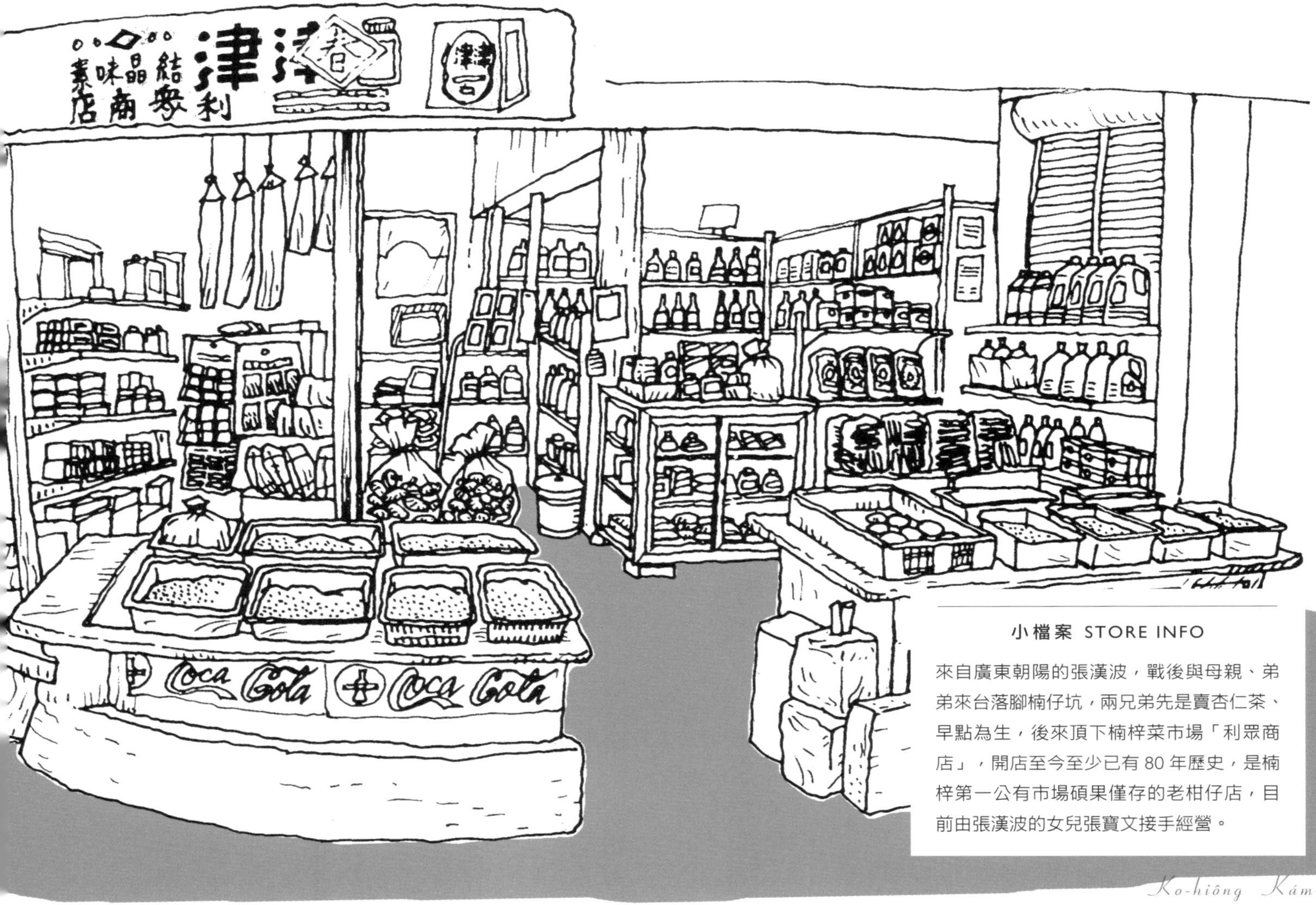

小檔案 STORE INFO

來自廣東朝陽的張漢波，戰後與母親、弟弟來台落腳楠仔坑，兩兄弟先是賣杏仁茶、早點為生，後來頂下楠梓菜市場「利眾商店」，開店至今至少已有 80 年歷史，是楠梓第一公有市場碩果僅存的老柑仔店，目前由張漢波的女兒張寶文接手經營。

1

2

3

4

1. 張寶文8年前從職場退休，為讓母親安心養病，返家接下利眾商店經營
2.3. 利眾商店是楠梓第一公有市場裡僅存的老雜貨店，販售齊全的南北乾貨與調味料　4. 雜貨店裡有一個閣樓，張寶文說小時候她與兄弟姊妹就睡在那裡

「三山歸一坑，前街透後巷」，通台南府城的必經路

利眾商店是楠梓第一公有市場僅存的老柑仔店。「父親生前常說，這間柑仔店總共飼 13 個人！」張寶文的父親張漢波是廣東朝陽人，10 幾歲即失怙，與母親和唯一的弟弟相依為命；母子三人戰後來台依親，張漢波原本打算讓母親和弟弟留在台灣，自己隻身前往新加坡打天下，無奈弟弟因個性關係，無法獨撐大局，張漢波只好落腳楠仔坑菜市場。兩兄弟先是賣杏仁茶、早點為生，後來頂下「利眾商店」，兄弟倆同心協力分工合作，以柑仔店撐起兩家人的生計。

昔日有句俗諺：「三山歸一坑，前街透後巷」，「三山」是指原高雄縣的鳳山、旗山和岡山，這「一坑」就是「楠仔坑」（楠梓舊地名），意指楠仔坑是以前鳳山縣治通往台南府城的必經之路，因此自清朝以來，楠仔坑市集車水馬龍、人潮絡繹不絕。

50 幾年前果菜市場還設在楠梓菜市場內，鄰近燕巢、深水馬場的山內人和後勁、右昌的農民都會趕來市場買賣，「每天清晨 4、5 點天未光就熱鬧開市，那時青蛙湯、米粉羹、豬血湯等傳統古早小吃攤，就開在我家柑仔店旁邊。農民賣完菜，總要吃上一碗道地小吃當早餐，才心滿意足地打道回府。」憶及菜市場往日繁榮景象，張寶文眼神充滿懷念。

「開店就是服務眾生，不必想太多」

張寶文的母親李秀霞原來在楠梓菜市場的新永和布行做裁縫，婚後幫忙丈夫經營柑仔店生意。配合菜市場開市時間，柑仔店每天透早 4、5 點天未亮就開門營業，一直要到晚上 9 點多才打烊休息，張寶文說，以前沒有超市、大賣場，平時日常生活所需都是到柑仔店採買；開在菜市場的柑仔店因地利之便，家庭主婦買菜時，會順道來買一些乾貨或調味料，平時生意就不錯，一到逢年過節或拜拜更是忙到人仰馬翻，往往還要雇請人手來幫忙。

張寶文回憶說，「以前店裡的南北貨銷很大，店內有好幾個大冰箱冰存貨源，糖、鹽則是以麻布袋裝著，一袋袋堆放在地上」，由於利眾貨源齊全，在地的總鋪師都會來柑仔店款貨，目前柑仔店的客人都是母親的老顧客，「山內人比較念舊」，不過也有學生會來逛傳統市場。柑仔店目前只開半天，從早上 7 點半開到中午 12 點，對於利眾的未來，張寶文淡然地說：「一位師父跟我說，開店就是服務眾生，不必想太多，一切就順其自然吧。」

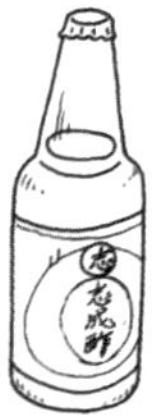

1. 由於貨源齊全，當地許多總鋪師也都會來利眾備貨
2. 3. 拜拜金紙、猴鼎火柴等日用五金也有販售

常備與特選雜貨 GOODS

除了日常生活必需的糖、鹽、醬油、調味料、飲料、罐頭，也有祭祀拜拜用的金紙，冷凍櫃存放有味噌、黑豆瓣醬和各種南北貨。

1

2

3

流動風景 SURROUNDINGS

利眾商店位於逾百年歷史的楠梓第一公有市場內，建築格局仍保持原有樣貌，由於市場設施老舊，競爭力消退，楠梓第一公有市場自治會、國城建設和中華大學建築與都市計畫學系最近簽訂「楠梓第一公有市場共同社區營造計畫」，將啟動改造三部曲，出現活化契機。

順路逛

楠梓猶閣有

楠梓第一公有市場 無名雜貨

楠梓區楠梓街116之137號

這間位在楠梓第一公有市場內的雜貨行，是由柯老闆父親開設，經營至今已有50年以上的時間。初期的市場攤商都是用竹子搭起簡易攤位，但因每逢下雨必淹水的問題，市府鼓勵民間投資改建，並給予租金優惠的補助方式，才促成今日楠梓公有市場的形式。此雜貨店除了販售基本的食品材料外，同時還提供手工豆干、豆腐及素食材料，夏天另增售仙草凍。

美化堂

楠梓區楠梓東街123號

位在楠梓第一公有市場外的美化堂，開業約有60年時間，是從現任游老闆的阿公創立。早年店鋪販售自製的麵包與傳統糕餅，父親陸續又增加零食餅乾與食品批發。目前店內則是以餅乾糖果及些許的玩具為主要品項。

全味珍餅舖

楠梓區聖雲街110巷13號

開業已經超過 90 年的全味珍餅舖，目前是由第三代黃訢原先生經營。餅舖販售各式各樣傳統糕點：大餅、壽桃壽麵紅包子、壽龜、米糕等。特別在婚喪喜慶、年節或神明誕辰等時節，就是餅舖的大月。除了特殊糕點的訂單外，店家仍每日製作麵包、小量的傳統糕餅點心，早上固定到附近的煉油廠宿舍菜市場販售，下午則回到後勁黃昏市場擺攤。

義眾行

楠梓區楠梓街111號

義眾行是位在市場內的利眾行親戚所經營。是由現任張老闆的父親，在民國 74 年前後開業，主要經營項目為五穀雜糧、油、糖及麵粉等食品原物料。主顧客除了有做小吃生意的業者會來採購，今日因食品與健康的意識抬頭，店內多種雜糧類商品變得相當熱賣。

金葉商行

商品引新顧舊，賣著賣著，對面的廟也都建起牌樓

文 林佩穎、攝影 鍾舜文

橋頭金葉商行位於名為橋頭九甲圍的小聚落，聚落居民原本多為務農，除了幾條有商業街市的道路，周邊皆是農地。

雜貨店門口正對著聚落大廟義山宮的後方，也隱身在上午的菜市場之間。

除了雜貨，門口還排開了幾張桌子，桌子上幾個鋁盆上是各式各樣的早餐，蛋餅、熱狗、三明治還有自製的粿；狹長的門口，通往後面倒是還滿深的，整排的貨架，堆滿各式雜貨，箱子一箱推著一箱，醬油瓶用粉紅色的塑膠繩綁得牢牢地，箱子上窩著幾隻非常自在的貓。

引進白蘭香皂、南僑水晶肥皂和歐蕾保養品

早上的雜貨店，人來人往，不時有上菜市場的人，來補點南北貨、調味料、雞蛋、鹽、蝦米，買個早餐，粿、粽子、蛋餅；頭家娘一邊和客人說話，一邊和我們聊天，時序已經接近端午節了，有客人要買粽葉綁粽，一邊和頭家娘請教哪一種粽葉比較適合。

最早的時候，這附近有著三、四間雜貨店。頭家娘金花的先生原先做麵包，因為習性愛跟人賭博，被勸說還是到中鋼上班，作息固定比較

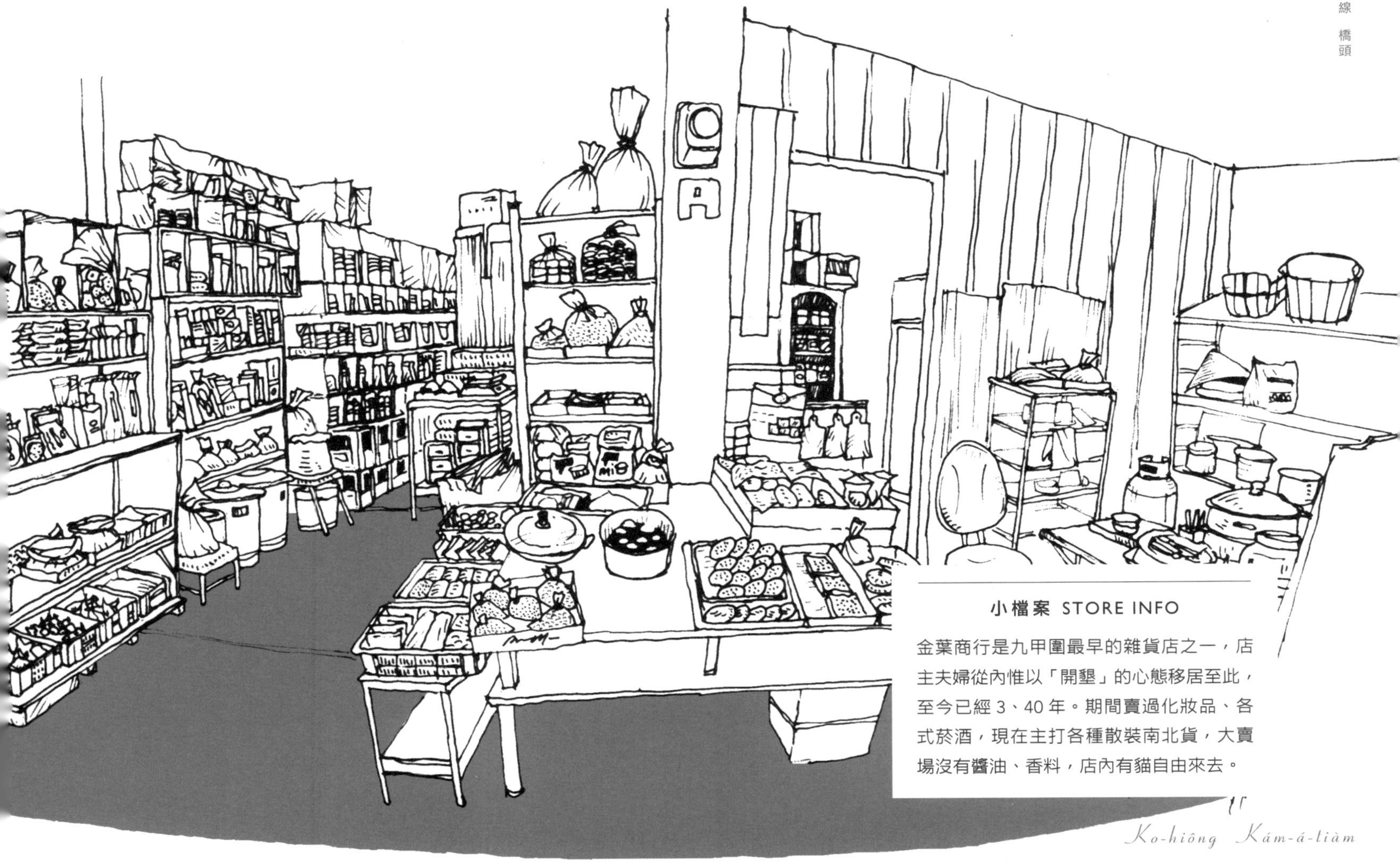

小檔案 STORE INFO

金葉商行是九甲圍最早的雜貨店之一，店主夫婦從內惟以「開墾」的心態移居至此，至今已經 3、40 年。期間賣過化妝品、各式菸酒，現在主打各種散裝南北貨，大賣場沒有醬油、香料，店內有貓自由來去。

1

1. 金花28歲時跟著先生搬來橋頭，以「開墾」的眼光到九甲圍開雜貨店 2. 因為先生有做麵包的手藝，雜貨店也提供手工早點

不會想東想西。28 歲時金花跟著先生從鼓山內惟搬過來橋頭，最先擺攤做過各種生意，從早市到夜市，看著似乎也沒發展，決定以「開墾」的眼光找尋地點，於是才看準了這個小聚落落地生根；這間店面也是跟妹妹租的。

從拿到公賣局的菸酒牌開始算起，也是 3、40 年了，金花說：「以前的人七早八早就要到田裡去，早上的生意就最好。」她來往市內與橋頭，城市裡的新鮮事到了這小聚落，也是有點新奇，白蘭香皂、南僑水晶肥皂，都吸引小村人們的目光。後來電視上有了歐蕾保養品的廣告，店裡進一些來賣賣看，倒也有不錯的銷售成績，甚至後來還引起宵小的注意，想要伺機夾帶出店。但是做賊心虛吧，金花一叫，東西就掉在地上了。金花也就裝作無事的將東西歸位。

以手做早餐的香氣
開啟雜貨店的一天

後來進的貨沒這麼新奇了，各式通路也不停增加。金花看看情勢，決定跟中盤叫一些大袋的南北貨，香菇、蝦米、花生米，自己再回來分裝，以散裝的方式賣給客人，什貨店本就什麼都賣，進貨有門路就可以，踩著薄利多銷的原則，繼續經營下去。什貨店也看著對面的廟，從小小一間，變得宏偉碩大，牌樓高高聳立，原本四散的攤商，也有了屋頂和水泥台座的攤位。

因為賣過麵包，金花也請先生做些煎包、粿、芋頭粿來賣，邊做邊試，小店也就能繼續往下走。凌晨 3 點起床做熟食，7 點開門，女兒、兒子協助賣早餐，早餐的氣味開啟一家人的日常。

現在的雜貨店不比從前了，金花難免這麼說，年輕人習慣去超商，要買點原料附近也有旺來昌食品原料行，中盤說：「右昌原本 100 多間的雜貨店，收到只剩下一間。」散散地做，在菜市場邊，賣早餐、南北貨和大賣場沒有的調味料，賣獨家精選的零食、漬物，看著已經是熟面孔的客人來來往往。

聊著聊著已經是中午，附近的菜市場漸漸散了，人聲漸弱，小店仍不時有人進來買買東西；不管如何，小店仍謹守本分，一天是一天。

2

1

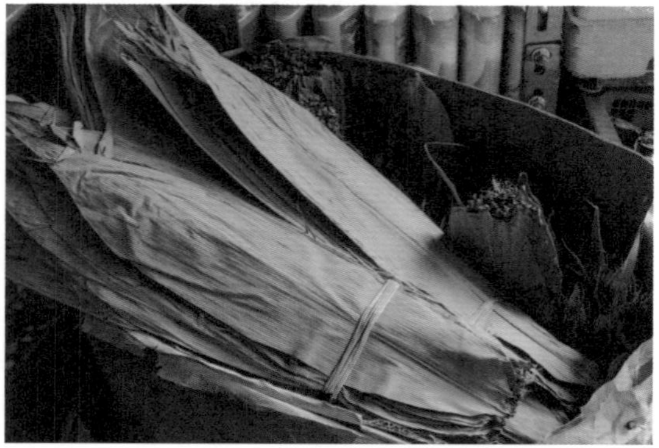

2

3

常備與特選雜貨 GOODS

因為頭家有做麵包的手藝，店內也兼賣早點與各種粿、粽、蛋餅，也有茶葉蛋和鹹甜燒餅、飯糰、饅頭，各種果醬厚片吐司。另外也賣各種散裝的餅乾、果凍、什麼都有什麼都不奇怪。

1. 角落綑綁整齊的志成醋 2. 採訪時近端午，正好有客人上門，詢問老闆娘金花粽葉的種類 3.4.門口陳列滿商品，而雜貨店內更狹長，深處還有推滿各式雜貨的貨架 5.新鮮雞蛋亦有深棕色的土雞蛋可選 6. 紅豆綠豆等五穀雜糧一包包都秤好了

4

6

5

流動風景 SURROUNDINGS

金葉商行位於名為九甲圍的小聚落，聚落居民原本多為務農，除了幾條有商業街市的道路，周邊皆是農地。雜貨店門口正對著聚落大廟義山宮的後方，也隱身在上午的菜市場之間。

31 —— 岡山

梁記商行
偷偷放閃的台系豆瓣醬

文 林佩穎、攝影 鍾舜文

位於岡山平安市場外開元街的梁記商行，整理得乾乾淨淨，午後的菜市場有點安靜，燈光也都暗了下來。小小的開元街巷弄，看似不起眼但過去又被岡山人暱稱為「開錢街」（台語：花錢街），是岡山的雜貨集散地、市井交會之所，也曾燈紅酒綠鶯燕一時。開元街上的平安市場則被稱為「舊市」，是岡山第一公有市場，日本時代岡山發源之後的第一個現代化市集；當時應有盡有，是大岡山的重要集市。

梁記商行的店面，也如同市場旁常見的老雜貨店，牆邊有高掛的大鹿角、牛角做裝飾，靠內的牆壁掛著老爺鐘，門口到店內的陳列高高低低，是現場陳列也是貨倉。阿里山愛玉、萬丹的紅豆、埔里的香菇、粽葉、柴魚、旗魚鬆、彈珠汽水、各種柴魚醬油、昆布、干貝、味霖、泰式辣醬，店內包攬台灣自產的山珍海味，還有點放諸五湖四海的摩登闊氣。

不過，和其他商店最不同的，是店內牆邊整排滿滿的豆瓣醬，橘底紅字，上面的藍色邊框，有著大大的三個字：梁顯義，這是老頭家的名字，他今年已經 80 歲了，而梁記商行自顯義老闆的阿公算起，到顯義的兒子，至今已邁入第四代。

小檔案 STORE INFO

以「梁記」為名，知名梁王記豆瓣醬創始店，口味傳承自奈良漬，日治時期就開始販賣日台混血口味的漬物。梁王記豆瓣醬與明德豆瓣醬，共稱岡山豆瓣醬台系與外省系的領頭羊，傳承四代的岡山元祖商行，立足岡山舊市，看盡日本時代至民國的岡山時光。

1

1. 第三代店主梁顯義從小就是全能囡仔工，糊紙袋、捆貨物、拌漬物樣樣精通 2. 梁王豆瓣醬是梁顯義融合爸爸奈良漬風味開發而成的台系豆瓣醬品牌

傳承父親的奈良漬，研發新風味台式豆瓣醬

顯義的阿公自台南搬來岡山，原本從事地方的保甲書記，搬來岡山後才開始學做生意。到了顯義爸爸的時代，岡山成為台灣重要的空軍基地，當時的岡山充滿了日本移民，顯義的爸爸也跟當時的日本朋友學到奈良漬的做法，開始在店裡開賣各種漬物，從甘味的黃蘿蔔、味噌、蒜頭漬、什錦菜到羊羹，店裡都有辦法自製販售。那是個買味噌還用竹葉包起來的純樸年代。

顯義小的時候就要在家裡幫忙，割紙、用寫作業的「簿仔紙」糊紙袋，裝麵粉、幫忙拌漬物、用草繩綁各種貨物、裝醬油搬醬油，每天的工作十八般武藝，堪稱全能囡仔工。

戰後，日本人撤走，來了外省軍人，也為岡山帶來外省口味的豆瓣醬，看著豆瓣醬因為配上岡山羊肉大受歡迎，當完兵回來店裡幫忙的顯義，也開發融合了奈良漬風味的台式豆瓣醬，並取用太太的姓「王」命名為梁王牌豆瓣醬，憑藉著口耳相傳的好口碑和適合台灣人的口味，和明德的川系豆瓣醬並列岡山豆瓣醬的兩大系統。而豆瓣醬、蜂蜜及羊肉小吃戰後也被稱為「岡山三寶」。

每一口風味皆不同的契作百花蜜

除了豆瓣醬，梁記商行也販售自有品牌的豆腐乳和蜂蜜，豆腐乳分為辣味和原味，看個人喜好選擇。蜂蜜則是顯義和朋友合夥，以契作的方式和蜂農合作，每年收個幾批蜂蜜，一些蜂農自留，一些就交給顯義和朋友。除了風味獨特濃厚的龍眼蜜外，也有以大崗山為採蜜範圍的百花蜜。顯義說，百花蜜的同一罐蜂蜜，不同時候品嚐起來又各有香味，想來是因為蜜蜂們時而採收蓮霧花，時而採收棗子花、油菜花，在同一桶蜜中，栽入不同的花香。

下午 3、4 點，客人上門了，指名要送禮用的豆瓣醬，顯義拿出沿用多年印刷精美的小塑膠袋，甘味三瓶、辣味三瓶，剛好湊滿六瓶雙數，客人一次要好幾組，還用紙箱擺放好放上機車。小袋子的提把是古早味粗版塑膠，顏色樸拙可愛，客人有點得意的說：「這樣剛好一組，送禮很剛好。」

2

1. 豆瓣醬三瓶、三瓶用精美塑膠袋裝入後送禮剛好 2.3. 冰箱裡、吊掛架上有多種各式小魚乾、蝦米、小干貝等乾貨，多是台灣自產的山珍海味 4.5.6. 從小就在雜貨店幫忙的關係，梁顯義很擅長綑綁、包裝貨品

1

2

3

4

常備與特選雜貨 GOODS

自有選物除了自有品牌的豆瓣醬外，也有岡山三寶之一的蜂蜜，內容實在，價格公道。店內除常備臺灣各地名物，也精選各國調料與舶來品，昆布、柴魚醬油、日本味素、辣醬、油、醋等，提供岡山地區的民眾選擇。

流動風景 SURROUNDINGS

位於岡山人暱稱為「開錢街」的開元街上。開元街上的平安市場則被稱為舊市，為岡山第一公有市場，日本時代岡山發源之後的第一個現代化市集。

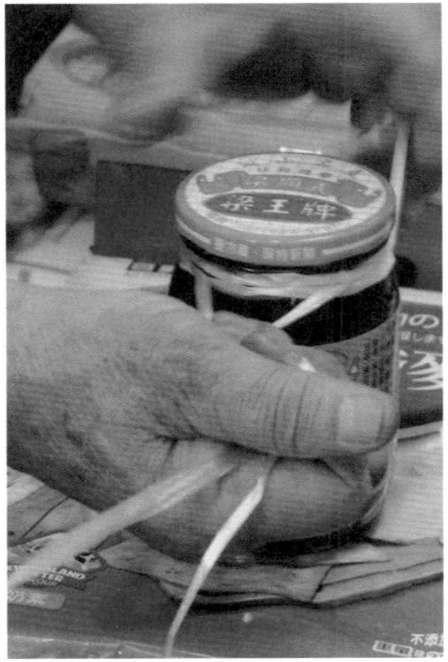

5

6

順路逛

岡山猶閣有

啟豐碾米廠

岡山區開元街38號

啟豐碾米廠是開元街上代表性的老店之一，店鋪是由第一代主人陳進手向前人盤下這間日治時期就所創立的碾米廠。營業迄今超過50年並已承接到第四代經營，店內同時販售五穀雜糧，也貼心地替消費者搭配不同需求的米食組合，並提供小包裝販售，也增加豆類、糖、香菇等料理相關的選購。

安心種子店

岡山區平和路101巷9號
（舊菜市場內）

70幾年前阿媽從台南嫁過來，跟阿公蔡安心一起開種子店，對外稱「豆子店」。當時農業社會種田的人多，專販售各式種子。現店內仍保留阿媽當年用的木盒裝豆類產品。現今社會因農地短缺，種子需求量少，現代人多半在自宅花園從事趣味種植，故目前主要以銷售五穀雜糧為主。經營者為孫執輩蔡忠勳夫婦。

安發號

三房兒媳婦的店：大戶人家的哀愁與奮起

文 楊路得、攝影 盧昱瑞

「媒人只有說是路竹醫生的厝，其他攏毋知影。我嫁來才知影婆婆是三房，刻苦耐勞。只要番薯田裡有工當做，就會綴人去種。我看到按呢，心裡下決心愛改善厝內面的經濟，而且閣愛成功。就按呢，隔年我就開這間柑仔店。」

端午節前，跑了趟路竹大社安發號，拜訪 85 歲蘇王玉濱老太太。盛夏時分，天氣詭譎多變，明明是梅雨季節的溽濕氣候，大雨滂沱只稍片刻，烈陽又曝曬。在大社路上蘇家老厝前停足，轉身對面便是安發號。據說蘇家老厝從清代即扮演當地私塾角色，大社路盡是百貨行、西服店、布莊、米店、西藥店、理髮店等，可想像當年此地喧鬧繁華。

故事之始，源於日治時代岡山郡醫界仕紳蘇文禎醫師。蘇醫師出生於日治明治 35 年（西元 1902 年），父親為清朝時期六品官。根據日治昭和 18 年（西元 1943 年）出版的《台灣人士鑑》記錄，書香世家薰陶成長的他，大正 14 年（西元 1925 年）自台北醫專（今台大醫學院的前身）畢業，隨即投入高雄醫院，一年後回路竹創辦育生醫院，現址為中山路的星光銀樓。蘇醫師持有西醫執照與法醫證照，深受日本政府重用。

回溯這段歷史，蘇老太太四女兒蘇容瑱說，有天蘇醫師在磚仔窯遇到年輕時的清秀佳人阿媽，被她深深吸引。但蘇醫師生性風流，先納酒家小姐為二房，阿媽只好委屈成為三房。阿媽做人認命善良，卻經年被盛氣凌人的二房欺負，阿媽便萌生讓先生迎娶身邊藥劑生為四房念頭，她慫恿老祖成全，期望能制衡二房。萬萬沒想到，蘇醫師從此與四房好上，身為三房的阿媽，終究孤苦照顧老祖，生活經濟也沒了著落。

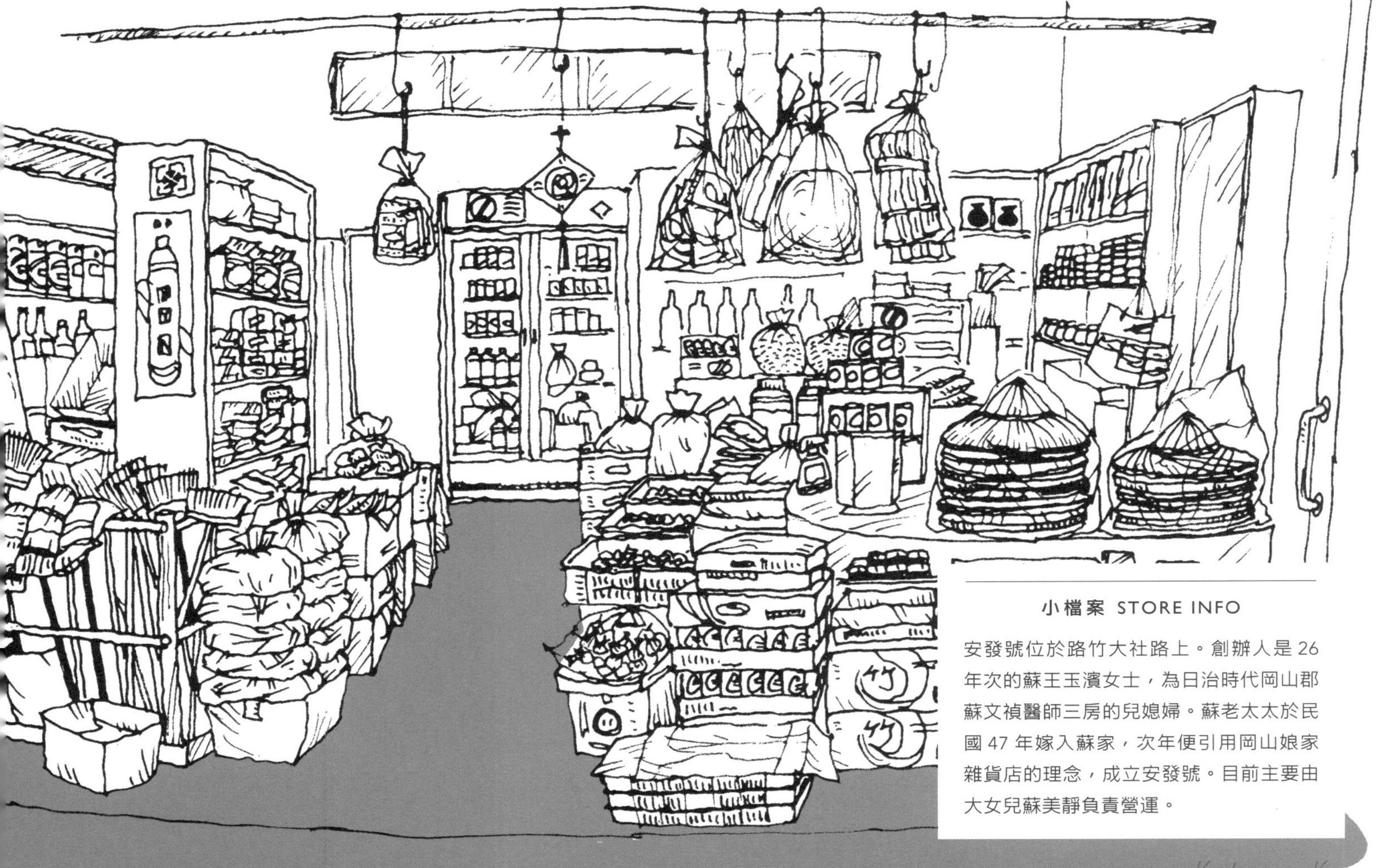

小檔案 STORE INFO

安發號位於路竹大社路上。創辦人是 26 年次的蘇王玉濱女士，為日治時代岡山郡蘇文禎醫師三房的兒媳婦。蘇老太太於民國 47 年嫁入蘇家，次年便引用岡山娘家雜貨店的理念，成立安發號。目前主要由大女兒蘇美靜負責營運。

1

1. 蘇王玉濱女士與大女兒蘇美靜、四女兒蘇容瑱 2. 架上的罐頭、汽水、飲料罐等排列地相當整齊

不甘婆婆三房的辛苦身世，開店撐起家計

日子飛梭，所幸三房阿媽有個爭氣的兒子蘇永安，成年後就職於台南糧食局；看似美好，但一家人經濟仍重壓肩頭。在與岡山來的蘇老太太結婚後，蘇老太太見狀立刻做了開店的決定。「咱人喔，愛有志氣啦！」蘇老太太微微笑，語重心長地說。

蘇老太太娘家開雜貨店，就在舊岡山總局後頭。「從我讀小學前爸爸就開始開柑仔店。卡早物件卡少啦！像菸酒、豆摳（給豬吃的飼料）、肥料、醬油、彈珠汽水。彼當時攏是山內人來阮店內面買物件。」那時的「山內人」，列指田寮、阿公店、燕巢等地居民。山內人會趁節日趕集，至岡山購物。二次大戰時期，日常性空襲導致村民常跑防空洞避難，老太太娘家店舖被迫歇業。國民政府來台後，雖重新復業，但物資卻被大量壟斷，諸多物品採配給制度，生意也因此大受影響。

23歲那年，蘇老太太嫁入後的隔年，她便將娘家柑仔店整個複製到蘇家，婆婆閒暇亦參與幫忙。婆媳二人協力撐起這間店。「剛開始賣囡仔糖果餅乾、雞絲麵、泡麵、罐頭、香菇等，後來越賣越多。」蘇老太太的大女兒蘇美靜說。這兩年安發號主要由她管理，店內除了銷售調味料、罐頭，與路竹著名雞鴨蛋、紅土鹹蛋等，冷凍櫃亦存放新鮮的干貝、蝦仁、高麗鬚等，安發號儼然已成大社鄰里指標性雜貨店。經常性物資外，傳統婚嫁需用花胭針線，如梳子、鏡子、針線包等也有。正當店家一一介紹時，赫然發現年代久遠的「金三箭白粉」，此乃舊時美嬌娘使用的粉餅，內含紙盒與白粉塊。紙盒正面主要由紅、黃、藍三色組成，右下方主體為一帶綠葉紅色牡丹花。

用烘爐與傳統木炭燉香的豬腳

「現在店裡賣得最好的是麵線……然後還有一款當時獨賣的米粉。因為父親之前在糧食局工作，需要到各工廠抽查食品，其中一間碾米廠專門製作外銷米粉，是搓純米的，以外銷美國日本為大宗。父親馬上看見商機，便引進店裡賣，一直賣到現在。」

店內放置堆疊整齊的福壽牌麥片、雞飼料，符合路竹當地傳統雞寮飼養商業文化。入口處一包包裝好的木炭，引人側目。正納悶木炭是否為烤肉

2

用，四女兒細心說著，「這還是記憶中的味道喔！村裡耆老婦女們都會用古早時代的烘爐烤肉、燉肉，所以需要木炭。那種用木炭烘爐燉出來的豬腳，真的好好吃喔……其實我每次看到這個，就會想到阿媽燉的豬腳，Q 彈幼嫩，讓人好懷念呢。」

三房阿媽的木炭豬腳，飄香勾勒老舊氣息，這會兒在雜貨店蕩漾。歷經數十年，儘管蘇老太太的手指頭因長期搬運飼料而變形，她堅強不畏風霜意志力，足足體現當代女性的堅毅強韌。如今蘇老太太的五個孩子，大多從事教職，其中亦有擔任教育局督學。故事的末了，女兒們翻箱倒櫃，找出一只蘇老太太早年使用磅秤。古舊磅秤蛛網塵封，鐵鏽落了滿桌。果然，點點滴滴盡是時代餘韻。塵封下是艱辛汗水、無奈淚水，卻也襯托闔家圍爐溫暖的滋味。儘管是飲盡苦杯、獨立撐起家計的三房，但只要全家一起，管它再大風浪，皆能拋諸腦後，奮力興起，迎來豐收。

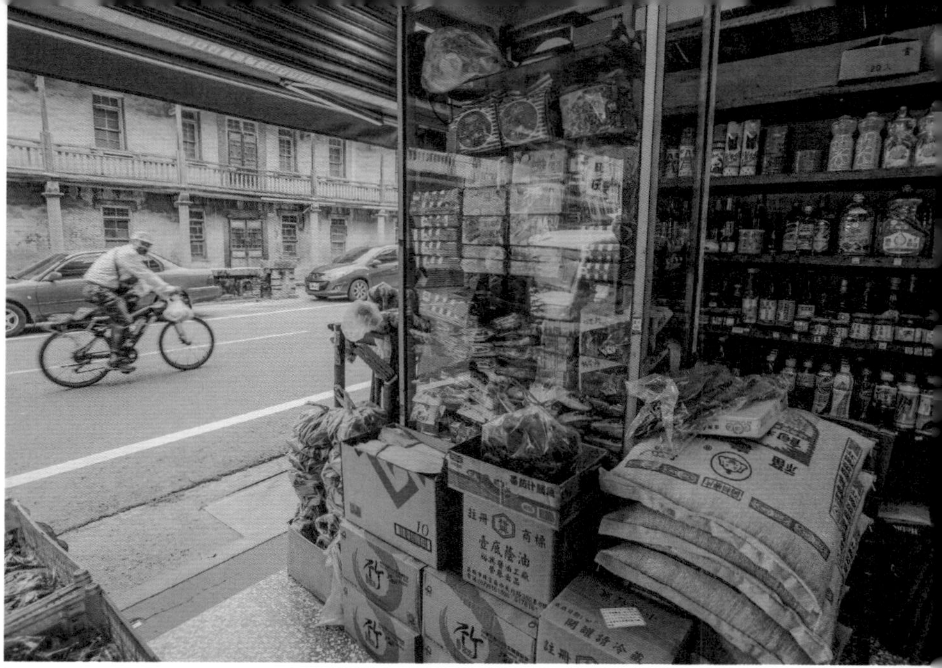
1

常備與特選雜貨 GOODS

販售調味料、罐頭、飲料、米、麵與路竹有名的雞蛋、鴨蛋、紅土鹹鴨蛋等，也有傳統婚嫁需用的花胭針線。冷凍櫃存放新鮮的干貝、各種大小的蝦仁、高麗鬚、栗子、鹹蛋黃。另特別選賣台南碾米廠專製外銷用圓魚牌蒸之粉。

2

4

5

3

1. 安發號對面是早期辦理私塾的蘇家老厝 2. 客人來這裡採買各式商品 3. 因應當地雞寮養殖，福壽牌飼料麥片也銷售的非常好 4. 蘇老太太早年用的老磅秤 5. 裝載紅糖的老陶甕

流動風景 SURROUNDINGS

南方是蘇家古樓、蘇家古厝與路竹運動公園，繼續往南為路竹車站與鴨母寮。西方為路竹區大社國小。北方為一甲，西北為大湖車站，東北有路竹果菜市場。

義成雜貨行

走出鴨母寮，供應小鎮市街地高品質鮮貨

文 蘇福男、攝影 盧昱瑞

從省道轉入路竹市中心中正路，前行 200 公尺處循著連鎖飲料店轉入民生路，小小一間的義成雜貨行，就擠身在一排透天厝之間。招牌店名「義成」兩字早已褪色難辨，不是在地人，很容易就這樣路過錯過；倒是招牌上「菸酒」、「糖果」、「餅乾」、「什貨」幾個熟悉字眼，和立在門口一個類似曬衣架，上頭掛滿了用透明塑膠袋裝著各式各樣的餅乾零嘴，反而成了柑仔店最獨特吸睛的門面。

從民國 57 年開店至今逾半世紀，義成雜貨行堪稱是半路竹歷史最悠久的柑仔店。「半路竹」是路竹的舊地名，地名首見於 300 多年前明鄭永曆 18 年（西元 1664）〈台灣軍備圖〉，當時地名為「半路竹民社」，是個以漢人為主的庄頭。取名「半路竹」，據說是因此地北距安平 20 公里，南距鳳山 26 公里，剛好位居兩地路程的中間；當時竹林茂盛，是商旅行人的中途休息站，清康熙年間逐漸發展成供應墾民日常商品的鄉街。在高拱乾的《台灣府志》一書記載，當時半路竹街與安平鎮街、興隆庄街（今左營）同為鳳山縣三處市街，路竹也是原高雄縣境內最早發展的市街地。

小檔案 STORE INFO

義成雜貨行民國 57 年開店，至今逾半世紀，堪稱是半路竹歷史最悠久的柑仔店，由路竹鴨母寮庄人蘇讓二開設，起家店原來在中正路上，15 年前房東把房子收回賣掉，義成只好搬到斜對面民生路的小街道，繼續服務老顧客。

Ko-hiông Kám-á-tiàm

1

1. 蘇讓二以自己的偏名「義仔」取名雜貨店，30歲時自立門戶開店，一旁吊著一包包古早味餅乾的鐵架已是老古董

接收盤商武市跑業務，「做頭路要先想輸，不能想贏」

義成的起家店原來在斜對面的中正路上，15 年前房東把房子收回賣掉，義成只好搬到附近的小街道，繼續服務老顧客。路竹中正路在清朝是鳳山縣治至台南府城間遞送公文的郵傳路線，清朝中期以後發展成為南北大官路，日治初期則是舊縱貫公路；在省道台一線尚未開通之前，中正路是路竹的門戶，舊鄉公所和菜市場都設在這條路上，儘管鄉公所已遷往國昌路，百年來中正路車水馬龍、人潮依舊。

民國 57 年 30 歲的蘇讓二鼓足勇氣，走出鴨母寮庄，跟當地名醫黃坤城承租中正路店面，以自己的偏名「義仔」開設義成雜貨行。「我阿爸日治時期被徵調到高雄桃子園（即今柴山靠近左營、鼓山一帶山區，目前仍為軍事管制區）當苦力，結果中暑猝逝，當時他 37 歲，我才 7 歲，阿母一個女人家要撫養三個孩子，於是就在鴨母寮開一間柑仔店，把我們三兄弟拉拔長大。」因為家境貧困，儘管兩個哥哥小學成績都不錯，但仍然不得不向命運低頭，大哥跟著阿母經營柑仔店，二哥開糕餅店，蘇讓二 15 歲幫二哥的糕餅店打通路、拉客戶，直到 30 歲才自立門戶。

「做頭路要先想輸，不能想贏」，年輕人創業缺少資金 ，尤其當時鄉下柑仔店生意遠不如都市，蘇讓二深知做生意不能孤注一擲，「文市就交給我老婆，我跑外面武市 」，蘇讓二口中的「武市」就是做盤商跑業務，以前柑仔店都有賣醬菜，這些各種口味都有的醬菜是由相關業者寄賣，寄賣的柑仔店自成一個配銷系統。當時剛好一名醬菜業者打算結束營業，剛開店的蘇讓二腦筋動得快，就順勢接收下這名醬菜業者的寄賣路線系統，幾十家寄賣醬菜的柑仔店因此成為義成的下線店鋪，由義成提供訂貨補貨服務。

小店囊括周遭城鎮生產的雞蛋、幼麵與紅土鹹鴨蛋

當時蘇讓二每天騎著摩托車逐店補貨，從鄰近的路竹大社、一甲、新園，一路送到阿蓮、湖內大湖、圍仔內和海埔的柑仔店，「一條路線約有 20 幾家柑仔店，就是加減賺個盤價差，武市一直做到 70 幾歲，因為體力日漸吃不消，摩托車補貨數量也遠不及物流車隊，最後選擇退下來看顧柑仔店。」八坪大的義成雜貨行，店面看似和一般柑仔店沒兩樣，卻有許多熱賣幾十年的老牌商品，像傳統紅土鹹鴨蛋、手工幼麵、米粉、冬瓜露、糕仔、糖果餅乾，「一般鹹鴨蛋都是浸鹽水，我賣的紅土鹹鴨蛋是以傳統古法製作，業者工廠設在岡山五甲尾，已經傳承第三代；手工幼麵也是岡山工廠做到第三代接手，糖果餅乾工廠在湖內海埔，因為一名員工住路竹新園，所以經常順道來補貨；南北貨是跟台南拿的」，雞蛋是路竹

四寶特產，在地中盤商兩天補一次貨，「新鮮、注重品質是義成老主顧還願意捧場的主因」，蘇讓二說。

蘇讓二所言不假，短短不到一個鐘頭的訪談，我們數度被上門的顧客打斷。「頭家，給我兩包糕仔」、「我要買兩斤香菇」，一名老婦人從門口架子拿下幾包餅乾，走向櫃台結帳付錢，蘇讓二和老婦人閒話家常，「阿媽疼孫，又擱來買餅予阿孫吃。」老婦人笑得合不攏嘴，還不忘向我們推銷餅乾新鮮好吃，阿孫最喜歡吃這裡的餅乾糖果；蘇讓二折返店內一屁股坐下不久，電話鈴聲又響起，「是附近小吃攤業者打來下單備貨，中正路這裡有六、七家小吃攤的糖、醬油和沙拉油，都是由義成柑仔店供應。」

現年 84 歲的蘇讓二，已出社會打拼 70 年，儘管付出畢生心血的傳統柑仔店難敵連鎖便利超商競爭，生意大不如前，但蘇讓二堅守 54 年的義成柑仔店，持續提供新鮮生活雜貨和人情溫暖，早已是路竹人交心信賴的老鄰居。

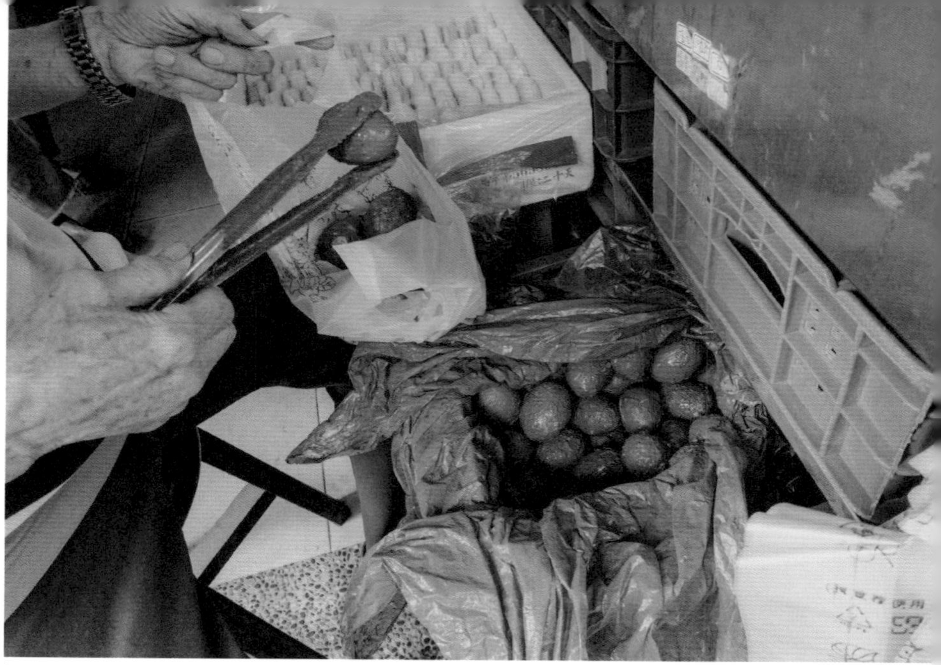

1

常備與特選雜貨 GOODS

除了一般日常生活雜貨，義成雜貨行有許多熱賣幾十年的老牌商品，像傳統紅土鹹鴨蛋、手工幼麵、米粉、冬瓜露、糕仔、糖果餅乾，紅土鹹鴨蛋以傳統古法製作，業者工廠設在岡山五甲尾。

2

4

3

1. 鄰近岡山產的紅土鹹鴨蛋以古法製作，一旁還有新鮮的小西點點心，論斤秤重賣 2.4. 店面小卻商品多樣，除了基本鹽糖調味料，蛋、麵、糖果餅乾都是老闆親選的在地老品牌，餅乾也可以大量一斤一斤買 3. 小包裝餅乾新鮮，許多老人家會來買給孫子吃

流動風景 SURROUNDINGS

從路竹省道轉入中正路，前行 200 公尺處循著連鎖飲料店轉入民生路，小小一間的義成雜貨行，就夾身在一排透天厝之間。中正路在清朝是鳳山縣治至台南府城間遞送公文的郵傳路線，清朝中期以後發展成為南北大官路，日治初期則是舊縱貫公路，在省道台一線尚未開通之前，中正路是路竹的門戶，目前仍是路竹的市中心。

進榮商行

頭家守祖傳的魚塭仔，媳婦守糖柑仔店

文 楊路得、攝影 鍾舜文

拜訪湖內進榮商行之前，走迷了路，在狹小窄路裡穿梭，尋尋覓覓許久。雖是走迷，卻意外見識到風情萬種的湖內。沿途盡覽眼目的多為紅磚老厝，老厝有著斷殘圍牆、樸實古灶，似乎低吟著百年來的歷史軌跡，憑添些風霜與滄桑。街道上十分靜謐，安靜地好似連說話聲都顯得響亮，一會兒便能傳遍巷弄。果然，問了路邊一位正在門口乘涼的老人其商店位置，老人耳背，一臉納悶。不料卻在幾棟房後的二樓，瞅見另名少婦開窗，拉開嗓子，「進榮嗎？就在這巷子的後頭阿。」

300多年前，來自福建泉州的劉氏先祖渡海來台，定居湖內劉厝，至今此地有90%以上皆為劉家子孫。其中劉厝乃為先祖三子開基祖。當地居民多以養殖漁業為主，作物以虱目魚、吳郭魚、鰻魚為大宗，少部分則養殖草蝦，其吳郭魚品質更是享譽全台。

進榮商行就坐落在劉家老厝附近，同在仁愛街上。好不容易找著時，馬上被這紅白磚牆盡頭的小店鋪吸引。店鋪裡燈光有些昏黃，入口擺放著記憶中童年的糖果零食，仙楂餅、辣芒果、巧克力橡皮糖、足球巧克力糖、木瓜絲、草莓風味棒棒糖、酸梅黃金棒棒糖……等。此等皆是五元、十元一枚。據第三代老闆娘鄭麗玲說，這些可是目前店裡最暢銷的。孩子們傍晚放學時，一群人總愛流連聚集此處，掏出口袋的銅板買個糖柑仔吃，吃得嘴裡甜甜的才甘願回家。環視店內，甜品還有雪綿冰；鳳梨、烏梅、百香果、情人果、紅豆牛奶等口味，什麼都有。

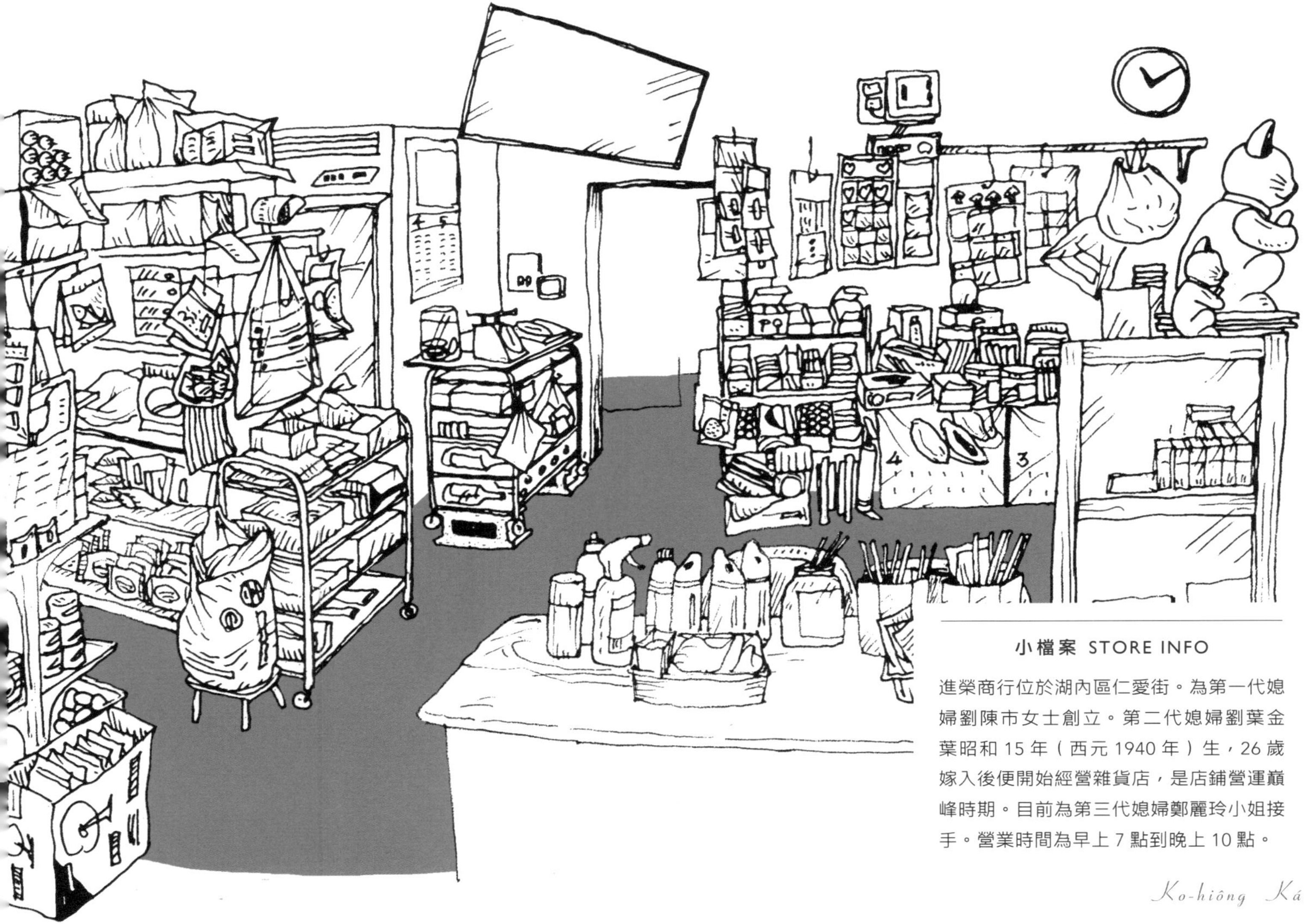

小檔案 STORE INFO

進榮商行位於湖內區仁愛街。為第一代媳婦劉陳市女士創立。第二代媳婦劉葉金葉昭和 15 年（西元 1940 年）生，26 歲嫁入後便開始經營雜貨店，是店鋪營運巔峰時期。目前為第三代媳婦鄭麗玲小姐接手。營業時間為早上 7 點到晚上 10 點。

1

1. 第二代海埔媳婦劉葉金葉與第三代鄭麗玲 2. 街坊大家都知道，煮魚要來買這味豆醬
3. 別小看磅秤旁的鹽味花生米，賣得也很好

養殖魚、煮食魚的日常，也要下酒罐頭、黃豆瓣醬來搭

老闆娘嚷著說著，其實此時卻是筆直地站在店鋪後頭廚房，一面將切好的芋頭塊放入熬煮成糜的粥內，一面熟練攪拌攪拌。她說，這鍋煮的是芋頭菜豆鹹粥，待會兒一家人午餐。說著說著，還不忘殷勤邀約，「等一下留下來予阮請啦！」

門口結帳桌後，安閒坐在藤椅上的老婦，是第二代老闆娘劉葉金葉，今年已經82歲。她穿著粉紅上衣，輕鬆自在，問起店鋪歷史，她感嘆歲月無情，也娓娓道出小舖故事。

老婦徐徐說著，這店是她婆婆劉陳市開的。當年公公從事漁產養殖及養鴨生意，魚塭裡養虱目魚、泰國蝦、豆仔魚、吳郭魚、白蝦等，婆婆就在家開起雜貨店。婆婆26歲結婚後，告訴先生，你專心養鴨養魚，我來顧店。那時店裡生意興隆，尤其罐頭銷量很高，原因是那年代物資缺乏，醫院探病時習慣帶上梨子、荔枝、鳳梨或水蜜桃等水果罐頭充當伴手禮。而街坊男人們早上巡視完魚塭，收工便群聚喝燒酒，配三文魚、紅燒小卷或鰻魚等罐頭。因此店鋪罐頭都是一大箱一大箱地進貨。同時因應季節性，每年6到7月的甘蔗盛產季節，她和妯娌亦前往甘蔗園砍甘蔗。一大批汁多甜美甘蔗砍完，隨即載回店裡賣。

鄰近的海埔與劉厝此地多為魚塭人家，煮魚為家常。故店裡唯一醃製物，黃豆瓣醬，是獨賣。這豆瓣風味，同等自婆婆年代便流傳，如今，鄰里耆老皆知曉煮魚時，得來買這一味兒，才是湖內的味道。

2

3

魚塭仔款款紅磚，亦像守著店的祖厝

當前老闆娘鄭麗玲，依序走在家族前二代劉家媳婦的路。不同的是，因社會進步，賣場開設，顧客頓時減了不少。即便如此，為了邁入老年的鄰舍們，他們仍舊勉力維持這間店鋪。燈泡、牙刷、電池等日用品，依然是一應俱全。

店鋪採訪告一段落，隨著老闆前往家族魚塭。那是自爺爺手上傳承的祖產。魚塭周圍同樣盡是款款紅磚，像極了他們家祖厝。老闆說，紅地磚是過去為了養鴨而鋪設，現在養鴨人家則改至溪水較為湍急之地養殖，因而現只專心養殖漁產。他們家養的虱目魚屬過冬型，每年 7 到 8 月放魚苗，來年春天前收魚。收魚時刻在午夜時分，老闆娘負責記帳，因往來工人多，也常到店裡購買飲料泡麵。

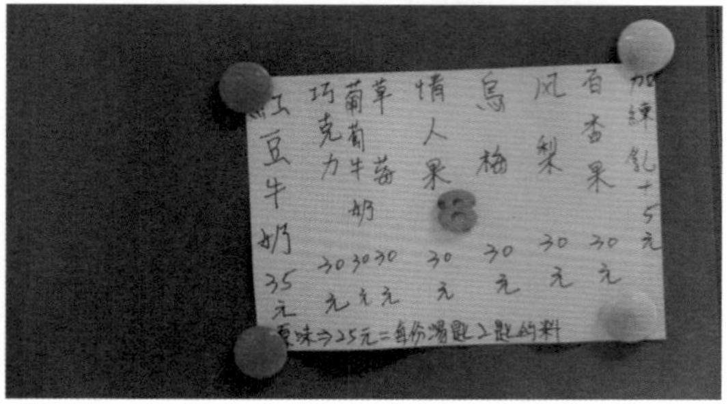

1

訪魚塭當天，天氣著實炙熱。站在遼闊魚池旁，聆聽老闆解釋養魚過程。末了，他略有感慨地透露，年輕時他亦有自己的夢想，但遙想魚塭祖產，遙想爺爺和爸爸的辛勞，情感的那條線，引領他也走回承接家業這條路。

也許，這便是多數海埔與劉厝這一帶人的生活型態。而難得的是，這家族的媳婦也沒閒著，她們一生都守在這間雜貨店裡，守候著這個魚塭人家，也守候著這塊孕育台灣漁產的肥沃土地。

1. 雪綿冰的口味眾多 2. 海埔媳婦的糖柑仔，賣得搶搶滾 3. 劉老闆捨不得魚塭祖產荒廢，故回來接手養殖工作

常備與特選雜貨 GOODS

販售糖果零食，如仙楂餅、辣芒果、巧克力橡皮糖、足球巧克力糖、木瓜絲等。亦有燈泡、電池等生活用品，及罐頭、飲料、菸酒、鹽炒花生等。頭家嬤特別推薦煮魚的豆醬、新宜興紅燒小卷罐頭與各種雪綿冰。

2

3

流動風景 SURROUNDINGS

位於劉厝聚落，東邊有海埔國小、海埔長老教會。西方有湖內魚塭。南邊是劉氏宗親紀念館。西南是茄萣濕地、興達港觀光漁市。北邊有月眉池慈濟宮，以二仁溪與台南相隔。

鴻達春商號

賣貨、送貨、代訂糕餅也兼顧小孩的「我家」超商

文 蘇福男、攝影 盧昱瑞

沿著北高雄交通要道台 28 線道，路過阿蓮中正路菜市場，眼前一片車水馬龍、人潮熙來攘往繁榮景象。

大嬸、阿婆把大馬路當成自家後花園，悠哉游哉地邊走邊看路邊攤的商品，對於大小來車視若無睹，一點也不以為意；不良於行的老人家把機車當成輪椅，慢騎速度不到五公里，兩隻腳還半懸空有如飛機起落架，一旦眼睛餘光掃到中意的貨色，機車隨時都會緊急剎車停下來，跟攤販老闆討價還價一番後，就把物品載上車心滿意足揚長而去。

車子好不容易牛步駛過中正路，繼續前往田寮月世界方向，人車逐漸稀落，視野頓時開闊起來，遠近馳名的大崗山就在不遠處，經過舊地名「大埤」後，鴻達春商號招牌就在眼前。

剛從外頭為里民服務趕回來的鄭鴻哖，和妻子謝妗娟熱切地招呼我們進到柑仔店裡面納涼，鄭鴻哖 6 歲隨父母從台南龍崎遷居高雄阿蓮，在阿蓮已居住長達 53 年。過去因為擔任鄉長座車司機，對地方地理環境瞭若指掌，為人又熱心公益，4 年前選上峯山里長。

小檔案 STORE INFO

鴻達春商號於民國 64 年開店，頭家嬤鄭李實將自家新建販厝闢為柑仔店，鄭李實不識字，但頭腦記性絕佳，顧客買東西賒帳都記得一清二楚，也會幫村民代訂拜拜用品。兒子鄭鴻哖自小幫忙顧店，媳婦謝妗娟民國 78 年嫁入後，從旁協助婆婆經營柑仔店，目前由鄭鴻哖、謝妗娟夫婦接手經營。

1

1. 鄭鴻哖4年前選上峯山里長，與妻子謝妗娟延續傳承母親於里內開的唯一家雜貨店

不識字但頭腦好，顧客買東西賒帳能記一清二楚

鄭鴻㫰說，台南龍崎樹子林老家位於山區，早年生活拮据，從事泥水工的父親透過同業介紹，民國 58 年來到阿蓮峯山買農地，在鄰近中正路起造一間三合院安頓一家六口，民國 64 年三合院拆掉改建販厝，附近也紛紛大興土木蓋房子，母親鄭李實認為居住人口增多就有物資上的需求，所以就在新建的販厝開柑仔店。

「峯山是阿蓮最東邊的村落，雖然距離阿蓮菜市場不到三公里，但以前中正路（今峰山路）是產業道路，從菜市場騎腳踏車回峯山，中途必須經過兩個崎（台語：斜坡），峯山人出一趟門買東西很辛苦，阿母開柑仔店剛好解決村民的困擾。」鄭鴻㫰在家中排行老么，「阿爸整天在外面蓋房子，兄姊們也都還小在讀書，我看阿母一個人一邊顧店 ，一邊還要做笠胎（斗笠內的竹骨架）、編竹籐家庭代工很可憐，所以每天放學後都會幫忙顧店。」鄭李實知道兒子喜歡喝豆漿、吃菠蘿麵包，每天都會事先準備好點心，等兒子放學回來填飽肚子，母子倆再一起看顧柑仔店。

早年鴻達春就是峯山人的「我家」超商，從日常生活用品、罐頭泡麵、菸酒飲料、餅乾零食到遮陽避雨的斗笠雨具、節慶綁粽必用的粽葉、自製筍乾、鳳梨醬，連總鋪師辦桌必備的魷魚、鮑魚都一應俱全，貨品有短缺，就騎車到阿蓮菜市場補貨。

以前農家生活經常捉襟見肘，柑仔店都會先讓客人記帳賒欠，等稻子收成或家裡的豬隻賣掉有錢了再來結清還債，「阿母沒讀書不識字，但誰什麼時候來買東西賒帳，她都記得一清二楚！」鄭李實也很有生意頭腦，例如正月初九拜天公她會幫左鄰右舍代訂糕餅、金香紙燭等拜拜用品，再騎車到阿蓮市區載回來，免除鄉親往返奔波的辛勞，自己也加減賺點服務費。

鄭鴻㫰笑說，阿蓮人的地方公廟清和宮對面也有一位「海樹伯」奇人，開了一間五金行，裡面成千上百商品全都牢記在腦袋，「你要買什麼物件，他馬上就能找出來給你！」

有載貨到工地賣的「小蜜蜂」，也成了小學生保護站

峯山雖有大埤、建國、北仔寮、姓黃仔和崗山頭五個小庄頭，但聚落分散、人口稀落，唯一的一間鴻達春柑仔店除了就近提供村民日常生活必需品，外地和過路客也是鴻達春的主要客源。像位於阿蓮、田寮兩地交界的大崗山，從民國 48 年環球水泥公司籌組後取得採礦權，固定每天下午 5 點炸山採礦，6、7 歲的鄭鴻㫰家裡養羊，放學後他和鄰居童伴要趕羊上山吃草，一聽到採礦工地傳來「噹噹噹」炸山警告聲響，就要趕快就地找掩護躲避，而負責處理石灰岩礦的建國工廠工人，晚上會聚集鴻達春喝酒聊天，消除一天的工作疲勞。不過民

國 80 幾年國道三號田寮交流道興建工程引進大批外勞，當時施工單位對外勞下工後行動有所管制，外勞無法來村落消費，峯山就有人當「小蜜蜂」，把滿載民生物品的發財車開到工地兜售。

阿蓮人的蜜棗栽植技術有口皆碑，但苦無農地可栽種，早年有一批蜜棗達人前進高屏六龜、里港、高樹等地高屏溪沿岸開疆闢土種蜜棗，一大清早路過峯山就趕緊跟鴻達春補給檳榔、菸酒飲料，把一整天的氣力「攢便便」（台語：準備好）。

鴻達春是峯山唯一一間柑仔店，阿蓮國小自民國 49 年在峯山設有分班（隔年設分校），方便在地學子就學，鴻達春主動成為學子的保護站；如果家長因工作太晚下班無法接放學，或學生忘帶鑰匙回不了家，還是在上放學途中遇到任何狀況，都可就近向鴻達春求援。對峯山人來說，鴻達春不只是一間柑仔店，更是陪伴、守護村人的另一個家。

1

常備與特選雜貨 GOODS

一般日常生活雜貨，罐頭、泡麵、菸酒、飲料、調味醬油、糖果餅乾等食品雜貨，並提供過路客問路等服務。

2

3

1.3. 鴻達春除了當地人來採買日用，過去也常有到大崗山一帶礦場工作的工人與過路客來補涼水 2. 餅乾、米粉、冬粉選擇多，早年連粽葉和辦桌用的魷魚、鮑魚都有賣 4. 鴻達春是峯山唯一家雜貨店，還貼心成為阿蓮國小的學子保護站

4

流動風景 SURROUNDINGS

位於阿蓮通往田寮的省道台 28 線峰山路上，距離國道三號田寮交流道約一公里，鄰近大崗山、田寮月世界知名觀光景點，附近並有一處朱家感恩園。岡山營造公司董事長朱更楠年幼家境清寒，常靠庄內米店、雜貨店賒欠度日，從事營造事業有成後，謹記小兒麻痺的先父「有能力時就要幫助別人」訓戒，在阿蓮峯山故鄉打造一處占地二公頃的「朱家感恩園」，將當年米店、雜貨店讓朱家賒欠的往事，雕刻石碑永久紀念。園區免費開放民眾踏青、露營，並興建廟宇「振農宮」，與一群志同道合的朋友成立慈善會，發送白米給中低收入與邊緣戶，「吃果子拜樹頭」不忘本的精神令人動容。

榮源雜貨店

大崎頭的店仔，孫女守住的時空渡口

文 林芷琪、攝影 鍾舜文

從聞名遐邇的田寮月世界，經過一家家引人食指大動的土雞城，前往榮源雜貨店，先是左轉入高 39 線上的西德社區，再見右方連綿的紅色磚牆，是具有百年歷史的大崗山製糖工廠；看到「五塊厝」和「中坑仔」的雙向路標後，往下直行，再順著上坡路進到南安社區，視野逐漸開闊。此際向下一望，車流不息的國道三號赫然顯見。接著經過古樸小巧的小仙女廟、石頭公廟，已達目的地大同社區，沿著可俯視一整片壯闊惡地的路，突然左側一間張掛著菸酒牌的三連棟平房，躍入眼前。騎樓下有一群人熱絡地談天說地，動人神往。

紅磚砌成的廊柱、木門、老桌、板凳和店內的玻璃櫃、木架，皆帶著歲月的風華。迎接我們的嘉臨，今年 20 多歲，已是雜貨店的第四代掌店人。嘉臨在田寮出生，3 歲時隨父母遷居至鳳山讀幼稚園，每個週末仍會回田寮看望阿公阿媽。她還是個小女孩的時候，就對經營雜貨店有興趣，喜歡跟著阿公阿媽，幫客人拿東西秤東西，收錢找錢，當起小小老闆。大學畢業後，因為阿公過世，回鄉接手了看顧她長大的雜貨店。

嘉臨的阿祖是從更近山的聚落內寮，搬出來到大同。最初原是在旁邊的小屋經營雜貨店，當時收入很好賺了錢之後，買下現在這一塊地，蓋了自家的住屋和店面。隔壁同時建蓋完成的得源礱米廠，門上還留有開業時的祝賀匾額，上頭寫著「壬寅年桂月」，是民國 51 年的農曆 8 月，說明榮源雜貨店的歷史至今已超過一甲子。

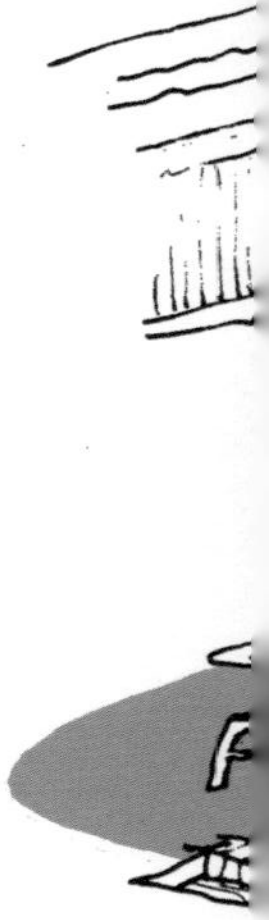

小檔案 STORE INFO

榮源雜貨店位在田寮的大同路 21 號，自潘榮開店以來已超過一甲子，目前經營者為第四代，民國 83 年生的潘嘉臨。大學畢業後，因阿公過世，於民國 106 年返鄉接手雜貨店。每天早上 7 點半到 8 點間開店，晚上休息時間不定。

1

1. 第四代接班人嘉臨年僅20多歲，阿公過世後便決定返鄉接手把自己帶大的雜貨店 2. 店裡有保存極好的玻璃門木櫃，上頭擺著古董鴨母秤

少了阿公親手栽的荔枝，但多了孫女為地方老人煮食餐點

「榮源」這兩字，來自第一代店主人的名字——潘「榮」，和他對財「源」廣進的開店企望。一直沒有設立招牌的雜貨店，居民都稱呼作「大崎頭的店仔」。台語的「崎」是斜坡的意思，雜貨店所在聚落的地勢較四周高，不論從哪一方向都須上坡才能抵達，因此被稱作「大崎頭」或「大崎頂」。

自早以來，雜貨店和碾米廠就是住在這一帶的居民最常聚集的地方，嘉臨說：「現在雜貨店的利潤不像以前，所以不是為了賺錢，是為了服務老人、鄉親。我對這裡有感情，所以喜歡回來。」民國 5、60 年代，阿公會開小巴載當地的工人去岡山的木材工廠工作，而接任阿公鄰長職務的嘉臨，曾提供雜貨店騎樓設置流感疫苗注射站，方便老人家就近施打。

現在店裡的陳設和商品仍維持阿公還在時的樣子，只是少了阿公自己種、受到遊客喜愛的荔枝、龍眼和芋頭，但多了嘉臨自己去阿蓮批購載回的雞蛋、幫客人訂購的各種料理包，以及為了週末從外地回來的小朋友準備的可愛圖案糖果。而最貼心的服務莫過於她還提供餐點，「我們這邊交通比較不方便，老人又比較多，因應他們的需求，本來到中午肚子餓了就要回家，我乾脆煮一點簡單的東西讓他們配酒，這樣他們就可以坐到下午。」寫在小白板上的菜單有水餃、蘿蔔糕、黑胡椒牛排、煎蔥蛋、炸雞塊、德式香腸蛋餅等，菜單因時更換，冬天還曾出現過熱騰騰的關東煮。

守候一家店，同時也再現了自己的童年

從田寮西德或旗山溪洲上行到大崎頭，恬然閒逸的人家與果園、刺竹林、水塘、惡地交替混融地掠過，許多人會在假日路跑或騎自行車經過這裡，前幾年還吸引了過路的義守大學影視系學生來取景拍攝畢業製作。現在店門上的「文德商號」招牌，即是當時的片名。有些人想於自在的環境中用餐，也會外帶餐廳的菜到這裡喝酒，更有人會特地來唱歌和做生日。雜貨店門口有台卡拉 OK 伴唱機，是嘉臨的阿媽剛過世時，家人為了讓思念過度、每天以淚洗面的阿公打起精神來，特地裝設給阿公作為休閒娛樂的。

和嘉臨聊著天，有騎摩托車的人停下來問路。早上做完農事到雜貨店休息的老顧客，坐在一旁玩牌閒聊，也一

2

邊幫忙補充雜貨店的歷史。說著以前來買豆簽麵的時候，老闆是用店裡那台古老的鴨母秤來秤重，還有對面設過公車站牌；而紅磚廊柱上曾裝過公共電話和郵筒，現在還看得到郵筒拆卸後留下的綠色油漆。

嘉臨說這一兩年客源變多，除了遊客之外，還有兩三個孩子會從很遠的地方走路來買糖果、餅乾和枝仔冰，回到家，手裡的枝仔冰也正好吃完。這間有個年輕女孩顧守的幾十年老店，在走西向東的路途上，就這樣彷彿成為了時空的渡口，留下了孩子手拿著枝仔冰的足跡，也守護了幾個世代的記憶。

1

2

常備與特選雜貨 GOODS

販售基本民生用品、餅乾零食、泡麵罐頭、菸酒飲料、金香紙燭和痠痛藥布等，並提供現做餐點和卡拉OK。

流動風景 SURROUNDINGS

榮源雜貨店鄰近月世界地景公園和中寮山，可一覽惡地地形的特殊風貌。每天 10 點到 12 點是雜貨店聚集最多人的時候，一早出門做完農務的居民會過來休息，幾個人一起下棋玩牌閒聊，假日則常有路跑者或自行車騎士停留駐足。

1.3. 店裡擺設的老件雖留有時間痕跡卻都保存得很好，還曾有義守大學學生前來拍攝取景，店招「文德商號」其實為當時片名 2.4. 嘉臨回來開店不為賺錢，而是憑著一份情感想繼續服務當地老人，因而還提供簡單料理

3

4

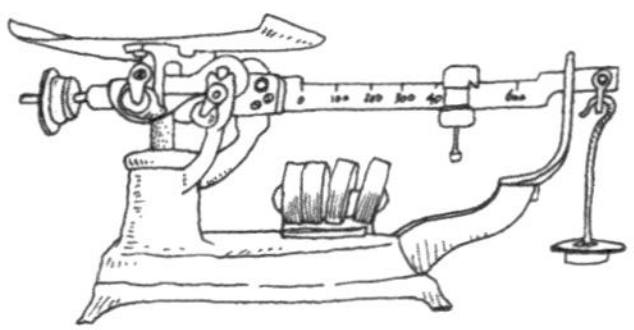

名湖街雜貨店

起家時栽下，土芒果樹下的綠意時光

文 楊路得、攝影 鍾舜文

港都陽光熱情得惹人融化。自鳳仁路轉向澄觀路，拐個彎兒，兜進名湖街，藏匿在土芒果樹與綠林後頭的雜貨店近在眼前。

土芒果樹，年歲 30，約三層樓高，挺立於雜貨店側旁。它的枝葉濃密，宛若大傘，給了店鋪一大片陰涼綠蔭。雜貨店由兩棟公寓一樓合併，樹蔭邊兒是銷售據點，入口高高懸掛北港蒜頭，袋袋整齊列隊。蒜頭隊伍底下，是懷舊糖果餅乾罐，一樣琳瑯滿目。另隅，是綠意盎然的蘭花瀑布，半遮半掩似嬌媚。其後為儲藏區、起居室與園藝漆料工作室。

老闆娘黃阿祝女士，初乍見時，略略靦腆，「這裡有鳥、有魚、有花。」她輕聲說。爾後談開時，暮然發現她的開朗豁然與可愛親切。

相較於老闆娘，先生陳麗澤屬於恬靜少言，默然工作者。老闆是油漆工程承包商，從 10 幾歲起便從事油漆工作。閒暇時他會貼心地載老闆娘四處補貨，客人大量採購時亦協助搬運等事務。

「人家要我賣什麼，我就進什麼來賣。」遂還架起鍋爐炒菜

現年花甲的阿祝嫂，父母來自鹿港。幼年時移居高雄，入住駁二特區，而後移居必信街。父親在港務局第二碼頭從事堆高機駕駛。由於家中兄弟姊妹眾多，為應付龐大支出，母親便手攜幼子們，在家門口販賣手做椪糖。阿祝嫂雖小，已是得力助手。她們先以容器裝入砂糖與少許水，以小火加熱並持續攪拌糖漿

小檔案 STORE INFO

名湖街雜貨店位於仁武區灣內的名湖街。老闆娘為 45 年次的黃阿祝女士。自民國 81 年經營至今。除了雜貨店，亦同時販售過關東煮、自助餐與麵攤。目前專心經營雜貨店。老闆陳麗澤為油漆工程包商，店家門前的土芒果樹與蘭花樹林皆出自他手，也是園藝創作藝術家。

1

1. 土芒果樹下雜貨店的老闆娘夫婦仍守候著消失的味道 2. 一袋袋北港來的蒜頭

狀起泡，再灑下少量小蘇打粉，至糖漿膨脹後，再賣給小朋友吃。椪糖、冰棒與戳戳樂都有。遷移五甲時，母親正式展開雜貨生意，「媽媽在五甲國小那裡賣剉冰、削甘蔗、賣泡麵、餅乾、菸酒。泡麵就黃包裝上有隻雞的那種生力麵，以前也沒有麵包餅乾。」阿祝嫂回想著說。

民國 71 年，阿祝嫂結婚後搬到名湖街公寓三樓。當時同樣為了就近照顧孩子與貼補家用，阿祝嫂遂也盤算開店。「我想說這裡沒有雜貨店，我也只會騎摩托車。起先我不知道哪裡買貨，後來找到鳳山三民街，就從那裡批幾樣回來慢慢賣。名湖街後面巷子那裡有空屋，我就借場地來賣東西。」創業維艱，阿祝嫂率先賣起黑輪、米血，附加紅茶、奶茶。社區孩子們眼尖，放學後齊聚賞光。黑輪米血業績成長，她又著手增加品項。「人家要我賣什麼，我就進什麼來賣。剛開始雖然不太會，但後來我看到其他店家的送貨司機，我就去問他們，我如果開一家小店，你可以幫我送嗎？這樣慢慢把店做起來。」

不久聽聞這裡一樓公寓出售，他們立馬購入。過戶時，隨手種下芒果樹。雜貨店品項依舊，阿祝嫂亦加碼營運早餐店。隨著仁武土地開發，灣內、八卦寮蓋起透天厝，名湖街亦不例外。建設公司進駐蓋社區車墅，營造工人一批批湧進，早餐店索性改為麵攤附設自助餐。阿祝嫂在雜貨店外面添設鍋爐，煮起陽春麵、乾麵、榨菜肉絲麵等，桌椅就擺在蘭花樹園地，方便客人用餐。早期灣內地區因周圍空地充當大卡車停車場，吸引原住民前來租屋，現今因建案再加入建商工人；為滿足他們飲食需求，阿祝嫂祭出快炒配菜，開始切切切、剁剁剁、舞動鍋鏟。傍晚時分，人們會把阿祝嫂小店變身成居酒屋，拿上幾瓶啤酒，叫上幾盤滷味小菜，或雜貨店裡茄汁鯖魚罐頭，再來碗肉燥飯或清湯麵。他們在土芒果樹下，徹底放鬆整天工作的疲憊倦怠。

地方建設憩息，雜貨店的日常也在土芒果樹下乘涼

民國 98 年莫拉克風災，雨水來得又急又猛。一夕之間，積水過膝，幾乎越過窗戶，店裡轉眼損失慘重。阿祝嫂夫婦雖漏夜搶救，但多數物資仍付諸流水。重建過後，她左思右想，周遭建案多半竣工，她也漸漸有了歲數，眼見孩子們長大成人，不如趁此機會收起麵攤生意，專心做雜貨店便是。於是乎，阿祝嫂店鋪回歸原本

2

雜貨店樣貌，銷售泡麵罐頭、小學生最愛糖果、鄰舍愛用的菸酒、飲料、鹽味花生等。另有當年賣黑輪米血專用的醬油膏、阿里山山葵醬、麥芽糖，與香茅精油等。

那日烈陽下，店鋪前綠林瀑布外正曝曬三大袋北港蒜頭。蒜頭們恣意躺在陽光底下發懶。幾人悠哉坐在土芒果樹伸展的傘翼下乘涼，品嘗古早味小零嘴，參觀老闆栽種的各式蘭花、園藝與漂流木創作。霎時，金黃陽光穿透幾縷，綠林折射純粹光芒。時代，正往前跑。然而，讓人不禁想抓住的是，那質樸且懷舊，散發著即將消失的時光味道。

1

2

常備與特選雜貨 GOODS

販售古早童玩泡泡膠與懷舊糖果餅乾。亦有泡麵、菸酒、飲料、調味醬油、罐頭、五穀雜糧、鹽味花生等食品雜貨和日用品。因曾經營關東煮攤，老闆娘特別選售黑輪米血專用醬油膏、阿里山山葵醬，並推薦北港來的新鮮蒜頭。

流動風景 SURROUNDINGS

周圍是仁武透天車墅區，南方為澄觀路與高速公路，西邊有高雄境內南北走向的後勁溪。東南方有仁和公園與登發國小，西北方有灣內國小。東邊是主要幹道鳳仁路。

1. 各式各樣的古早味糖果任人選擇 2. 有時熟客會自己搬運整箱貨物 3. 店裡招財貓是老闆拼組的鑽石積木 4. 綠林前躺在陽光下的北港蒜頭

3

4

來旺商號

開在「摸你大腳腿」的「夢裡」柑仔店

文 蘇福男、攝影 鍾舜文

一聽說柑仔店位在鳥松的夢裡里，腦海中突然湧現幾許浪漫的想像：到底是一家怎樣的古早味柑仔店，會開在這個如夢似幻地名的小庄頭？

車子沿著市道183號鳳仁路往鳥松方向直駛，來到一個路口，甩開擁擠嘈雜的車陣，一下子左轉、一下子又右轉，終於轉進僅容兩部車可會車的夢裡路，眼前盡是高矮不一的房子，令人有股鬧中取靜的感覺。路旁轉彎處的一間平矮房子，就是「來旺商號」了。來旺沒有店招，但商店裡裡外外堆置的啤酒箱，就是最醒目的招牌。店外一名中年大哥見我們到來，熱心客串起店家迎客：「你們知道這裡地名為何叫『夢裡』嗎？」眾人面面相覷，一副「我哪知」的糗樣。

外地人進得來、出不去的夢裡村落

大哥見狀，凍袂條自行公布答案：「『夢裡』台語發音就是『摸的』啦，以前這個庄頭到處都是林投樹，有人叫這裡是「烏樹林」，進出庄頭只有這一條夢裡路，再進去就是彎彎曲曲的小路，外地人經常進得來、出不去，繞得暈頭轉向，如同在夢裡；另有一說，從前嫁娶扛新娘轎的轎夫通常會留下來喝喜酒，轎夫喝

小檔案 STORE INFO

來旺商號民國 50 幾年由鄭來旺開設，剛開始無店號店招，66 年柑仔店遭賽洛瑪颱風摧毀而搬到現址重建，70 幾年由女兒鄭玉秀接手經營，順便就近照顧家庭，80 幾年為向公賣局申請菸酒牌照，店號以父親的名字取為「來旺商號 」，目前由第三代、鄭玉秀的兒子林一成經營。營業時間為每天上午 9 點到晚上 7 點，無固定休。

1

1. 來旺商號二代店主鄭玉秀與現接班經營的兒子林一成 2. 散裝雞蛋不但新鮮，也附有SGS食品檢驗證明

醉了，在彎曲小徑繞不出去，常要等到天亮，遇到農人指引才找得到路離開。迷路的轎夫因此抱怨：『要用摸的才能走出來！』因台語『摸的』發音近似『夢裡』，長久以來這裡就被叫成夢裡村。」

大哥看我們聽得津津有味，故事再加碼：「有一次我從外地搭計程車回來，運將問我要到哪裡？我笑著捉弄他說『摸你大腳腿』，見運將一副吃驚、摸不著頭緒表情，我趕緊拿出身分證指給他看，我是要到『鳥松鄉夢裡村大腳腿庄⋯⋯』啦，結果運將捧腹大笑了老半天！」

「摸你大腳腿」舊地名趣談有如催化劑，果然頓時打開了大家的話匣子，來旺商號頭家嬤鄭玉秀也湊過來插一腳。她說，從小住夢裡，地名確實經常鬧笑話，他和老公也都是夢裡在地人，兩人是從小一起長大的青梅竹馬鄰居，交往完全談不上浪漫。父親鄭來旺原來在幫人剃頭，信奉一貫道後就把剃頭刀收起來，民國 50 幾年改在自家開柑仔店，剛開始無店號店招，66 年柑仔店毀於賽洛瑪颱風而搬到現址重建；民國 70 幾年她接手經營，順便就近照顧家庭，80 幾年為向公賣局申請菸酒牌照，店號就以父親的名字取為「來旺商號」。

親手製作剉冰料，還有一台供地方娛樂的電唱機和VCD

早年來旺除了販售日常生活必需的糖、鹽、醬油等，夏天最熱賣的就是剉冰。鄭玉秀說，夢裡以前到處都是農田，農人下田耕作經常滿身大汗，毛巾濕了又乾、乾了又濕，有時路過柑仔店會坐下來吃碗剉冰消暑解渴，「以前大家都愛吃八寶冰、四果冰、紅豆冰、綠豆冰和愛玉冰，配料都是我親手做的」，「中秋、過年等節慶鞭炮生意特別好，再貴上千元的鞭炮都有人買，尤其小孩子過年拿到紅包，就興高采烈來到柑仔店購買各式各樣的零嘴和玩具，真的就是在過年。」

隨著高雄都會區開發，夢裡農田搖身一變為高樓大廈，外來人口稠密聚集，連鎖超商、賣場也大軍進駐社區，傳統柑仔店節節退守，生意大不如前。10 幾年前為照顧生病的老公，鄭玉秀原打算結束柑仔店，但念舊的

2

兒子不忍心陪伴長大的柑仔店走入歷史，索性辭掉台糖量販店副領班工作，回來接手經營柑仔店，問 67 年次的林一成為何如此鍾情柑仔店？他竟給了一個出乎眾人預料的答案：「我從小經常偷吃柑仔店的糖果，吃到牙齒都蛀牙掉光光了，這間店有我的快樂童年！」

柑仔店不只有林一成的快樂童年，也是地方老弱婦孺休閒娛樂的重要場所。在占地多達 70、80 坪的柑仔店一處小角落，靜靜躺著一部滿布灰塵的電唱機和 VCD；鄭玉秀說，店裡顧客都是住附近的老鄰居，大家有空會來店裡閒話家常，她就添購一部電唱機和 VCD、租片子，讓大家興致一來唱唱卡拉 OK 自娛娛人，不用去電影院也能看影片打發時間，「某連鎖超商曾來詢問加盟意願，我一想到老顧客無處可消遣，就乾脆直接回絕了！」

夢裡昔日彎曲小路已改善，也有清楚路名，外地人來夢裡不再怕摸無路出不去，倒是當地有一間這麼真心誠意對待老顧客的柑仔店，我想即使迷路，恐怕也會引來許多好奇者一探究竟吧。

1

常備與特選雜貨 GOODS

菸酒、米酒、飲料、雞蛋、泡麵銷路較好，雞蛋由鳳山北門中盤商供貨，餅乾、飲料主要客群為外籍移工和小孩。

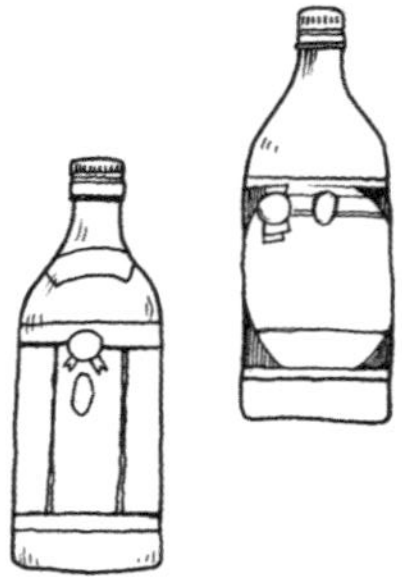

2

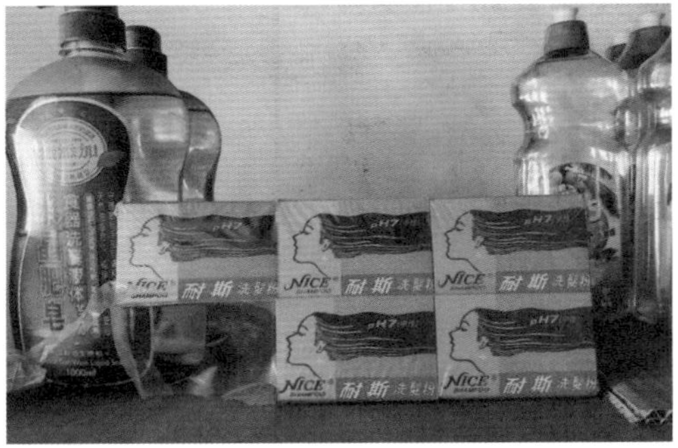

3

1. 林一成不捨陪自己長大的雜貨店走入歷史，辭掉量販店副領班工作回來接手　2. 70、80坪的雜貨店角落有一台電唱機和VCD，附近老鄰居有空也會來聚會娛樂　3.4. 店裡還有老人家愛用的耐斯洗髮粉與梅香糊，鄭玉秀説，曾有連鎖超商來詢問加盟意願，但他們仍決定守住這家賣著古早味和人情味的夢裡雜貨店

5

流動風景 SURROUNDINGS

來旺商號位於鳥松區夢裡里夢裡路，因昔日進出庄頭只有一條夢裡路，再進去就是彎彎曲曲的小路，外地人經常進得來、出不去，「要用摸的才能走出來！」因台語「摸的」發音近似「夢裡」，長久以來這裡就被叫成夢裡村，又日治時期當地有大腳腿庄，因此當地人又戲稱是住在「摸你大腳腿」。較傳奇的說法是，昔日古人夢見此地有鯉魚，因此取名「夢鯉」，另有推論「夢裡」為平埔族語，但其義不明。

新福安雜貨店

藏匿市場裡，菜籃族的小確幸

文 楊路得、攝影 盧昱瑞

今年梅雨來的晚，6 月港都，時逢雨季。剛破曉，大雨傾盆而下，卻阻礙不了市場人日常。攤販商家此時已然預備妥當現日貨品。一輛輛得利卡小貨車緩緩開入市場內狹小走道。魚攤、肉攤、菜販、果商依序進場。平凡的一日，他們一如往常，搶在人們起床前擺設攤位，好迎接客人們到來。

自由零售市場位在鳳山區自由路上，處於衛武營國家藝術中心至鳳西運動公園中間帶狀精華地區，捷運鳳山西站出口斜對面。民國 68 年，市場落成，出入口旁的新福安雜貨店，大門正上方懸掛一只匾額，大器地寫下店號與成立日期：「民國 68 年 6 月吉旦」，落款人則分別是市場起造人、管理員與地主。

新福安雜貨店老闆，許添旺，42 年次。許老闆雖已年屆 70，笑聲依然宏亮有力，說起話來詼諧幽默。他說父親許金水生於大正 3 年（西元 1914 年），一生在餐廳、工地處理雜事總務。60 多歲時，自由市場興建，金水伯參與當中工程，計劃專案完成後退休。竣工前，金水伯與地主聊起退休生活，地主提議將市場第一排這間最醒目的店面租給他，讓他退休後得以經營店鋪。金水伯於是迎來事業第二春，做起市場裡雜貨店小生意。

小檔案　STORE INFO

位於鳳山區自由路，成立於民國 67 年，第一代老闆許金水生於民國 3 年。60 多歲退休時適逢自由市場興建，迎來事業第二春，做起市場裡的雜貨店小生意。第二代為 42 年次的許添旺，於民國 83 年加入經營至今。店休日為週日下午。

1

1. 許添旺接下爸爸金水伯在自由市場裡的「事業第二春」 2. 雜貨店址在市場內第一排最醒目位置，是菜籃族買菜完添貨的最末站

「7-11 老闆娘也會來這裡買東西啊！」

起先，販售罐頭飲料。為了賣米、賣菸、賣酒，金水伯踩著腳踏車往來當時高雄縣政府與店鋪之間。「那時父親申請米牌，從余陳月瑛當縣長開始，一直申請到余政憲上任才申請到。你看我們申請了那麼久！」許老闆面露笑容，自我調侃起來。

那段時日，金水伯相當賣力經營雜貨店。「這裡以前很繁榮，市場裡熱鬧滾滾，買豬肉的人潮曾經排隊排得很長，因為附近沒有超商，我們全年無休，大家缺蒜頭紅蔥頭什麼的，都會來找我們買。」許老闆聊著。「現在旁邊就是 7-11。但 7-11 老闆娘也會來這裡買東西啊，像是關廟麵還是咖哩塊，他們都沒有賣啊！」許老闆自豪地說。

當年店鋪繁華同時，許老闆亦在外打拼。早年他任職真達紡織企業，其董事長來自澎湖。許老闆負責專售白兔牌襪子，一路做到組長。民國 83 年，公司解散，他才毅然決然回來幫忙父親金水伯。那年頭，鳳山西站捷運尚未開工，預定地蓋滿小型工廠。「有便當盒廠、電鍍工廠、鐵工廠、棉被工廠等等，很多啦。工廠裡有請廚師做員工午餐，所以常來我們店裡訂購商品，我就負責送糖、送鹽、送油、送米。如果工廠辦理大型活動，我也會送酒、送菸、送飲料。」

父親過世後，老闆娘加入經營。老闆娘來自雲林海線口湖鄉，是個魚米之鄉，亦為飽富小日月潭美名的海邊鄉鎮。問老闆娘與老闆結識過程，老闆娘打趣地說，「啊不就人家介紹完，我就追來這裡啊！」

選貨服務市場攤販，亦是婆婆媽媽買完菜添貨的末站

因著老闆娘的參與，口湖鄉親族美食也輪番進了他們家的餐桌。「我小舅子自己有魚塭，每年都會寄自家養殖的魚仔、蚵仔、蛤仔、蝦子來給我們吃呀。大姨子先生是漁會主任，有時候過年也會寄烏魚子來店裡寄賣啊。」

介紹店裡商品時，許老闆表示，冰箱裡的味噌他都一包包十元秤好，味噌旁頂級香菇則來自韓國。一般來說，他會到三鳳中街找中大盤商補貨，若少量添購，則到鳳山三民街。目前店裡除了一般罐頭、飲料、麵條、麵粉，與配合市場攤販的各式塑膠袋，亦有幾組特別產品，都是因應老顧客，自早年供應至今。如南海螺肉，年節做冷盤專用，還有近年正夯的東成醬油、白曝油，以及岡山明德的甜

2

麵醬與陳年豆瓣醬。老闆並特意說明，很多客人可都是為了這個古早甜麵醬而來的呢。

雜貨店，市場裡不可或缺的一環。婆婆媽媽等菜籃族們買完了魚肉、添足了青蔬，總得踏足雜貨店，買瓶醬油、烏醋，與冰糖紅糖等。再不然，也得抓把蒜頭，或是挑幾顆雞蛋備著。市場裡若沒有雜貨店，可真叫人焦慮啊。新福安，在自由市場正扮演著這樣的角色。它是市場裡的小確幸，位在這些個菜籃族進出市場必經之路，提醒著熙攘來往的主婦們，回家前別忘了佐料啊。但，就算忘了，也無妨。別焦慮，新福安就在市場入口處，轉回來，再把今兒個的貨兒補齊也是挺容易的。

1

2

常備與特選雜貨 GOODS

販售雞蛋、蒜頭、糖、鹽、米、味噌、香菇等食品雜貨與乾貨，亦有公賣局的龍鳳酒、花雕酒、紹興酒及免洗餐具等日用品。其中東成白曝油、南海五環螺肉、明德甜麵醬與陳年豆瓣醬，是顧客會特地前來購買的熱銷品。

流動風景 SURROUNDINGS

位於鳳山自由零售市場的入口處，東邊為捷運鳳山站、中華街觀光夜市。東南有鳳西運動公園。北方有家樂福與鳳山高中。西邊是捷運鳳山西站，與衛武營國家藝術文化中心。

1. 小包裝虎頭牌滷味香和咖哩粉非常方便單一次料理使用　2.4. 齊全的蒜頭、紅蔥頭、雞蛋和各式醬料，讓買完魚肉尚缺調味料的人也不用擔心　3. 讓人安心的新福安雜貨店就在市場入口轉角處

3

4

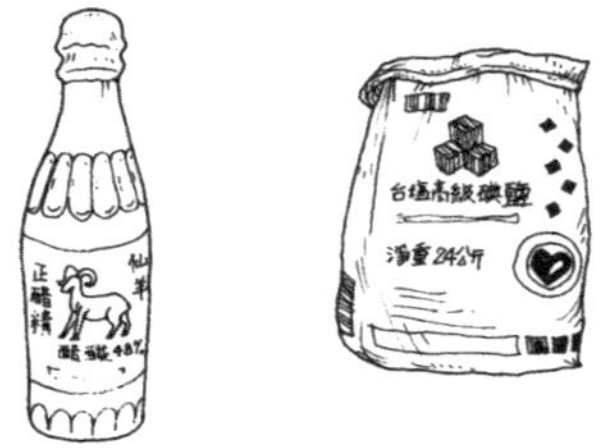

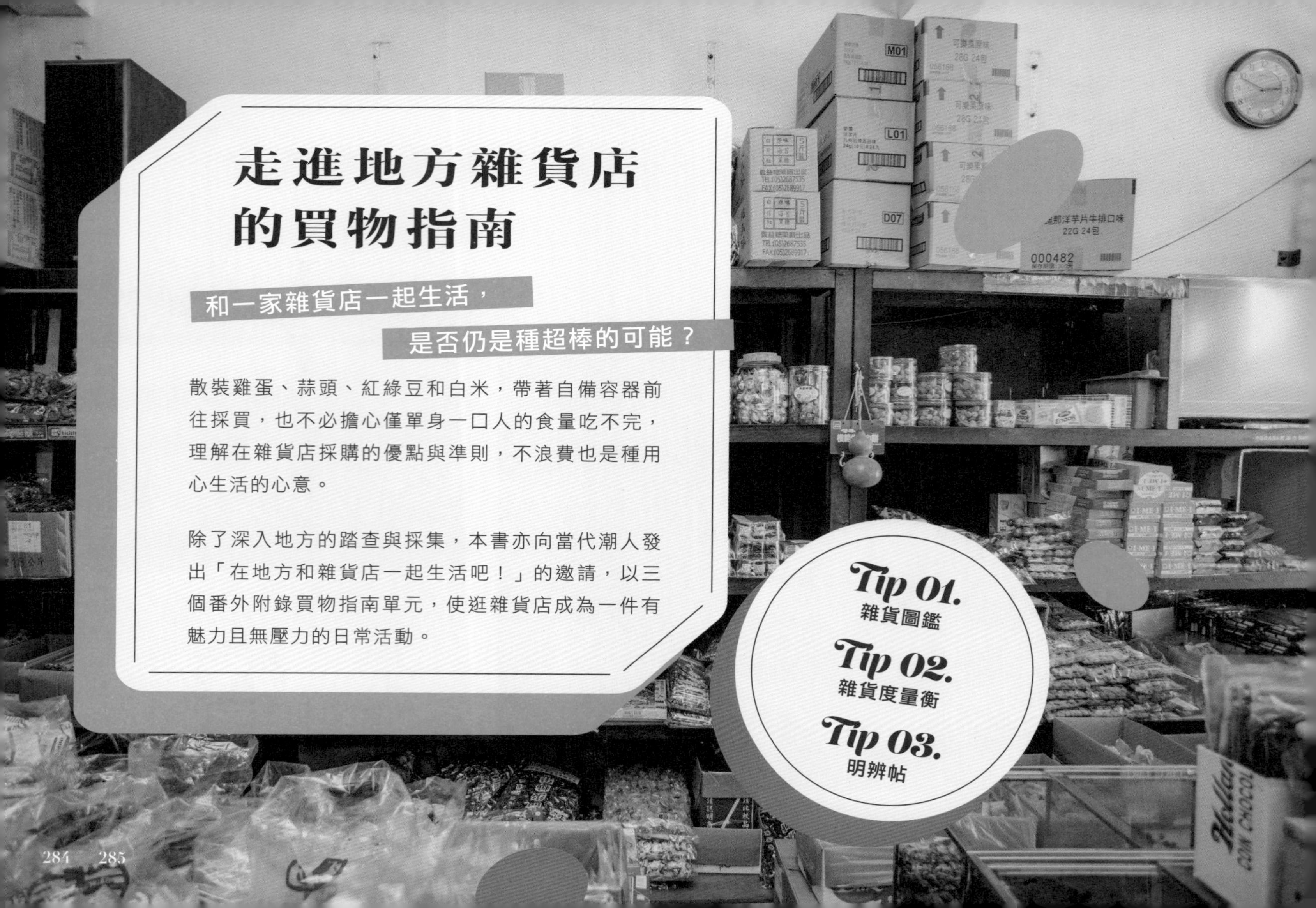

走進地方雜貨店的買物指南

和一家雜貨店一起生活，是否仍是種超棒的可能？

散裝雞蛋、蒜頭、紅綠豆和白米，帶著自備容器前往採買，也不必擔心僅單身一口人的食量吃不完，理解在雜貨店採購的優點與準則，不浪費也是種用心生活的心意。

除了深入地方的踏查與採集，本書亦向當代潮人發出「在地方和雜貨店一起生活吧！」的邀請，以三個番外附錄買物指南單元，使逛雜貨店成為一件有魅力且無壓力的日常活動。

Tip 01. 雜貨圖鑑

Tip 02. 雜貨度量衡

Tip 03. 明辨帖

雜貨圖鑑

千萬要入手的雜貨店選品

罐罐山珍海味

早餐配稀飯或上山露營、颱風天入湯入菜必備！濃縮山海土地精華，開罐即可享用光陰滋味。

A. 大茂幼條瓜

難忘懷的脆口酸甜滋味，醃漬幼花瓜較黑瓜軟嫩，配飯外還能燉湯燉肉。

B. 香蘭特選草菇

除草菇外亦有金茸、洋菇、菇腿等商品，是宴會辦桌廚師愛用的罐頭之一。

C. 佛祖牌麵筋

純素香漬麵筋，最適配熱稀飯，與「觀音牌麵筋」都將神像印刷上包裝。

D. 麒麟冬菜

經典台味綠色塑膠罐裝，拆開塑膠膜即聞到其醇香，煮雞湯、冬粉都合味。

E. 南海螺肉

添些醃肉絲、魷魚和蒜，就能在家變出經典辦桌酒家菜「螺肉蒜」湯。

F. 紅鷹番茄汁鯖魚

露營煮麵法寶！一把關廟麵、地瓜、小番茄對切，加一罐煮熟就是一餐。

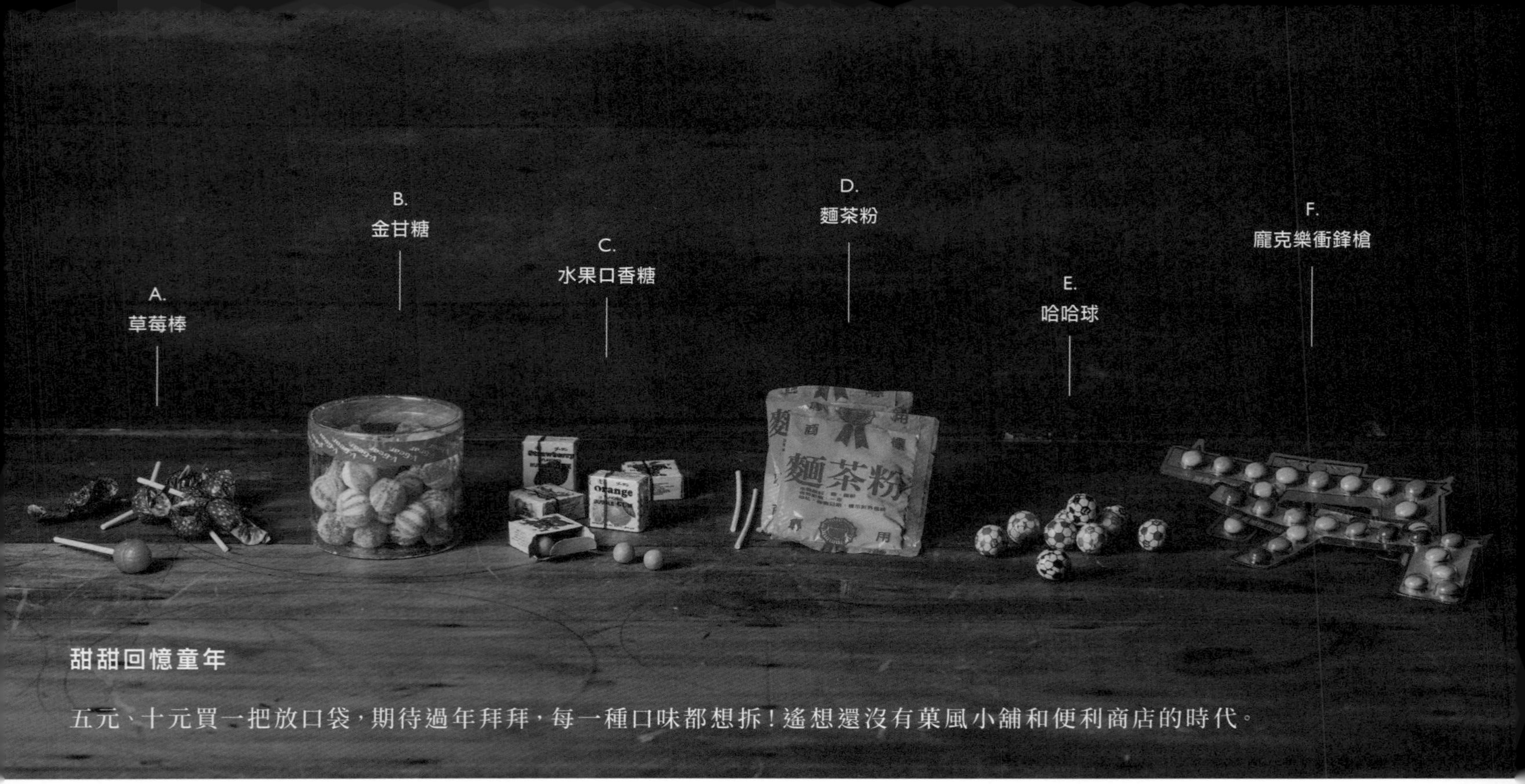

甜甜回憶童年

五元、十元買一把放口袋，期待過年拜拜，每一種口味都想拆！遙想還沒有菓風小舖和便利商店的時代。

A. 草莓棒

草莓圖樣包裝紙，還精心設計拉出蒂頭，罐裡撈出一支、拆開香氣四溢。

B. 金甘糖

風靡近80年，比一般糖果多了表層白糖顆粒口感，四色四種口味繽紛喜氣。

C. 水果口香糖

小盒裝的彈珠口香糖有四種口味，一盒三顆裝，吃完紙盒絕對捨不得丟。

D. 麵茶粉

不用沖水！一根吸管就能食用的小包裝麵茶粉，是小孩也懂的大人味點心。

E. 哈哈球

經典的七彩足球包裝，是巧克力還珍稀的年代最早推出的平民新星商品！

F. 龐克樂衝鋒槍

一片手槍有15粒巧克力，能一顆顆「啵」地壓出鋁箔，解壓又充滿趣味。

涼涼午後救援

高雄盛產太陽，柑仔店提供救援。打開透明冰箱櫃門，從層層疊疊的飲料堆裡挑出老滋味。

A. 半天水椰子水

創立於民國80年，以進口泰國椰子水起家，台灣椰子水市占率75%的老品牌。

B. 味王／津津蘆筍汁

蘆筍汁品牌兩大巨頭，甘酸味道不只是退火聖品，長罐包裝還藏童年記憶。

C. 金蜜蜂冬瓜露

民國81年推出，白冰冰代言的經典廣告「矮肥短EVERYDAY」紅極一時。

D. SAKI 清涼脱脂乳飲料

來自韓國、字標日文，卻流傳台灣許久的復古飲料！口感如冰淇淋汽水。

E. 奧利多

兒時奢侈夢幻珍品！玻璃罐裝不只瓶身經典，還有「氣比較足」的傳說。

F. 莎莎亞椰奶

民國83年愛之味推出的經典飲料，庾澄慶作曲的廣告歌令人印象深刻。

款款日用五金

阿媽身上的味道哪裡尋？過年還是得用這款膠最好撕最好黏啊！老品牌還是最堪用的五金，一次購齊。

A. 金三箭白粉

挽面粉，會用於七夕拜拜，也是傳統婚禮聘禮中化妝箱會準備的其一項。

B. 耐斯洗髮粉

去油力驚人！一包洗兩次，小包裝便於旅行，也是阿媽身上熟悉的味道。

C. 猴鼎火柴

火柴台語「番仔火」，由西洋傳入，戶外野營攜帶一盒，以備不時之需。

D. 千美嬰兒爽身粉

台灣歷史悠久的爽身粉品牌，亦有塑膠罐包裝，浴後換尿布時皆可用！

E. 香梅糊

以粉漿製作成的糨糊，最適春聯、做勞作等紙張黏貼用途，天然安全。

F. 十二生肖牌

俗稱「老鼠牌」，早期於南台灣、澎湖流行的傳統紙牌遊戲，過年必備！

走進地方雜貨店的買物指南 *Tip 02* 雜貨度量衡

治癒單位換算困難症

1台斤

問老闆：「這一斤多少？」其實還是心虛？「斤」是台灣傳統市場與雜貨店常用單位，但要實際轉換成物件多寡還是沒把握……以沿襲日制度量衡標準來看，一台斤約600公克，那大概是幾顆雞蛋呢？

≒ 11 顆中小型雞蛋

超市販售雞蛋都以盒裝為主，雜貨店散裝雞蛋則可以吃多少買多少，秤一斤也約一盒份量。

≒ 60 張水餃皮

想體驗自己包水餃的樂趣！去除手殘報廢丟掉，一斤水餃皮也夠包全家人的量啦。

≒ 1 次派對的螺仔餅

古早味餅乾常是量販包裝，雜貨店則會進貨多種口味，可以湊著各選半斤，舉辦點心派對。

≒ 10 人份紅豆湯

一家五口半斤即足夠。據雜貨店老闆說，台灣在地紅豆能均勻煮爛，是為極品！

≒ 4 大把蒜頭和紅蔥頭

兩手把的蒜頭或紅蔥頭約為半斤，一般廚房備菜用一把儲放剛好，未免太多逐一發芽。

1 台兩

雜貨店裡乾貨、種子類輕的東西多，也不會買一大堆存放在家裡，這時「台兩」就成為最實用購買單位！台斤、台兩系出同門，一台斤為16台兩，換算下來一台兩則約為37.5克。許多雜貨店也仍備藏著古董「台兩秤」喔！

≒ 2 鍋湯的金針花乾

一年只有一次產季的新鮮金針花保存不易，曬乾則濃縮了季節滋味，一台兩的花乾能煮兩次鍋湯。

≒ 2 杯山粉圓

山粉圓是植物「山香」的種子，加水煮滾後外層會形成半透明狀，口感如粉圓，少少份量就很有飽足感。

≒ 1 把小魚乾

炒苦瓜、豆乾、青椒或客家小炒。小魚乾好像有魔力治療偏食小孩？隨時備著入菜提鮮兼補鈣。

≒ 2 把蝦米

台菜最不可缺的蝦米選擇多元，有帶肉去皮的，也有肉少、爆香用的。後者一台兩日常備餐即足夠。

≒ 1 碟炸花生

微鹽油炸花生米是稀飯或下酒良伴，不但熱量高重量也精實，一台兩一人食恰好。

≒ 1 鍋愛玉

愛玉子含果膠，在含有礦物質的水中搓洗即可釋出，而一台兩愛玉子約可兌2,400 cc 水洗成凍。

1斗米

古人常云「不為五斗米折腰」以示不願為微薄俸祿卑躬屈膝的意志，但「五斗米」究竟有多少、能吃幾餐呢？下次買米，也來以此感受一下自己的食量值多少志氣！

1斗米 ≒ 10升米

過去一大袋飼料袋裝的米即為五斗米，現代人外食多，家裡也少備有米缸，頂多也只會買一斗米回家存放。而一斗米約為十升米，換算約6.9公斤。

1升米 ≒ 5米杯

「一升」意同「一公升」，即過去勺米容器的容積；而米杯容積通常為180毫升，即日本度量衡中的「一合」，因此一升米即大約為五杯米的份量。

1米杯 ≒ 2碗飯

一米杯的米約可加1.2杯水一起煮，但新米水份多，可減至1.1杯，舊米則增至1.3杯。一杯米最終可煮成約兩碗飯的份量。

明辨帖

破解雙生子的雜貨身世之謎

醬 冰箱門上太多瓶，買了醬油還要蠔油？

A. 芝麻香油　B. 烏醋　C. 蠔油　D. 辣豆瓣醬　E. 醬油　F. 醬油膏　G. 醋精　H. 蔭油

A. 芝麻香油　以芝麻為原料提煉，但因原料昂貴，常與其他植物油混合調配。 B. 烏醋　白醋為糯米或糙米發酵而成，烏醋則另添加了蔬果、辛香料等一同釀製，顏色深、風味較白醋柔和。 C. 蠔油　以牡蠣蒸煮後濃縮，或直接以牡蠣酶解調製成的調味品。 D. 辣豆瓣醬　源於四川的經典佐料，高雄岡山則因國軍撤退來台的眷村文化而發展成特產。 E. 醬油　東亞最基本的必備醬料，由黃豆、穀物、滷水等發酵而成。 F. 醬油膏　黃豆加入澱粉、砂糖等增稠製成，但較醬油少香氣。 G. 醋精　人工合成醋，以可食用冰醋酸稀釋成，酸味強，客家料理必備。 G. 蔭油　以黑豆蔭釀而成，發酵後的豆子即為蔭豉，由於早年台灣只產黑豆，故蔭油更為貼近古早味。

粉 平平都是粉，煎煮炒炸蒸炊烤還有分？

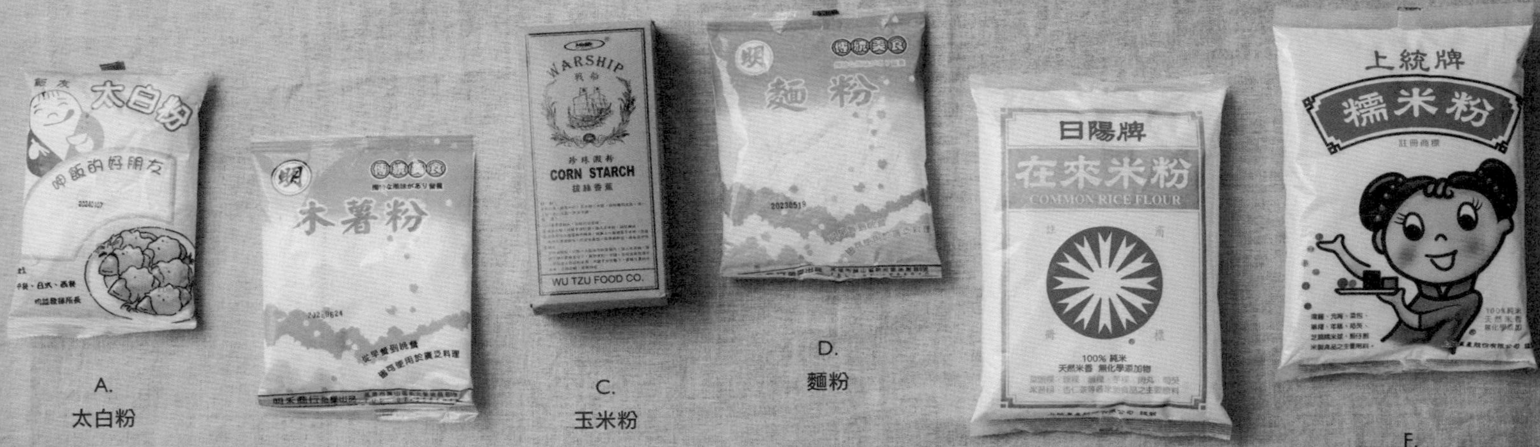

A. 太白粉　B. 木薯粉　C. 玉米粉　D. 麵粉　E. 在來米粉　F. 糯米粉

A. 太白粉　勾芡用澱粉總稱，最早以太白薯製成故以此為名。 B. 木薯粉　由木薯提煉而成的澱粉，可用於油炸、勾芡，或製作芋圓、粉圓等。 C. 玉米粉　又稱粟粉，由玉米製成，常用於製作布丁等糕點、餡料以凝固或增稠。 D. 麵粉　小麥研磨而成，是麵包、饅頭、與各式麵餅的主原料，亦是人們米以外的主食之一。 E. 在來米粉　在來米研磨而成，用於製作蘿蔔糕、碗粿或肉圓等，比糯米粉黏度低，口感較軟。 F. 糯米粉　糯米研製而成，製作湯圓、紅豆年糕等Q軟口感糕點的原料，另外還有蓬萊米粉，更具黏性，則用來製作發糕。

麵 直的麵、捲的麵，口感有軟有硬不能取代

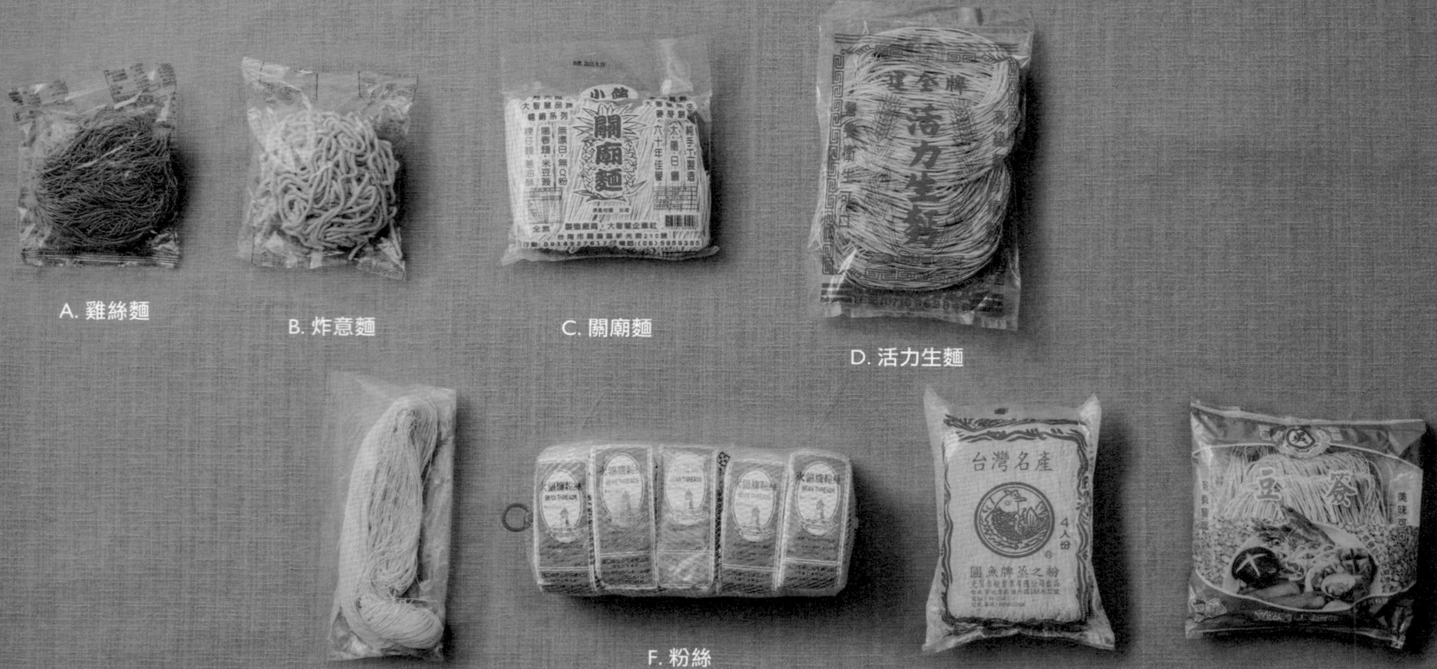

A. 雞絲麵
B. 炸意麵
C. 關廟麵
D. 活力生麵
E. 半手工麵線
F. 粉絲
G. 米粉
H. 豆簽麵

A. 雞絲麵　麵線油炸後收乾製成，長得像雞絲而名之，能快速煮熟又不易爛。 **B. 炸意麵**　鍋燒意麵、鱔魚意麵的靈魂主角，以意麵麵條油炸而成。 **C. 關廟麵**　台南關廟聞名的手工麵，當地人稱大麵、生麵乾，常用於煮大滷麵。 **D. 活力生麵**　高雄路竹區在地製麵廠生產的生麵。 **E. 半手工麵線**　又稱長壽麵，以精緻麵粉加入鹽、番薯粉等製成，製作方式分為手工、機器與半手工，半手工兼顧口感與粗細一致性。白麵線外亦有經曬乾、烘焙後的紅麵線。 **F. 粉絲**　又稱冬粉，日本稱春雨。以綠豆或玉米澱粉、地瓜澱粉製成，口感Q彈。 **G. 米粉**　以稻米製成，較小麥製成的麵更柔韌富彈性。 **H. 豆簽麵**　以米豆製成，早期麵粉昂貴故多為窮人所食，富豆香。

素 吃素不無聊！豆、麥製品的百種變形

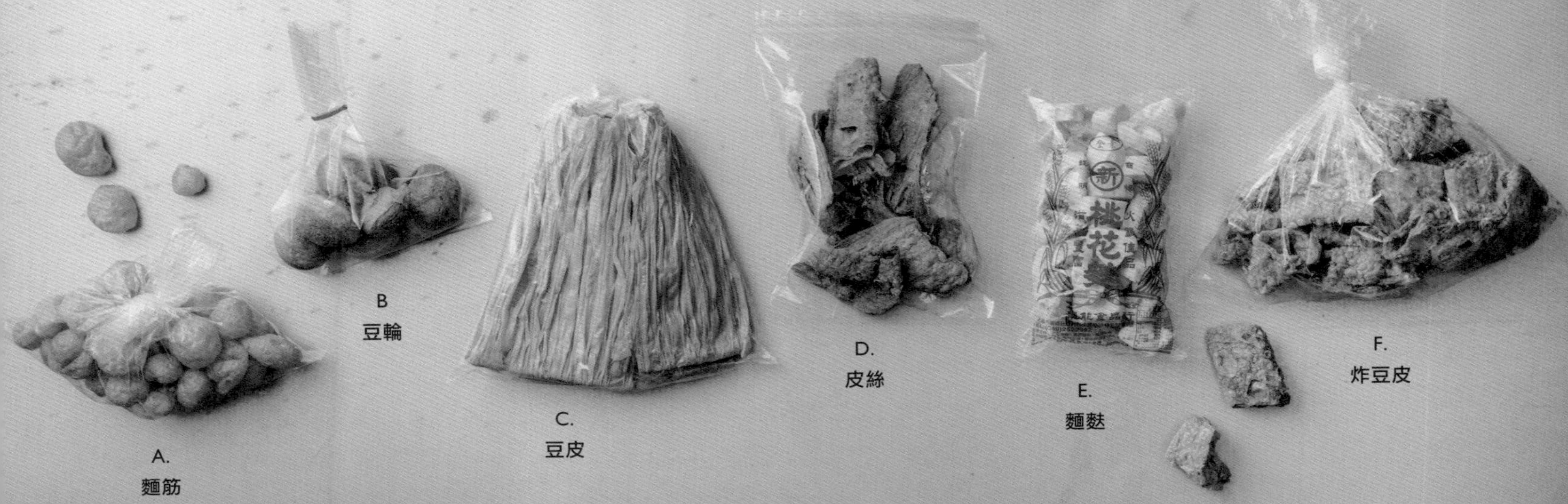

A. 麵筋　由小麥、大麥等穀物中提取的麩質製作而成，常被作為肉的替代食物。 B. 豆輪　小麥蛋白和麵粉混合後，經油炸脫水製成的乾貨，耐煮吸汁，適合滷肉時一同加入燉滷。 C. 豆皮　煮沸豆漿後表面凝結的薄膜，挑起經曬乾後即成，富含高蛋白質。 D. 皮絲　由小麥蛋白製成，經油炸脫水，可油悶或煮素當歸湯。 E. 麵麩　以小麥蛋白、麵粉、在來米粉製成，形似油條，但口感更軟綿，常加入味噌湯、鍋燒麵等湯品。 F. 炸豆皮　豆皮經油炸後成，常見於各式料理，滷、炒、煮、烤皆可。

金紙 鬼神祖先都不同，拜金拜銀拜錯就尷尬

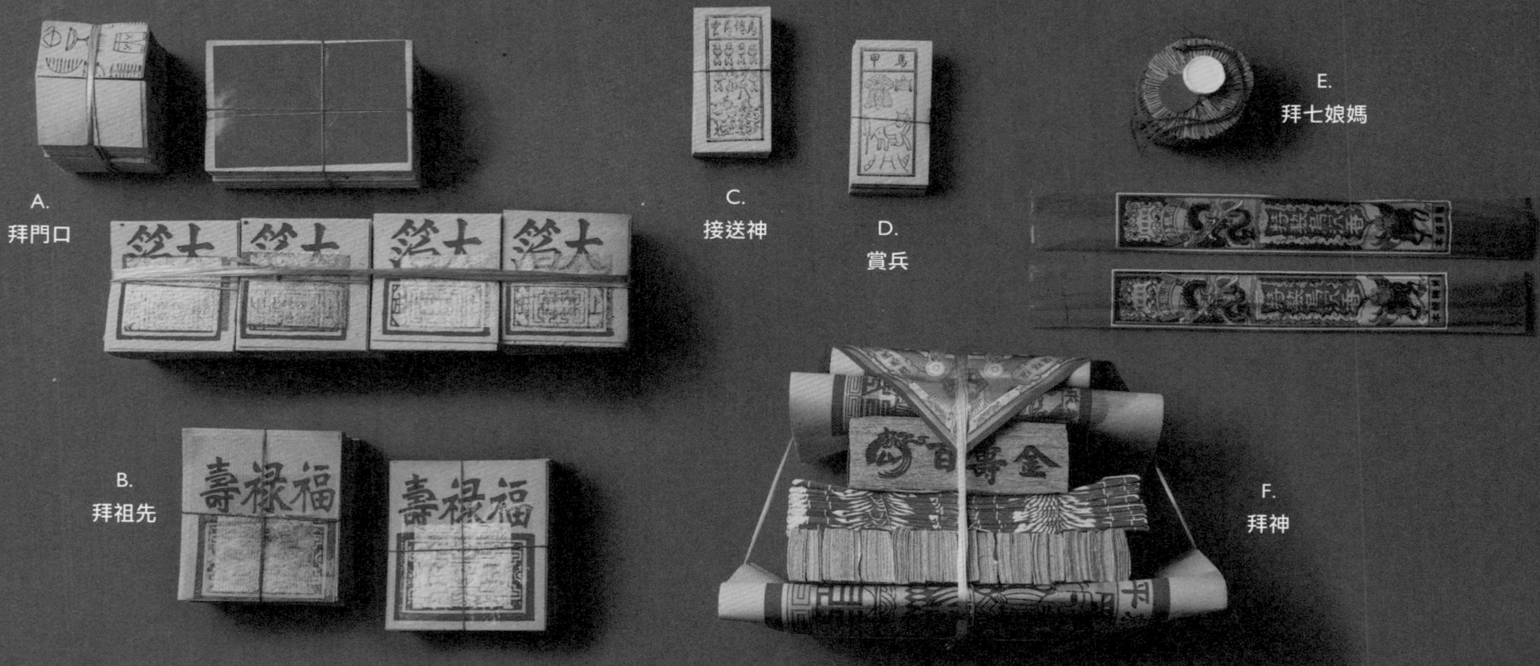

A.
拜門口

B.
拜祖先

C.
接送神

D.
賞兵

E.
拜七娘媽

F.
拜神

A. 拜門口　初二、十六或普渡、年節於住家、公司門口祭拜各鬼神，會準備的金銀紙包含給地基主等神明的九金、壽金，以及給好兄弟的壽金、經衣白錢、九金、銀紙　**B. 拜祖先**　同樣會備有基本九金、銀紙，除此之外亦可準備往生錢、大白錢、美金、台幣與蓮花、元寶等。　**C. 接送神**　每年農曆接、送神除壽金外亦會準備雲馬總馬、甲馬。　**D. 賞兵**　為犒賞神明身邊的兵馬，賞兵／犒軍儀式除壽金、九金外另會準備甲馬。　**E. 拜七娘媽**　七夕拜七娘媽可保小孩平安，除壽金外會準備床母衣、胭脂粉餅與紅線，拜後可將紅線繫於小孩身上。　**F. 拜神**　最基本會使用壽金，隆重儀式會準備大中小太極、壽金、補運金與補運錢，依祭祀神明不同，又分為天官天錢、地官地錢、水官水錢。如為玉皇上帝聖誕則還要加上天金、尺金祭拜南北斗神君。

●資料來源｜富山檀香高雄建國店 李白素芬女士●買物指南製作｜企劃撰文 劉怡青、設計 蘇韵涵、攝影 陳志華、美術 嚴葳

閒談幾句、
摸摸店狗，
豆油買完就回家。

誌店的人　採訪、攝影、繪圖團隊群

▼ 採訪撰文

妍音　大墩女，阿猴媳，港都婦。嗜閱讀，喜書寫，得過幾個小獎，出版了幾本書。另以筆名王力芹從事少兒文學創作。曾獲第32次、第42次中小學生優良課外讀物推介。現為高雄市讀寫堂兒童寫作指導老師，港都文藝學會監事。

儲玉玲　繪本創作者。自 2018 年起參加「書店裡的手製繪本展」，每年創作並巡迴展出手製繪本。出版作品有林建志繪圖的《會呼吸的土團屋》，還有和妹妹儲嘉慧共同創作的兩本台文繪本：《熱天的時陣》、《咱的日子》。

楊路得　港都女兒。在科技公司當上班族 10 多年，為孩子拾筆寫作，偶然間得了獎。乙級廚師、法務部監獄作文比賽評審、經濟部優良市集評審。寫了《戀食人生》（合著）、《新港都．舊食光》、《Bonjour，菜市場》、《台灣味菜市場》、《味蕾中的靈魂》等書。

林芷琪　高雄燕巢人，耕文織夢，對世界好奇，喜歡文字和聲音，用聽寫故事擺渡時空，有合著作品：民俗植物繪本《飯甑波的滋味》、老照片故事《回望二十世紀的美濃》。

江舟航　六龜人，穿梭於產地、廚房、文化場域、書店及校園的跨域料理人，透過食農課程及菜市場小旅行推廣在地飲食文化。2020 年起駐於左營建業新村，執行「舊城飲食的回溯與創新計畫」。個人著有《土文青、洋菓子：書店頂樓的甜點師一書》。

▼ 插畫

林建志　藝術工作者，2011 年因緣際會斜槓到書本插畫，這些年持續產出插畫和地圖。近期作品見《跟著俊賢去旅行》地圖繪製、《會呼吸的土團屋》繪本插畫、繪製《尋找曾文溪的1000 個名字》展曾文溪流域地圖。現居台南市。

▼ 採訪撰文

林佩穎　有一隻貓，寫夢的日記，工作室在港邊。

蘇福男　高雄茄萣白砂崙人。非典型媒體記者／電台主持人／社造輔導老師。年少放棄賺大錢的熱門工業學科，立志當記者，人生精采際遇可寫成一本書。走跳新聞江湖逾 33 年，是自由時報最資深的地方記者，堅守老派新聞核心價值，擅長報導社區人情趣味故事。出版有《高雄，慢・漫遊》等 10 多本高雄書，持續不懈採訪書寫中。

余嘉榮　高雄梓官赤崁人。曾參與921地震原鄉重建、三義舊山線環境教育、莫拉克風災文化培訓以及台南、高雄的社區營造工作。2011年與夥伴創辦《透南風》雜誌，開始專注田野調查、攝影寫作，期盼從最人性、最在地的觀點，努力書寫台灣的風土美好。

曾愉芬　高雄人，過去一段時間曾在異地求學生活，返鄉後因投入哈瑪星新濱老街保存運動，進而接觸到社區參與及文化保存領域的工作。

▼ 攝影

鍾舜文　來自美濃笠山山腳下，東海大學藝術學碩士，主修膠彩創作。愛攝影，斜槓出版了菸葉人文影像記事《那年・菸田裡》，並繪製《新版鍾理和全集》、《鍾鐵民全集》插圖。2015 年春天，決定人生將往純藝術創作的路子走去。

盧昱瑞　高雄人，畢業於台南藝術大學音像紀錄所，以捕捉影像為志業。2005 年開始拍攝紀錄片，題材大多圍繞在海港生活的人，偶爾也關注老房子和文化資產等相關議題。

回家順路揞豆油

高雄山·海·縱貫線的里鄰雜貨店

文　　字　蘇福男、林芷琪、楊路得、妍音、儲玉玲、江舟航、曾愉芬、林佩穎、余嘉榮
攝　　影　盧昱瑞、鍾舜文、蘇福男
插　　畫　林建志

出 版 者　高雄市政府文化局
發 行 人　王文翠
企劃督導　林尚瑛、簡美玲、簡嘉論、陳美英、李毓敏
行政企劃　林美秀、張文聰
地　　址　高雄市苓雅區五福一路67號
電　　話　(07)222-5136
官　　網　www.khcc.gov.tw

共同出版　高雄市政府文化局．裏路文化有限公司
出版日期　2022年12月初版
定　　價　450元

國家圖書館出版品預行編目(CIP)資料

回家順路揞豆油：高雄山、海、縱貫線的里鄰雜貨店／蘇福男、林芷琪、楊路得、妍音、儲玉玲、江舟航、曾愉芬、林佩穎、余嘉榮文字. -- 初版. -- 高雄市：高雄市政府文化局；新北市：裏路文化有限公司出版：遠足文化事業股份有限公司發行，2022.12
304面；23x16公分
ISBN 978-626-7171-19-6
GPN 1011101846
1. 商店　2. 人文地理　3. 歷史　4. 高雄市
733.9/131.4　111018594

編　　印　裏路文化有限公司
社　　長　郭重興
發　　行　遠足文化事業股份有限公司
主　　編　董淨瑋
執行編輯　劉怡青
封面內頁設計　蘇韵涵
雜貨攝影　陳志華
雜貨攝影美術　嚴葳
地　　址　新北市新店區民權路108-3號8樓
電　　話　(02)2218-1417
傳　　真　(02)2218-8057
電子信箱　service@bookrep.com.tw
客服專線　0800-221-029

特別感謝　富山檀香建國店　李白素芬
照片提供　林清隆 P162